잠야 박지계의 삶과 도학사상

아산인물총서 4

잠야 박지계의 삶과 도학사상

순천향대학교 아산학연구소 편

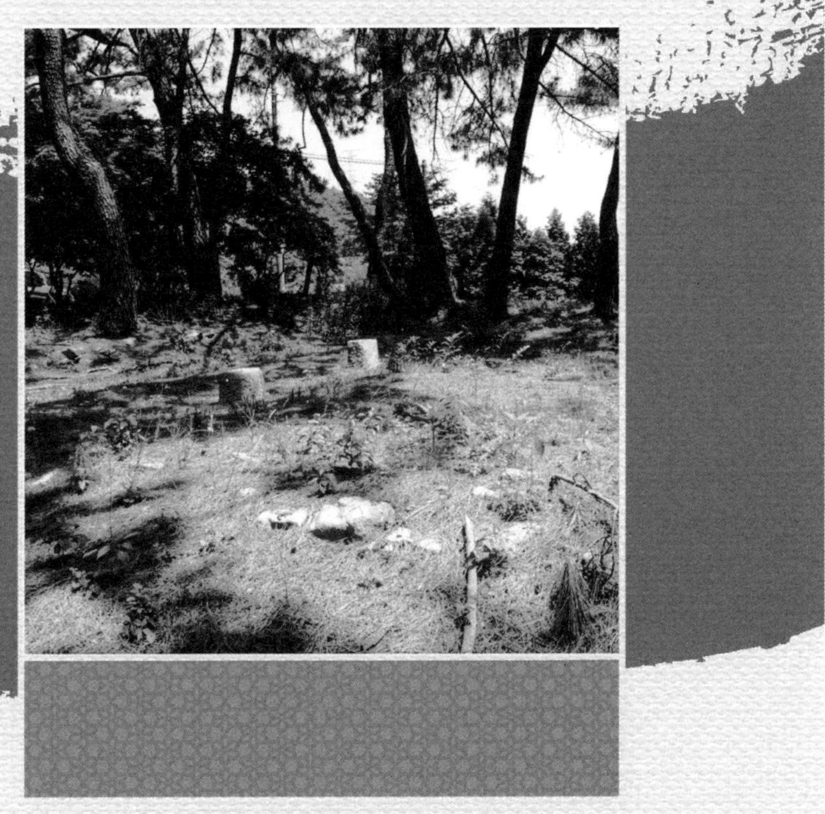

보고사
BOGOSA

발간사

    순천향대학교 아산학연구소는 지역의 역사와 인물을 체계적으로 정리하고, 이를 통해 아산의 정체성과 정신적 유산을 재조명하고자 「아산인물총서」를 기획·발간해 오고 있습니다. 그 네 번째 결실로, 아산 인산서원의 배향 인물이자 조선 중기 지성사의 한 축을 형성한 잠야(潛冶) 박지계(朴知誡, 1573~1635) 선생의 삶과 사상을 조명한 『잠야 박지계의 삶과 도학사상』을 발간하게 된 것을 매우 뜻깊게 생각합니다.

    박지계 선생은 임진왜란과 인조반정, 정묘호란으로 이어지는 격동의 시대를 온몸으로 겪으며, 관념적 이론에 머무는 학문이 아니라 현실 속에서 구현되는 실천적 도학을 일관되게 추구한 산림(山林)의 큰 스승이었습니다. 혼란과 갈등이 일상화된 시대 상황 속에서도 선생은 학문이 지향해야 할 바가 무엇인지를 스스로의 삶으로 증명해 보였습니다.

    선생은 일찍이 서울을 떠나 아산 신창과 남양 등지에 은거하며 학문에 전념하였습니다. 당시 아산과 내포 지역은 성리학적 토대가 두텁지 않았으나, 선생의 강학 활동을 통해 다수의 문인과 제자가 배출되었고, 이를 계기로 지역 사회 전반에 유학적 학문 풍토가 자리 잡게 되었습니다. 본서는 단순한 인물 전기가 아니라, 박지계 선생이 아산이라는 공간에서 이룩한 학문적 성취와 그 정신적 유산이 오늘날 우리 사회에 던지는 의미를 성찰하고자 한 연구의 성과입니다.

이 책에 수록된 연구들은 선생의 학문이 주자학을 근간으로 하되, 이를 교조적으로 답습하지 않고 '구시(求是)'의 정신에 입각해 전개되었음을 밝히고 있습니다. 선생은 율곡 학파나 퇴계 학파의 이론을 그대로 따르기보다, 격물(格物)과 인심·도심(人心道心)을 둘러싼 논의에서 독자적인 견해를 제시하였습니다. 특히 인심과 도심의 관계를 엄격히 구분하면서도, 인심이 도심의 명령을 따라야 한다는 주재적 관계를 강조함으로써 도덕적 실천의 주체성을 분명히 하였습니다. 또한 격물치지의 공부에 있어 사색과 궁구(思索窮究)를 중시하며, '하학이상달(下學而上達)'로 나아가는 실천적 공부론을 정립하였습니다.

무엇보다 주목할 점은 선생이 일관되게 견지한 '본실(本實)'의 정신입니다. 인조의 생부인 정원군 추숭을 둘러싼 논쟁에서 선생은 당시 사림의 주류 의견에 맞서며 적지 않은 비난을 감수해야 했습니다. 그러나 이는 정치적 타협이나 권력에 대한 영합이 아니라, '이름[名]'은 반드시 '실제[實]'에 근거해야 한다는 신념, 그리고 왕실의 예법 또한 인간 보편의 천륜인 효(孝)에서 벗어날 수 없다는 확고한 소신에서 비롯된 것이었습니다. 본서는 그간 일부에서 제기되어 온 선생에 대한 오해를 넘어, 현실에 뿌리를 둔 실천적 지식인으로서의 진면목을 재조명하고자 합니다.

　아울러 이 책은 선생 사후 130여 년이 지나서야 문집이 간행되기까지의 과정을 추적하고, 척연(戚緣)과 학연으로 결속된 '잠야문파(潛冶門派)'의 형성과 계승 양상을 면밀히 살피고 있습니다. 비록 그 규모는 크지 않았으나, 화담학(花潭學)의 학풍까지 수렴하며 독자적인 학문 공동체를 형성했던 이들의 모습은 조선 지성사의 다양성과 역동성을 보여주는 중요한 사례라 할 수 있습니다.

　혼란의 시대일수록 중심을 지키며 올바른 길을 묻는 도학의 정신은 더욱 절실합니다. 평생을 수기치인(修己治人)의 자세로 일관하며, 진리 앞에서는 한 치의 양보도 없었던 잠야 박지계 선생의 삶과 사상이 이 책을 통해 널리 공유되기를 기대합니다. 끝으로 본서를 위해 귀중한 연구 성과를 집필해 주신 연구자 여러분과, 아산인물총서 제4권의 발간을 위해 힘을 모아주신 모든 관계자 여러분께 깊은 감사의 말씀을 전합니다.

2026년 1월
아산학연구소장 맹주완

/ 제 2 부 /　잠야 박지계의 학문정신과 성리철학

잠야 박지계의 생애와 학문정신 [최영성]
구시(求是)·본실(本實) 정신을 중심으로

잠야 박지계의 도학정신과 학문관 [김문준]

/ 제 3 부 / 잠야집의 서지학적 이해

잠야 박지계 문집의 간행 경위와 서지적인 특징 [안미경]

제 1 부

잠야 박지계의 삶과 문파의 형성 및 계승

잠야 박지계의 생애와 강학 활동

김일환

1. 머리말

잠야(潛冶) 박지계(朴知誠, 1573(선조 6)~1635(인조 13))는 조선 중기 선조, 광해군, 인조대를 살다 간 처사형(處士形) 도학자였다. 함양박씨 가문에서 태어나 경화사족(京華士族)의 배경을 가지고 성장하였지만, 어릴 때부터 과거를 통해 사환의 길로 나가기보다 주자성리학 탐구에 몰입하였다. 일찍부터 학문적 능력에 대한 인정을 받았고 일평생 성리학 연구에 몰입하며 도학자로서의 삶을 일관되게 살았다.

그가 살았던 시기는 조선왕조가 내우외환에 시달리던 시기였다. 선조대 동서분당으로 당쟁이 점차 격화되던 중에 임진왜란이 발발하여 국가적 수난을 겪어야 했다. 곧이어 광해군 집정기의 정치적 갈등으로 빚어진 혼란과 난정을 피해 지방으로 이주하는 양반 사족들이 많았다. 박지계도 서울 반송방(盤松坊)에서 성장하였지만 임란기에는 제천(堤川), 괴산(槐山)으로 피난하였다. 또 선조말 광해군대에는 정치 혼란을 피해 가족을 끌고 신창(新昌)과 남양(南陽), 아산(牙山)으로 옮겨 살았다.

그런 가운데 성리학 탐구에 대한 학문적 열정은 조금도 식지 않았고 함께 낙향한 권득기, 조익과 학문적 탐구와 토론에 열중하였다. 한편 아산을 비롯한 내포 지역을 중심으로 강학 활동을 통해 성리학적 기반을 확충하는 한편 많은 문인(門人), 제자(弟子)를 양성하였다. 인조반정 이후 신정(新政)을 도울 소위 '임하숙덕지사(林下宿德之士)'로 인정되어 중앙관직에 발탁되었지만, 원종추숭(元宗追崇)과 복제(服制) 문제로 갈등을 빚고 낙향하였다. 이후 수 차례 상소를 올려 자신의 학문적 주장을 굽히지 않아 당로자들과 주류학자들에 의해 많은 비난과 모욕을 받았다. 하지만 마침내 그의 주장이 받아들여져 원종의 추숭 문제는 박지계의 뜻대로 실행되었다. 이후 관직의 복귀가 수없이 권유되었다. 그러나 그는 번번이 사절하고 '산림처사(山林處士)'로서의 삶을 끝까지 지켜나갔다.

지금까지 박지계 관련 연구는 여러 편이 확인된다.[1] 그러나 대부

---

1 李迎春, 「潛冶 朴知誡의 禮學과 元宗追崇論」, 『청계사학』 7, 한국정신문화연구원 청계사학회, 1990; 金永炫, 「朴知誡의 家系와 定遠君 追崇禮」, 『韓國史의 理解 : 重山 鄭德基博士華甲紀念』, 景仁文化社, 1996; 박종천, 「仁祖代 典禮論爭(1623~1635)에 대한 宗敎學的 再評價」, 『宗敎學硏究』 17, 서울大學校 宗敎學硏究會, 1998; 李賢珍, 「7세기 전반 啓運宮 服制論－金長生·朴知誡의 禮論을 중심으로－」, 『韓國史論』 49, 서울大學校 人文大學 國史學科, 2003; 柳初夏, 「潛冶 朴知誡의 사상과 현실 대책」, 『道山學報』 9, 道山學術研究院, 2003; 김용

분 그의 원종추숭론(元宗追崇論)과 예론(禮論)에 초점을 맞춘 것이고 그의 진솔한 삶의 자취나 흔적은 많이 알려져 있지 않다. 더구나 그와 가족들이 오랫동안 삶의 터전으로 삼았고 학문 연구와 교육활동에 몰두하던 아산(牙山) 지역은 그의 삶의 중요 부분을 차지함에도 불구하고 이 고장과의 관련성은 깊이 있게 조망되지 못한 측면이 많다. 본 연구는 이러한 문제의식을 바탕으로 아산에 남겨진 그의 자취를 추적하여 박지계의 도학적 삶과 강학 활동이 어떠했는가를 밝혀 보려 한다.

2. 박지계의 가문적 배경

1) 친가

함양 박씨는 1세 박선(朴善)을 시작으로 고려조에 사환하다가 11세 박습(朴習)이 1383년(우왕 9)에 문과급제[2]하여 출사하였는데 이방

흠, 「잠야(潛冶) 박지계(朴知誡)의 효치론(孝治論)과 변통론」, 『역사와 현실』 61, 한국역사연구회, 2006; 신항수, 「잠야 박지계 사상의 역사적 성격」, 『조선시대 아산 지역의 유학자들』, 지영사, 2007; 이선열, 「潛冶 朴知誡의 人心道心說」, 『한국철학논집』 33, 한국철학사연구회, 2012; 전병욱, 「潛冶 朴知誡의 格物說」, 『민족문화연구』 61, 민족문화연구원, 2013; 김일환, 「잠야 박지계의 삶과 행적연구」, 『지방사와 지방문화』 24-2, 역사문화학회, 2021; 안미경, 「잠야 박지계 문집의 간행 경위와 서지학적 특징」, 『지방사와 지방문화』 24-2, 역사문화학회, 2021; 조성산, 「朴知誡 耳目口鼻有心 논의의 역사적 전개 과정과 그 정치사회적 의미」, 『韓國史學報』 97, 고려사학회, 2024.

2　우왕 9년(1383) 癸亥榜 同進士 19위(29/33)로 급제하였다.

원(李芳遠)과 동방(同榜)이었다. 이런 인연으로 조선조에 들어와 태종에게 협력하여 그의 집권을 도왔고 원종공신으로 책봉되었다.[3] 호조 참판, 전라, 경상감사, 대사헌을 거쳐 1418년(태종 18) 형조, 병조판서가 되었지만 세종 즉위 후 병사(兵事)를 상왕에게 품의하지 않고 처리한 것이 문제가 되어 사천(泗川)에 유배되었다가 죽임을 당하였다.[4] 아들 의손(義孫), 의보(義甫)도 각각 남해, 광양으로 유배를 떠났다가 의손은 유배지에서 죽임을 당했다.[5] 이런 비극으로 함양박씨 가문은 한동안 침체기에 빠졌는데 1458년(세조 4) 박습의 후손들이 출사토록 허통되고[6] 박의손의 손자요, 박지계의 증조인 박중검(朴仲儉)이 정종(定宗)의 외손서[7]가 됨을 계기로 세영(世榮, 1480~1552), 세무(世茂, 1487~1564), 세옹(世蓊, 1493~1541)을 낳게 됨에 따라 가문을 부흥시킬 계기를 마련하였다. 이들 3형제가 기반이 되어 나중에 구당공(九堂公), 소요당공(逍遙堂公), 명헌공파(明軒公派)를 형성하는데 3형제가 각 지파의 중시조가 되었다.

세영은 1504년(연산군 10)에 진사시에 합격하고 천거로 사산감역, 초계군수, 돈녕부정을 역임하였다. 박지계의 조부인 세무는 1516년

---

3 『태종실록』 권26, 태종 13년 10월 20일 병인, 『태종실록』 권35, 태종 18년 2월 29일 경술.

4 『세종실록』 권2, 세종 즉위년 11월 26일 임신.

5 『세종실록』 권16, 세종 4년 4월 19일 을사.

6 『세조실록』 권12, 세조 4년 4월 16일 계유.

7 『세종실록』 권54, 세종 13년 10월 18일 기유.
   장모인 전주이씨는 정종대왕의 딸이므로 仁川郡主로 책봉된다. 이후 장인 이관식은 溫陽郡事, 龍仁縣監을 역임하였다.

(중종 11) 식년 생원시, 1531년(중종 26) 식년문과에 병과로 급제하였다. 안변부사, 그 뒤 내자시정·내섬시정·군자감정을 역임하였고 『동몽선습(童蒙先習)』을 지어 자제들을 가르쳤다.[8] 세웅은 1519년(중종 14) 진사, 생원 사마시 양과에 합격하고 문과 대과는 형 세무보다 6년 앞서 1525년(중종 20)에 급제하였다. 사헌부 지평, 홍문관 전한(弘文館 典翰), 직제학(直提學)과 예조참의, 병조참의, 이조참의를 차례로 역임했지만 조세(早世)하였다.

이들 3형제는 서울 돈의문(敦義門) 밖 반송방(盤松坊) 냉정동(冷井洞)의 월랑암촌(月朗巖村)에 있는 경제(京第)에서 나란히 함께 모여

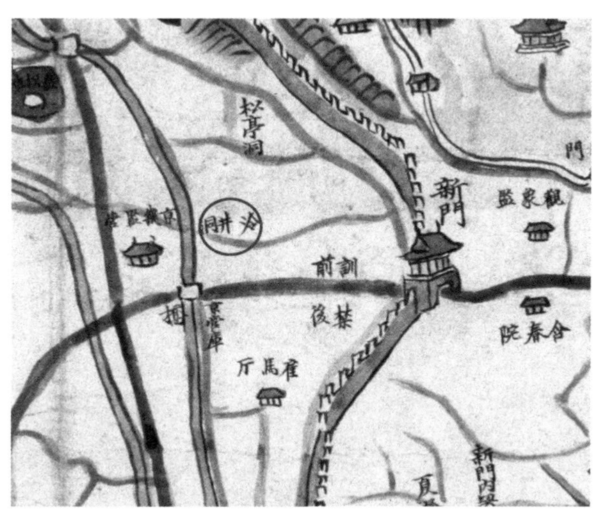

<그림 1> 박지계 일가가 거주한 냉정동 위치
(輿地圖 古4709-78-v.1-3 규장각 소장)

---

8   이근호, 「박세무(朴世茂)의 생애와 경세론(經世論)」, 『尤庵論叢』 9, 충북대 우암연구소, 2016, 47~48쪽.

살았다.[9] 이곳은 서대문 밖에 위치한 반촌(班村)으로 이웃에 권율(權慄), 황윤길(黃允吉), 강사상(姜士尙), 이유간(李惟侃) 등 양반들이 밀집되어 사는 동네였다.[10]

3형제의 아들들은 4촌간에 한 집에서 함께 성장하였고 이 중에 영달한 인물이 많이 배출되었다. 먼저 세영은 3남 1녀를 두었는데, 장자 대립(大立, 1512~1584)은 이황(李滉)의 문인으로 1540년 식년 문과에 병과로 급제하였다. 영의정 심연원(沈連源)의 추천으로 지평(持平)이 되고 부제학, 함경도 관찰사, 형조, 이조, 호조판서를 거쳐 우찬성, 좌찬성이 되었다.[11] 둘째 사립(思立, 1518~1545)은 요절하여 출사하지 못했고, 셋째 희립(希立, 1523~1576)은 1546년(명종 10) 사마시 양과에 합격하고 1558년(명종 13)에 문과 급제하였다. 예문관 검열을 거쳐 문학·전적·사간원 정언·사헌부 지평 등을 역임하였으며, 1568년(선조 1)에는 사헌부 장령에 임명되었다. 1574년(선조 7)에는 성절사로 중국에 다녀왔다.

세무의 장자 소립(素立, 1514~1582)은 1555년(명종 10) 식년 문과에 을과로 급제하여 청요직인 승정원 주서(注書)가 된 뒤, 정자·수

---

9 傳言九堂公 與兩弟逍遙堂眞木亭 同居于敦義門外城下 月朗巖村 而姜士尙之第在宅後 姜相國之子 絪爲眞木亭孫壻, 『咸陽朴氏永慕齋誌』, 「家傳雜錄」, 310쪽. 이곳은 현 서대문구 강북삼성병원과 경희궁 자이 3단지 일대로, 서울특별시 종로구 평동의 서울적십자병원과 서대문우체국이 있는 곳이다. 조선시대에 서대문 밖이었던 지역으로, 경기감영이 있었던 자리였다. 현재 서울적십자병원 정문 옆 도로변에 경기감영 터였음을 알리는 표지석이 서 있다.

10 金佐明, 『歸溪遺稿』 卷下 記事 盤松舊第記事.

11 李廷龜, 『月沙先生集』 권43, 左贊成贈領議政朴公神道碑銘.

찬·이조 좌랑, 정랑 등을 차례로 역임하였다. 다시 홍문관 직제학, 동부승지, 성균관 대사성, 도승지, 경상감사, 대사헌 등 요직을 차례로 역임하였다.[12]

둘째 응립(應立, 1517~1582)은 박지계의 부친이다. 이웃에 사는 우의정 강사상(姜士尚, 1519~1581)과 어릴 때부터 함께 강학하며 서로 떨어질 줄 몰랐다 한다.[13] 이후백(李後白), 노수신(盧守愼), 허엽(許曄)과도 친하며 1540년(중종 35)에 진사시에 합격하여 성균관에서 수학하였다.[14] 박응립과 진사시 동방(同榜) 인물 중에는 허엽, 박순(朴淳), 유희림(柳希霖), 정자(鄭滋), 기대항(奇大恒), 김여부(金汝孚), 양사언(楊士彦) 등 역사적으로 알려진 명사들이 많다.

하지만 박응립은 거듭 대과에 실패해 오랫동안 사환하지 못하다가 1561년(명종 16, 45세)에 성균관 학생들의 추천으로 활인서 별제가 되고, 곧 금오랑, 상서 직장이 되었다.[15] 1564년에 사도시 직장, 다시 군기주부(軍器主簿), 사헌부감찰, 호조 좌랑을 차례로 역임하였다. 1570년(선조 3)에 황해도 송화현(松禾縣) 현감으로 나갔다. 6년의 임기를 마치고 1575년(선조 8)에 통례원인의겸한성부참군(通禮院引儀兼漢城府參軍)으로 복귀하였다. 이듬해 고령(庫令)으로 옮겼다가 1580년(선조 13)에 다시 외직으로 나가 황해도 수안(遂安) 군수가 되었다. 1582년 4월 65세의 나이로 임소에서 순직하였다.

---

12 『선조실록』 권16, 선조 15년 4월 24일 신해.

13 『潛冶集』 권6, 墓碣誌 先府君墓碣.

14 『명종실록』 권26, 명종 15년 9월 10일 계유.

15 『潛冶集』 권6, 墓碣誌 先府君墓碣.

세옹의 장자 정립(挺立, 1522~1602)은 음직으로 출사하여 선공감 정, 사직령, 장예원 장의 등을 역임하였다. 강사상의 아들인 강인(姜絪)이 사위이다. 차자 명립(名立, 1531~1605)은 음직으로 출사하여 강음, 신천(信川) 군수를 역임하고 임란 후 호성원종공신(扈聖原從功臣)으로 책훈되었다.

2) 처가

박지계의 처가는 전주이씨로 장인 이유간(李惟侃, 1550(명종 5)~1634(인조 12))은 정종대왕의 아들 덕천군(德泉君) 이후생(李厚生)의 5세손으로 박지계의 이웃에 살았다. 아버지는 증 이조참판 이수광(李秀光)이며, 어머니는 행충좌위 부사과 김언정(金彦禎)의 딸이다. 12세에 고아가 되어 모친의 내제(內弟)인 민순(閔純)이 거두어 기르며 가르쳤다. 한동네에 살던 예조판서 권극례(權克禮)가 이유간을 인정하고 자신의 자식들(權守己, 權正己, 權得己)과 교유하게 하였다.[16] 한편 이유간은 한마을에 살던 이호민(李好閔)·서성(徐渻)·강인(姜絪)과 더불어 서로 함께 형식에 구애되지 않는 막역한 친구가 되어 '진솔회(眞率會)'를 만들어 돈독한 관계를 유지했다.[17]

1591년(선조 24) 사마시에 합격하여 생원이 되었다. 문과 대과에

---

16 李明漢, 『白洲集』 권17, 墓誌銘 李同知墓表.
17 金尙憲, 『淸陰集』 권34, 同知中樞府事李公墓誌銘 並序.
    公之同里李公好閔, 徐公渻, 姜公絪。相與忘形爲莫逆交。作眞率會。公年最高 身最強。嚼又最大。諸公皆推公居前。調謔諧笑。備極歡適。樂而無倦。

는 여러 번 응시했으나 실패하였다. 임진란 중인 1593년에 지우(知友)인 병조판서 이항복의 추천으로 벼슬길에 나아가서 사산감역(四山監役)이 되고, 제천현감, 형조좌랑, 평양판관, 개성부도사, 천안군수 등을 역임하였으며, 1634년 동지중추부사로 치사하였다. 자식은 3남 3녀로 아들은 이경직(李景稷), 이경설(李景卨), 이경석(李景奭)이 있고 사위는 박지계(朴知誡), 윤전(尹瀍), 최휘지(崔徽之)이다.[18]

　박지계의 큰처남 이경직(1577(선조 10)~1640(인조 18))은 김장생의 문하에서 수학하였다. 1601년(선조 34) 사마시에 합격해 진사가 되고, 1606년 증광 문과에 병과로 급제해 승문원 권지부정자에 올랐다. 이후 1609년(광해군 1) 승문원 주서 겸 시강원 설서, 1610년 홍문관 정자·봉교, 이듬해 전적·호조 좌랑·수찬·병조 좌랑 겸 지제교 등을 역임하였다. 1613년 병조 정랑으로 승진했으나 이이첨이 득세해 계축옥사를 도모하자, 이에 연루된 서성(徐渻)과 친분이 있다는 이유로 수성찰방(輸城察訪)으로 나갔다가 파직되었다. 그 뒤 황해도 도사로 복직되고, 다시 병조정랑이 되어 접반관·진휼 종사관·평안도 경차관 등을 겸하였다. 1617년에는 회답사 오윤겸(吳允謙)을 따라 종사관으로 일본에 다녀오기도 하였다. 1618년 폐모론에 반대해 사직하고, 약 5년여를 낙향해 지냈다. 이후 1622년 명장 모문룡(毛

---

18 金尙憲, 『淸陰集』 권34, 同知中樞府事李公墓誌銘 並序.
　　李景奭, 『白軒先生集』 卷35, 先考贈領議政行嘉善大夫同知中樞府事府君行狀.
　　이근호, 「17세기 전반 京華士族의 인적관계망-《世舊錄》의 분석을 중심으로」, 『서울학연구』 38, 서울시립대학교 서울학연구소, 2010; 원창애, 「조선 왕실 종친 가문에서 사대부가로의 변모-德泉君派 李惟侃 家系를 중심으로-」, 『남명학연구』 48, 경상대학교 남명학연구원, 2015.

文龍)이 가도(椵島)에 주둔하자 백의종군했으며, 곧이어 철산 부사가 되어 모문룡의 신임을 얻었고, 인조반정 이후 형조 참의·의주 부윤이 되었다. 이괄(李适)의 난이 일어나자 전라도 절도사로 여산으로 가서 병사들을 모으고 반란군 진압에 힘썼다. 그 공으로 가선 대부로 품계가 오르면서 수원 부사가 되었다. 1626년(인조 4) 부총관·장례원 판결사를 거쳐 병조참판 겸 동지의금부사·도체찰 찬획사·비변사 유사당상이 되었다. 1627년 정묘호란 때는 병조참판으로 왕을 강화도에서 호종하고 강화가 성립될 때 접반사로 활약, 환도 이후 호조 참판이 되었다. 1629년 도체찰부사로서 모문룡 병사의 동향을 파악하기에 노력했으며, 호조 참판·경기도 관찰사를 거쳐 1634년 도승지가 되었다. 1636년 병자호란 때는 부호군으로 비변사 당상을 겸해 남한산성으로 왕을 호종했고, 화의가 성립된 뒤 호조판서가 되었다. 그러나 영의정 김류(金瑬)와의 불화로 일시 정직되었다가 다시 도승지·강릉부사·동지중추부사 겸 경도총관을 지냈다. 1640년 강화유수로 있다가 병으로 죽었다.[19]

셋째 처남 이경석(1595(선조 28)~1671(현종 12)도 김장생의 문인이다. 1613년(광해군 5) 진사가 되고 1617년 증광 별시에 급제했으나, 이듬해 인목대비의 폐비 상소에 가담하지 않아 삭적(削籍)되고 말았다. 인조반정 이후 다시 시험을 보아 알성문과(謁聖文科)에 병과로 급제, 승문원 부정자를 시작으로 청직으로 일컫는 검열·봉교로 승

---

19 金瑬, 『北渚先生集』 卷8, 有明朝鮮國贈大匡輔國崇祿大夫議政府右議政兼領經筵
    監春秋館事行資憲大夫戶曹判書兼五衛都摠府都摠管忠敏李公神道碑銘.

진했고 동시에 춘추관 사관도 겸임하였다. 이듬해 이괄의 난으로 인조가 공주로 몽진하자, 승문원 주서로 왕을 호종해 조정의 신임을 두텁게 하였다. 이어 봉교·전적·예조좌랑·정언·교리 등을 두루 거친 뒤 1626년(인조 4)에는 호당(湖堂)에 선발되어 들어갔다. 또한 같은 해 말에는 이조 좌랑·정랑에 올라 인사 행정의 실무를 맡게 되었다. 이듬해 정묘호란이 발발하자 체찰사 장만(張晚)의 종사관이 되어 강원도 군사 모집과 군량미 조달에 힘썼다. 이때에 쓴 「격강원도사부부노서(檄江原道士夫父老書)」는 특히 명문으로 칭송되었다. 정묘호란 후 다시 이조정랑 등을 거쳐 승지에 올라 인조를 측근에서 보필하였다. 1629년 자청해 양주목사로 나가 목민관으로서의 실적을 올렸다. 그 뒤 승지를 거쳐 1632년에는 가선대부에 오르고 대사간에 제수되었다.

1636년 병자호란 때 대사헌·부제학에 연달아 제수되어 인조를 호종해 남한산성에 들어갔다. 이듬해 인조가 항복하고 산성을 나온 뒤에는 도승지에 발탁되어 예문관제학을 겸임하며 「삼전도비문(三田渡碑文)」을 지어 올렸다. 이듬해 문관으로서 영예인 홍문관·예문관 양관의 대제학이 되었고, 얼마 뒤 이조참판을 거쳐 이조판서에 발탁되어 인사를 주관하였다. 1641년에는 청나라에 볼모로 가 있던 소현세자의 이사(貳師)가 되어 심양으로 가, 현지에서 힘든 대청 외교를 풀어나갔다. 그러나 이듬해 엄금하던 명나라 선박이 선천(宣川)에 들어온 일이 청나라에 알려지자, 그 사건의 전말을 사문(查問)하라는 청나라 황제의 명을 받고 서북 지역으로 돌아왔다. 조선의 관련 사실을 두둔하느라 청나라 황제의 노여움을 사서 영불서용(永

不調用)의 조건으로 귀국해, 3년 동안 벼슬에서 물러났다. 1644년에 복직, 이조판서를 거쳐 우의정·좌의정을 역임한 뒤 이듬해 마침내 영의정에 올라 국정을 총괄하였다. 그러나 1646년에 효종의 북벌 계획이 이언표(李彦標) 등의 밀고로 청나라에 알려져 사문사건(査問 事件)이 일어나게 되었다. 청나라의 사문사는 남별궁(南別宮)에서 영의정 이경석과 정승·판서 및 양사(사헌부·사간원)의 중신 등을 모두 세워놓고 북벌 계획의 전말을 조사, 죄를 다스리고자 해 조정은 큰 위기를 맞았다. 이에 끝까지 국왕을 비호하고 기타 관련자들까지 두둔하면서 모든 것을 자신의 책임으로 돌려, 국왕과 조정의 위급을 면하게 하였다. 그리하여 청나라 사신들로부터 '대국을 기만한 죄'로 몰려 극형에 처해질 뻔했으나 국왕이 구명을 간청해 목숨을 부지하였다. 그러나 청나라 황제의 명으로 백마산성(白馬山城)에 위리안치되었다. 이어 다시 영불서용의 명을 받아 벼슬에서 물러나 1년 남짓 광주(廣州)의 판교(板橋)와 석문(石門)에서 은거하였다. 그러다가 1653년(효종 4) 풀려나 영중추부사에 임명되었으며, 1659년 영돈녕부사가 된 뒤 기로소에 들어갔다.[20]

---

20 이은순, 「이경석의 정치적 생애와 三田渡碑文 시비」, 『한국사연구』 60, 한국사
   연구회, 1988; 이은순, 「이경석의 국정운영과 대외 시국 인식」, 『조선시대사학
   보』 29, 조선시대사학회, 2004; 이성무, 「백헌 이경석의 생애와 행적」, 『영의정
   의 경륜』, 지식산업사, 2012.

3. 박지계의 유년 시절과 학문 수련

박지계의 부친 박응립의 첫 부인은 남양 홍씨로 현감 홍윤선(洪潤先)의 딸인데 조사(早死)하였다. 둘째 부인은 홍윤균(洪潤均)의 딸로 두 사람은 사촌간이라 한다. 초취 부인에게는 자식이 없었고 재취 홍씨에게서 장자 박지겸(朴知謙, 1549~1623)[21]이 출생하였다. 삼취(三娶)인 전주이씨는 효령대군파의 지파인 음평부수파(陰平副守派)의 감찰(監察) 이숙(李琡, 1498~1549)의 딸이다. 이씨는 5남을 출산하였는데 지양(知讓, 1562~1642)[22], 지인(知認, 1565~1623), 지훈(知訓, 1568~1620)[23], 지경(知警, 1570~1640)[24], 지계(知誡, 1573~1635)이다. 박응립의 동서로는 무인(武人)이면서 순천 군수, 구성 부사를 역임한 변양우(邊良佑)[25]가 있고 허엽(許曄)의 아들이요, 허균의 형인 허봉(許篈, 1551~1588)은 서(庶)동서이다.

박지계는 부친이 황해도 송화(松禾) 현감으로 재임하던 중인

---

21 임진왜란 때 백의로 선조를 의주까지 호위한 공으로 상의원 別坐에 올랐다. 광해군 때 낙향하여 충북 괴산에 愛閑亭을 짓고 살았다. 「愛閑亭八景詩」, 「題愛閑亭記帖後」를 비롯하여 詩稿 약간이 남아있다. 괴산군 花巖書院에 조부 박세무와 함께 배향되었다.

22 내자주부, 종부시주부, 사헌부감찰, 광흥창수, 부호군을 역임했다.

23 인조반정 후 穆陵 참봉에 제수되었으나 출사하지 않았다.

24 1606년(선조 39)에 식년 생원시에 합격하여 형제 중에 유일한 사마시 급제자이다. 동몽 교관을 역임하고, 인조반정 이후 상의원 직장, 麟蹄현감, 평시서령, 사복시 주부, 익위사 사어, 호조, 공조의 좌랑, 정랑을 지냈다.

25 『선조실록』 권90, 선조 30년 7월 6일 을미, 『선조실록』 권108, 선조 32년 1월 20일 신축. 아버지는 예조좌랑 邊偉이며 선조대 지중추부사, 지훈련원사, 포도대장 등을 역임한 무신 邊良傑의 동생이다.

1573년(선조 6, 부친 56세) 9월 3일 관아에서 출생하였다. 부친이 6년의 임기를 마치고 1575년(선조 8) 통례원인의겸한성부참군(通禮院引儀兼漢城府參軍)으로 전직할 때 서울 본제(本第)로 돌아왔다(3세). 이후 서울에서 성장하다가 부친이 호조정랑을 거쳐 1580년(선조 13) 다시 외직인 황해도 수안(遂安) 군수(63세)로 나가게 되자 따라갔다(8세). 이곳에서 9세에 두창(痘瘡)을 앓았고 10세인 1582년 4월 부친(65세)이 임소(任所)에서 순직하자 경기도 양주 신혈리(神穴里) 선산[26]으로 반장(返葬)해 모셨다.

박지계는 서울 본댁으로 돌아와서는 선생을 통해 공부하며 독서에 매진하였다. 이 과정에 조부 박세무가 지은『동몽선습(童蒙先習)』과『사기(史記)』를 읽었다. 선생이 당시(唐詩)를 가르치니 거부하고 논어를 읽었고 유교 경전에 더 많은 관심을 보였다. 이때부터 15세까지 일과를 거르지 않고 열심히 공부에 정진하여 대인의 기상을 보였다 한다. 한편 또래의 사표(師表)가 되어 인목대비의 오빠인 김래(金琜)와 종질 박유일(朴由一)[27] 등이 비슷한 나이인데도 머리 숙여 배웠다고 한다.

박지계는 이렇게 반송방 냉정동 월랑암촌(月朗巖村)에서 10년을 살며 공부에 몰입하였는데, 20세인 1592년 임진왜란이 일어나자 모친을 모시고 제천(堤川)으로 피난하였다. 극심한 기근으로 고생하다가 1597년 무렵에는 다시 괴산(槐山)으로 이거(移居)하였다.[28] 이곳

---

²⁶ 현재 고양시 덕양구 오금동이다.
²⁷ 4촌형 朴知言의 아들이다.

에서 어머니를 봉양하면서 성학(聖學)에 뜻을 두고 『중용(中庸)』과 『대학(大學)』을 읽으며 가형(家兄)들과 함께 강마(講磨)하였다.[29] 모친 전주이씨가 병환이 나자 극진히 간호하였고 1597년 7월에 타계하자 상례를 한결같이 『주문공가례(朱文公家禮)』에 따라 행하였다.[30] 이 무렵 괴산의 유생이며 1594년에 청안(淸安) 현감이 된 전유형(全有亨)[31]을 통해 영남 대유(大儒)이며 한강(寒岡) 정구(鄭逑)의 제자인 서사원(徐思遠)과 성리학에 대한 학문적 토론을 하면서 서한을 주고받으며 교류하였다.[32]

『잠야선생연보(潛冶先生年譜)』를 보면 박지계의 혼인 기록이 분명치 않다. 다만 29세인 1601년(선조 34)에 장남 유근(由近)이 출생하는 것을 보아 1600년(선조 33) 이전에 결혼한 것은 분명하다. 『연보』에 따르면 이 무렵 박지계는 우리나라 선유(先儒)로 우계(牛溪)

---

28 박연호, 「朴知謙의 괴산 隱居와 愛閑亭」, 『尤庵論叢』 9, 2016, 130쪽 참조. 槐山이 박지계 가문과 어떤 연고가 있는지는 분명치 않지만 『명종실록』에 백부 朴素立이 괴산에 있다가 서울로 소환되는 사실(『명종실록』 권29, 명종 18년 9월 18일 계사)과 광해군 대에 박지계의 맏형 지겸과 조카 由元, 由渾이 亂政을 피해 괴산으로 낙향해 은거하는 사실을 볼 때 오래전부터 함양박씨의 田莊이 있었던 것 같다. 박지겸의 「愛閑亭記」에는 괴산에 처가의 옛 田莊이 남아 있고 임란 이후 촌가 몇 칸을 더 사들였다고 한다.

29 『潛冶先生年譜』 기해 선생 27세.

30 『潛冶先生年譜』 정유 선생 25세.

31 『선조실록』 권47, 선조 27년 1월 14일 계사.

32 김학수, 「조선중기 寒岡學派의 등장과 전개 -門人錄을 중심으로-」, 『한국학논집』 40, 계명대학교 한국학연구원, 2010. 徐思遠은 1595년(선조 28) 46세에 淸安縣監에 제수되었고 1602년(선조 35) 2월에는 燕岐현감에 임명된다. 제천, 괴산의 박지계와 지리적으로 가까워 오랫동안 교류했을 것으로 보인다.(『선조실록』 권146, 선조 35년 2월 2일 을축)

성혼(成渾)과 율곡(栗谷) 이이(李珥)를 존모(尊慕)하며 이들 문하에 나가 배우지 못한 것을 한스러워했다 한다. 그의 성리학 공부의 방향이 우(牛)·율(栗)로 확정되었음을 알 수 있다.

임진란이 끝나고도 박지계 일가는 한동안 괴산에 머물다 1604년(선조 37)에 주거지를 5형 지경(知警)이 있는 인천으로 옮겼다. 하지만 곧 서울 반송방 냉정동 경제(京第)로 이사했다. 임진왜란으로 서울을 떠난 지 12년 만에 귀경한 것이다. 서울로 귀환이 이렇게 오랫동안 지체된 이유는 무엇일까? 첫째, 서울의 옛집이 임란 중에 복구가 어려울 정도로 철저히 파괴되어 빨리 돌아가기가 사실상 어려웠을 것이라는 점과 둘째, 박지계의 6형제가 모두 벼슬길에 나가지 못했기 때문에 서울에서 삶을 유지할 수 있는 경제적 기반이 와해됐을 것이라고 짐작된다.

4. 박지계 일가의 신창으로 낙향

서울로 귀경한 지 불과 3년여 만에 박지계 일가는 충청도 신창(新昌)으로 이주하였다. 당시 형제들도 각자의 연고지를 따라 첫째 지겸(知謙)은 괴산에 자리 잡고, 넷째 지훈(知訓)은 충주로, 다섯째 지경(知警)은 인천으로 갔다. 나머지 둘째 지양(知讓)과 셋째 지인(知認), 막내 지계(知誡)는 신창으로 이주하였다. 박지계 일가의 지방 이주 동기를 보통 1613년(광해군 5) 계축옥사(癸丑獄事)로 김제남(金悌男)과 그 아들 김래(金珠)가 살해되자 그 충격으로 솔가하여 이주한 것으로 알려져 있다.[33] 하지만 1607년(선조 40) 11월에 포저 조익(趙翼)과 신창(新昌) 원당(元堂) 신사(新寺)에서 만나 논어의 「자공문빈이무첨(子貢問貧而無諂)」장(章)을 토론한 사실과[34] 1609년(광해군 1) 12월 30일에 천안 군수로 부임한 처부 이유간(李惟侃)이 아들 이경설(李景卨)을 시켜 이미 신창에 이주해 살던 사위 박지계에게 부임 사실을 통보하자 박지계가 천안 관아로 찾아온 사실,[35] 또 그해 8월 이미 서울 서문(西門)에서 이유간이 박지계 5형인 지경(知警)을 만나 사위 박지계의 안부를 묻는 사실[36] 등을 볼 때 특정하기는 어렵지만 선조 말기에 박지계는 자기 가족뿐 아니라 두 형의 가족들과 함께 신창 소동면(小東面) 수여리(水餘里, 현 아산시 신창면 水長里)[37]로 낙향

---

33 『潛冶先生年譜』 계축 선생 41세.

34 『潛冶先生年譜』 정미 선생 35세.

35 『愚谷日記』 己酉(광해군 1) 12월 30일 晴, 監司竹瀝次, 靑竹載刷馬二匹, 次次出給, 昨到愁音全, 令卨 送簡于朴師傅家, 此朝傳答書…朴師傅 未時許 來到.
『愚谷日記』 庚戌(광해군 2) 2월 초1일 晴, 朴師傅脫服後促食, 歸新昌.

36 『愚谷日記』 己酉(광해군 1) 8월 13일 西門內逢朴知警, 問朴師傅安否, 則安在云

37 '水長里'라는 지명은 1914년 水餘里와 長久浦里를 병합할 때 두 마을의 이름을 하나씩 따서 붙인 것이다. 수장리는 본래 신창군 소동면에 속했다. 일제가 실시한 1914년 지방 행정구역 통폐합에 따라 장구포리, 수여리, 수남리, 구평리의 각 일부를 병합하여 수장리라 하고 아산군 학성면에 편입되었다. 1917년 학성면이 신창면으로 개칭됨에 따라 아산군 신창면 수장리로 개편되었고, 1995년 1월 1일 행정구역 조정으로 아산군과 온양시를 통합하여 아산시로 개편되면서 아산시 신창면 수장리가 되었다. 수장리는 남쪽에 낮은 구릉이 있고 이 주변으로 마을이 들어서 있다. 마을 북쪽에는 곡교천이 동쪽에서 서쪽으로 흘러 삽교천에 합류하는데, 천 주변으로는 넓은 충적대지가 조성되어 경작지로 이용되고 있다. 수장1리와 수장2리의 2개 행정리로 이루어졌으며, 자연마을로는 수장1리에는 무너미, 장구포, 수장2리에는 안골, 방죽안말, 숨밭이 있다. 무너미는 곡교천의 물이 넘어 들어와서 '무너미'라 했다가 한자로 옮겨 '水餘里', 혹은 '水踰里'라

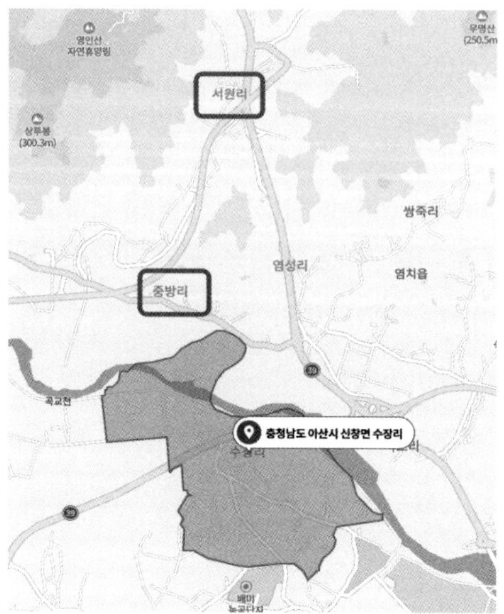

〈그림 2〉 수장리(수여리)와 중방리, 서원리

해 살고 있었음이 확인된다.

광해군 대의 난정(亂政)을 피해 이거한 것이 아니라면 낙향의 동기는 경제적으로 잠야 일가가 서울 생활을 유지하기 어려워 각기 경제적 기반과 연고가 있는 지방으로 이주를 결정했을 것으로 추정된다. 그렇다면 박지계를 비롯한 3형제가 이주한 신창 수여리(水餘里)는 어떤 연고가 있어 이주지로 선택되었는가? 확인되는 명쾌한

했으며, 장구포는 지형이 장구처럼 생긴 포구라 하여 붙은 명칭이다. 안골은 무너미 안쪽 골짜기에 있는 마을이며, 방죽안말은 안말에 있는 방죽인 徐松堤의 안쪽이라는 뜻이다. 수장리는 동쪽으로는 염치읍 곡교리와 곡교천을 사이에 두고 있다. 서쪽으로는 남성리와 신달리, 남쪽으로는 온양4동의 배미동, 북쪽으로는 염치읍 중방리와 접해 있다. (『아산향토문화전자대전』)

근거는 찾을 수 없다. 박지계가 이주한 신창의 수여리는 현 곡교천 중류에 위치한 마을로 범천(范川, 현 삽교천)과 아산만의 수로를 이용해 경기도 남양과 인천, 서울로 쉽게 연결되는 교통이 편리한 장소이다. 이후 신창에서의 박지계 일가의 삶도 이 공간 속에서 활발히 전개되었다. 수여리에는 박지계 일가의 농장(農庄)이 있어 일가가 직접 영농을 했다는 사실이 확인된다.[38] 이런 경제적 기반은 친가나 외가, 아니면 처가의 재산이 상속된 결과로 보여진다. 3형제가 거느린 많은 가족이 생계를 의존할 정도라면 상당한 규모의 토지를 소유했을 것이다.

이 무렵 1606년(선조 39)에 박지계는 '학문이 깊고 열심히 공부하며 벼슬에 뜻을 끊고 성리지학(性理之學)에 종사한다'는 이조판서 허성(許筬)의 추천으로 왕자사부(王子師傅)로 임명되었지만 나가지 않았다. 선조가 붕어한 후 1610년(광해군 2) 6월에는 홍문관 최현(崔晛)의 추천으로 익위사(翊衛司) 좌세마(左洗馬)로 임명되어 한동안 근무하였다.[39] 1611년(광해군 3) 2월에는 동몽훈도(童蒙訓導)에 임명되었

---

38 『忍齋日録』 3, 광해군 11년(1618, 무오) 9월 10일.
同子必謁于朴先生【子必見過 余方未食 是時 金光義及汝厚來也 既食乃行 汝厚亦同逾峴 而入縣 既到 則先生及由近 皆出打作所 因由近之二弟 進紅柿于内 余所進 只五十箇 子必百箇也 乃步往打作所 路遇由近 進謁于先生 乃彌勒灘下流浦邊村亭也…】.
『忍齋日録』 3, 광해군 12년(1619, 기미) 7월 20일; 『忍齋日録』 4, 광해군 14년(1621, 신유) 9월 13일; 『冶谷日録』 4, 인조 9년(1631, 신미) 2월 25일. 『승정원일기』 46책 인조 13년 2월 20일 신축. 지금도 수장리에서는 수여리에 정착해 마을을 일군 사람들이 함양박씨 일가라는 이야기가 전해지고 있다.(온양문화원, 2000, 『온양아산 마을사』 1, 401쪽)

지만[40] 사절하였다. 이러한 박지계의 태도는 광해군 집정 이후 등장
한 대북(大北) 정권의 난정(亂政)으로 서인 세력이 위기에 빠진 정국
상황과 무관하지 않다.

5. 잠야 박지계의 성리학 탐구와 강학 활동

1) 만회 권득기(權得己), 포저 조익(趙翼)과 학문적 교류

광해군대 집권 대북 세력의 독주와 정치 혼란으로 서인들이 느낀
위기감은 대단한 것이었다. 특히 김직재 사건이나 계축옥사는 연루
되면 생명의 위협을 느낄 정도여서 많은 사대부들이 사환을 기피하
고 지방으로 낙향하여 은거하였다.[41] 정치 상황이 점차 악화되자 박
지계를 뒤이어 평생의 지우인 권득기(權得己, (1570(선조 3)~1622(광

---

39 『冶谷先生集』 卷8, 三官記 耳官 上.

克善以司禦赴漢師。過拜潛冶先生。先生曰。余嘗以洗馬。供仕于翊衛司。諸僚
皆厭拘束。至如世子宣醞。不行拜受之禮。余強之不肯從。遂環坐取飮。盃行到
余。余獨起拜而飮。諸僚爲之不快。又擅離直所者。法當斬。故雖有名士來見。
一不回謝。以此多取怨。又侍講院。是從三品衙門。翊衛司。是正五品衙門。三
五品之間。高下不爲懸殊。且無揔攝之事。而講院每事。必欲依承政院之例。乃
若禮曹。是其仰曹。而昔權重之爲佐郞。講院以事牌招。坐而使之拜。重之長立
不拜。種撻下人無數。重之不得已而拜。是皆不可不知也。克善因問嘗見入直
者。不整冠帶。以便服自居。恐不可。克善獨不脫團領。終日整坐。則想被人怏
罵也。先生曰。守直非如臨莅之類。只是守直其地而已。不必常服團領。若不服
上服。服以便服則不可也。

40 『愚谷日記』 辛亥(1611, 광해군 3) 2月 12일.

41 『인조실록』 권1, 인조 1년 3월 16일 병오.

해군 14))도 1615년(광해 7)에 관직을 버리고 박지계와 가까운 남양(南陽)으로 이주하였다.[42] 그는 유년기에 서울에서 박지계와 한 동네에 담장을 같이하면서 성장한 친구였다.[43] 1589년(선조 22) 진사시에 합격하고, 1610년(광해군 2) 식년문과에 장원급제하여 예조 좌랑이 되었다. 그 뒤 광해군이 모후인 인목대비를 서궁에 유폐하고 영창대군을 살해하는 등 정치적 혼란이 거듭되자 관직을 버리고 남양으로 낙향을 결정한 것이다.

권득기는 생계를 꾸리기가 어려울 정도로 지독한 가난 속에서 굶주리고 고생하면서도 절조(節操)를 잃지 않고 대북 정권의 거듭되는 사환 요청을 거부하며 오직 성리학 연구에만 몰두하였다. 말년에 병이 깊어 다시 태안(泰安)으로 옮겨 살다가 그곳에서 사망하였다. 두 집안은 세교(世交)가 깊어 권득기의 아들 중에 장자 권적(權諰)은 박지계의 3형 지양(知讓)의 사위가 되었고 5자 권시(權諰)는 5형 지경(知警)의 사위가 되었다.

포저 조익(趙翼)도 어려서부터 박지계와 평생의 벗으로 지내면서 마치 골육(骨肉)과 같은 정을 느끼는 관계였다.[44] 계축옥사 이후 수

---

42 『晚悔集』附錄 家狀.
　　嘗居南陽。遇饑絕食。府使與先子爲同年。聞之欲周之。謂先子不受不敢餽。必以貸與。水使與先子親戚也。聞之餽米。先子不悅。請以貸受。秋卽償之曰。中國州縣之官。皆有俸祿。可以其祿周人。我國外方。雖守令無私俸。朝夕皆自官供。斗米尺布。不可私用。授受皆非。
43 『潛冶集』권6, 權重之墓碣誌 癸丑.
　　知誠與君。隔墻生長。備審君之質異。君自幼明敏出衆。年十三四。曉達文理。已能博覽。一覽輒記。未及勝冠。遍記諸子書歷代史。殆無不盡。
44 『浦渚集』권8, 箚, 因兵曹參判崔鳴吉箚子。論典禮箚。[再箚]

찬(修撰)직을 버리고 광주(廣州)로 낙향했다가 다시 처가가 있는 신창으로 이주하여 신창 도고산(道高山) 아래 판방(板坊, 현 道山里)에 모옥(茅屋)을 짓고 자리를 잡았다.[45] 조익은 박지계와 학문적 교류와 토론을 활발히 했을 뿐 아니라 서로 간에 발생하는 모든 대소사를 긴밀하게 의론하는 평생의 지기였다.

이 무렵 세 사람은 곤궁한 생활 중인데도 성리학의 다양한 주제에 대해 활발히 토론하였다. 편지를 왕래하거나, 간헐적으로 만나 열정적으로 의견을 교환하였다. 잠야는 권득기와 격물치지(格物致知) 논쟁을 격렬히 진행하였고 조익과는 그의 저술인 『대학곤득(大學困得)』을 놓고 토론하였다.

2) 신창에서 강학 활동

박지계의 학문적 축적이 깊어지고 명성이 높아지자 1616년(광해군 8) 43세 무렵부터 문생(門生)들을 가르치는 강학(講學) 활동도 본격적으로 시작되었다. 이 무렵 박지계는 자제들과 조카들 뿐 아니라 인근에서 찾아오는 이의길(李義吉), 조극선(趙克善), 민기수(閔祺壽), 이중형(李重馨), 조송년(趙送年), 민광소(閔光熽), 변호길(邊虎吉)·변인길(邊麟吉) 형제, 박내휘(朴乃輝)·박재휘(朴載輝) 형제 등을 가르쳤다.

그의 강학 활동은 성리학 기풍이 척박하던 신창(新昌), 온양(溫

---

45 『광해군일기』 권175, 광해 14년 3월 17일 계축.
　　趙翼爲副修撰。【翼退居歸田里, 時輩欲假示公道, 慕其名, 累拜館職。皆不就】

陽), 아산(牙山), 예산(禮山), 청양(靑陽), 해미(海美) 등 지금의 내포(內浦) 지역 일대와 수로(水路)로 쉽게 연결되는 남양(南陽), 인천(仁川) 및 광주(廣州) 등의 경기도 일대에 걸쳐 새로운 학문 풍토를 조성하는 것이었다.

아래의 〈부록〉「잠야 박지계의 문인록」을 보면 잠야의 제자, 문인들은 대체로 혈연적 인연이나 지역적 연고에 기반하여 형성되었음을 알 수 있다. 그중 가장 비중이 큰 가문이 청양(靑陽)이 본향인 함평 이씨였다.[46] 신창에서 강학 활동은 이의길(李義吉)이 가장 먼저였던 것으로 추정된다. 잠야학단(潛冶學團)의 고제(高弟)인 이의길(李義吉, 1596~1633)은 조부 이효원(李效元, 1550~1629)[47]이 소북(小北) 유영경의 심복이라는 이유로 관직이 삭탈되고 광해군 집정 말까지 거제도에 유배되어 14년을 보냈다.[48] 이의길의 부친 이정(李瀞, 1571~1608)은 한림(翰林)으로 재직 중 부친에 연좌되어 문외출송(門外黜送)

---

46 홍제연, 「17~18세기 忠淸道 洪州지역 재지사족과 少論系 書院」, 『역사와 담론』 93, 호서사학회, 2020.

47 1584년(선조 17) 별시문과에 병과로 급제하여, 병조정랑·세자시강원사서·승지·한성부좌윤·대사간 등을 역임하였다. 선조 말년에 북인이 대북·소북으로 나뉘어 정권쟁탈이 치열할 때 그는 영상 柳永慶의 소북파에 가담, 상소문을 올려 君父의 지친을 이간하려는 鄭仁弘의 흉모는 李爾瞻 등의 사주에 의한 것이라 하여 대북파인 정인홍을 영변, 이이첨을 갑산에 유배시키고 세자 광해군을 폐위시키고 永昌大君을 옹립하려 하였다. 그러나 1608년 선조가 갑자기 죽고 광해군이 즉위하여 대북파가 집권함에 따라 이듬해 그는 삭직되어 거제도에 유배되었다. 1623년(인조 1) 인조반정으로 14년 만에 풀려나 인조반정이 있었던 그해 공조참판에 임명되었지만 사직하고 고향 청양에서 일생을 마쳤다.

48 『광해군일기』 권3, 광해 즉위년 4월 25일 신사, 『광해군일기』 권117, 광해 9년 7월 4일 병인.

되자 울분을 참지 못하고 죽었다.[49] 이 때문에 이정의 동생이자 박지계의 문인인 이해(李澥, 1591~1670)는 사환을 포기하고 불우한 생활을 보내다가 유생의 신분으로 인조반정에 참여하여 반정공신 2등에 녹훈되고 함릉부원군(咸陵府院君)으로 책봉되기도 하였다.[50]

함평이씨가에서 잠야 문하에 입문은 이해(李澥)로부터 시작된 것으로 짐작되나 이해가 언제부터 잠야에게 사사했는지는 명확히 알 수 없다. 아무튼 이를 인연으로 이해의 형제 이준(李浚), 이필(李泌)과 조카 이의길(李義吉), 이중길(李中吉)[51] 이해의 매부 민광소(閔光熽), 민광소의 중형 민광윤(閔光尹), 나아가 이의길의 외사촌 송국준(宋國準), 그의 6촌 송국구(宋國龜), 사돈인 김극형(金克亨)[52]이 함평이씨가를 매개로 하여 잠야학파에 입문한 것으로 보인다. 그중 이의길은 박지계의 2형 박지양(朴知讓)의 사위가 되었고 이것을 계기로 잠야의 문하에서 학문을 익힐 수 있었다.[53]

조극선(趙克善, 1595~1658)이 잠야 문하에 입문하기 전, 이의길을 예산에서 처음 만난 날이 1614년(광해군 7) 3월인 것을 볼 때 이 무렵 이의길은 결혼 후 신창과 예산 일대에서 살며 사인(士人)들과 교류했음을 알 수 있다.[54] 이의길은 조극선보다 한 살이 어리지만 잠야

---

49 『광해군일기』 권9, 광해 즉위년 10월 13일 정묘.

50 『인조실록』 권1, 인조 1년 3월 16일 병오.

51 이의길의 동생 李禮吉이 개명한 이름이다.

52 김극형의 형 金克孚가 이의길 조부 이효원의 사위가 된다.

53 『潛冶先生集』 卷6, 祭文 祭李方叔文 癸酉.
    方叔弱冠。作我姻親。始得相逢.

54 『忍齋日錄』 1, 광해군 7년(1614, 갑인) 3월 26일.

문중에 입문한 것으로는 4년 이상 앞섰다.

지역적인 연고로는 신창 판방에 포저 조익과 이웃에 살던 민기수(閔祺壽)가 가장 우선이다. 그는 잠야와 포저 문하를 동시에 출입하며 수학한 최초의 인물이다. 처사로 일관했지만 조극선의 수학기에 항상 양문(兩門)을 출입하며 두 선생을 보필하였다. 선약봉(宣若奉)은 시암 조상우(趙相禹)가 영향력을 유지하던 온양 유림의 텃세를 뚫고 잠야 문하에서 학문을 익힌 제자였다. 이괄의 난 때 온양 사림(士林)들이 공주로 남천하는 인조의 호종(扈從)을 기피할 때 스승 잠야와 함께 인조를 따라나선 유일한 인물이었다.[55]

조석형(趙錫馨, 1598~1656)의 경우는 그의 부친인 조희일(趙希逸)이 1613년 허균(許筠)의 옥사에 연루되어 이산(理山)에 안치되자 유배된 아버지를 따라 배소에서 어린 시절을 보냈다.[56] 부친은 1619년 허균이 복주된 다음 방면되었는데 조석형은 1613년(광해군 5) 폐모론이 일어나자 과거를 단념하고 덕산의 대덕산(大德山)[57]에 살며 박

余帰禮山 將見金濟先 訪閔興祖 而至一草堂 有數人對棊 (중략) 李義吉氏 乃咸平叔之同姓六寸也.
『忍齋日録』 1, 광해군 7년(1614, 갑인) 5월 9일.

55 『冶谷日録』 1, 인조 2년(1624, 갑자) 2월 16일.
上爲駐馬 (중략) 近邑士子多少間咸集 而溫陽人惟敬甫外無一人出應者 方大駕駐天安之時 溫陽接壤居有五里十里之近者亦不動念 賊既伏辜 而自隱士李恒以下 今夕始至 得聞士論崢嶸 將有闔郡停擧之議 則反因宣敬甫請于領相 欲冒籍于前來士子屬 駕之中 鄙夫之爲 可笑可笑 閔公毅俊 其來雖後 自初與敬甫同事 而今爲其鄉士子 發明甚力 不欲獨免其罪 則其志可嘉.

56 『忍齋日録』 2, 광해군 10년(1617, 정사) 3월 27일.

57 현 예산군 삽교읍이다.

지계의 문하에서 학업에 열중한 인물이다.

조극선의 경우는 첫 스승인 이명준(李命俊)이 영덕(盈德)으로 유배를 갔기 때문이다.[58] 유배 생활이 길어지고 유배지가 멀어 조극선은 한 번 면회를 갔다. 이때 이명준은 신창에 거주하는 친구 잠야와 포저를 소개하며 찾아가 이들에게 학문을 익힐 것을 권유하고 소개서를 작성해 주었다.[59]

귀가한 조극선은 바로 잠야와 포저를 방문해 사제관계를 맺지 않고 1년 반 정도를 지체한다. 두 사람에 대해 명성은 이미 들어 알고 있지만 바로 찾지 않는 것은 여러 가지 이유가 있었다고 여겨진다. 나중에 변명을 들어보면 유고(有故)가 있었다고 한다. 그 내용은 당시 조극선은 사마시(司馬試)를 준비하고 있었다. 1617년(광해군 9) 봄에 증광초시에 합격했다. 하지만 가을에 복시(覆試)를 치르기 위해 상경하였으나 응시하지 않고 돌아왔다. 또 이듬해인 1617년(광해군 10) 12월에 신창(新昌)에 사는 강화 최씨(江華 崔氏)와 결혼을 하였다.[60] 하지만 조극선의 일기를 보면 잠야와 포저 양문(兩門)을 출입하는 민기수를 먼저 알아 교류하고 친척을 통해 잠야에게 예(禮)에

---

58 李命俊은 홍주 출신으로 庶弟인 李耕俊이 계축옥사의 起禍者로 대북 세력에 의해 지목되어 처벌당하자 연좌되어 영덕으로 유배된 것이다. 김장생도 庶弟 金慶孫에 연루되어 이명준과 같이 국문을 당할 상황이었는데 다행히 朴應犀가 부정하여 풀려나게 되자 바로 連山으로 낙향하였다.

59 『忍齋日録』 2, 광해군 9년(1616, 병진) 10월 18일.
辭歸 先生言趙修撰翼·朴洗馬知誡之爲人 可以游學于其門 修書以通.

60 『忍齋日録』 2, 광해군 10년(1616, 정사) 12월 19일;『忍齋日録』 2, 광해군 10년(1616, 정사) 12월 20일.

대한 질의를 하는 등 탐색했음을 알 수 있다.[61] 이것은 아직 자신의 학문이 부족하여 아직 예학의 대가를 만날 자신을 갖지 못했다고 볼 수 있다. 또 하나는 이들과의 사승 관계를 맺는 것이 향후 유용할 것인가에 대한 고민도 있었다고 여겨진다.

그 결과 1618년(광해군 11) 윤4월 22일 조극선은 신창 수여리 잠야 댁을 찾아 이명준의 소개서를 전달하고 배움을 청하였고 잠야도 이명준의 안부를 묻고 나서

나로 하여금 잠와(潛窩) 선생이 뽑은 목록을 말하게 하시며 말씀하셨다. "장차 아이에게 시문을 가르칠 때 다른 책은 괜찮은 것이 없으니, 이것은 오직 주자께서 고이(考異)하신 것은 하여금 읽게 할 수 있다." 나는 배움을 청했다. 선생께서는 두세 번 사양하셨다. 내가 강하게 청한 후에 말씀하시길 "『근사록(近思錄)』은 사서(四書)의 계제(階梯)가 되니 마땅히 먼저 읽어라. 이후에 사서는 『대학(大學)』을 먼저 보고 『혹문(或問)』으로서 참고해서 보라. 인하여 한유(韓愈)의 글을 열람하라."고 하셨다.[62]

박지계는 『근사록(近思錄)』을 '사서(四書)로 나가는 계제(階梯)'라고 하여 조극선에게 가장 먼저 읽으라고 추천하였다. 또 사서를 읽게 되면 『대학』을 먼저 보고 『혹문』을 참고해서 보라고 당부했다. 3일 뒤 조극선은 잠야에게 『근사록』을 받아 그때부터 본격적으로

---

61 『忍齋日録』 3, 광해군 11년(1618, 무오) 3월 16일; 『忍齋日録』 3, 광해군 11년 (1618, 무오) 윤4월 6일.

62 『忍齋日録』 3, 광해군 11년(1618, 무오) 윤4월 22일.

『근사록』을 배우기 시작하였다. 잠야는 제자를 가르칠 때『근사록』을 가장 중시했으며, 무엇보다 주자의 주석만을 보기를 강조하였다. 조극선은 박지계에게『근사록』을 배우기 시작한 후 주자학에 관심을 갖게 되었음을 알 수 있다.[63]

박지계에서『근사록』을 공부하던 조극선은 함께 공부하러 간 민기수와 이야기하다가 조익의『대학곤득(大學困得)』을 보고 깊이 있고 탁월하다는 생각을 하게 되었다. 그 이후에 박지계에게 가서 예전에 대학을 읽었으므로 두 책을 같이 읽고 싶다고 청하여 박지계는 이미 전공(前功)이 있으니『근사록』과『대학(大學)』을 겸독(兼讀)하게 하였다. 박지계는 조익과 깊이 교류하던 사이였지만 조익이『대학곤득』에서 주자와 다른 해석을 보이는 것을 비판하며 주자의 설을 지지하였고 예학에서도『주자가례(朱子家禮)』를 먼저 읽어야 한다고 권하였다.[64]

조극선은 민기수와 동석하여 잠야에게 수학하고 끝나면 민기수와 토론하고 다시 독서하였다. 소학과 논어를 읽으며 칠정(七情)에 대한 토론도 하고 사찰을 찾아 깊이 몰입해 공부하기도 하였다.[65] 그해 11월에는 십암(什菴)에 머물던 포저 조익을 찾아 이명준의 소개서를 전하고 배움을 청하게 되면서 양문(兩門)을 출입하며 주자학 탐구에 열중하였다.[66]

---

63 『忍齋日録』 3, 광해군 11년(1618, 무오) 윤4월 25일.
64 『忍齋日録』 3, 광해군 11년(1618, 무오) 5월 24일.
65 『忍齋日録』 3, 광해군 11년(1618, 무오) 6월 19일.
66 『忍齋日録』 3, 광해군 11년(1618, 무오) 11월 12일.

3) 남양으로 이거와 강학 활동

1619년(광해군 11)은 임진왜란 이후 전례가 없는 대흉년이 전국적으로 발생했다.[67] 그 결과 이듬해 봄에는 혹독한 기근이 들어 굶어 죽는 자들이 날마다 늘어났다.[68] 역병(疫病)까지 돌아 백성들이 서로 잇달아 사망하였다. 잠야의 가족들도 감염되어 6명이나 앓아누웠다.[69] 당시 진제청(賑濟廳)마저 혁파된 뒤라 도로에서 걸식하고 돌아다니면서 굶어 죽은 자들의 쌓인 시체가 겹겹이 포개져 있어 그 참상을 차마 볼 수 없을 정도였다.[70]

충청우도는 기근이 더욱 혹심해 박지계 일가도 궁곤(窮困)함을 이기기 힘들어 다른 곳으로 긴급 피난하기로 결정하였다.[71] 처음에는 1619년(광해군 12) 10월 21일에 청주 금정창(金井倉) 옆으로 옮겨갈 계획이었다.[72] 그러나 어떤 이유인지 알 수 없지만 최종 이주지는 경기도 남양(南陽)으로 변경되었다.[73] 그곳에서 생활도 고단하기는 마찬가지였다. 남양의 살림집은 다른 사람의 집을 빌려 주인과 나누어 거주한 것인데 가족들이 여역(癘疫)에 시달리고,[74] 화재로 남은

---

67 『광해군일기』 권144, 광해 11년 9월 2일 신사.

68 『광해군일기』 권149, 광해 12년 2월 1일 기유.

69 『忍齋日錄』 3, 광해군 12년(1619, 기미) 2월 18일.

70 『광해군일기』 권149, 광해 12년 6월 11일 정사.

71 『忍齋日錄』 3, 광해군 12년(1619, 기미) 8월 2일.
　　復以今年凶荒　人皆將流離爲言　先生則將徙于忠原云.

72 『忍齋日錄』 3, 광해군 12년(1619, 기미) 10월 12일.

73 『忍齋日錄』 3, 광해군 12년(1619, 기미) 10월 12일; 『忍齋日錄』 3, 광해군 12년(1619, 기미) 10월 19일.

74 『忍齋日錄』 4, 광해군 13년(1620, 경신) 9월 18일.

것이 없이 모두 소실된 적도 있었다. 그 까닭은 주인과 원수진 사람
이 방화(放火)한 때문이었다.[75] 이런 횡액을 겪으면서도 4년여를 성
리학 연구와 강학 활동은 멈추지 않았다.

당시 남양에는 권득기(權得己)가 살고 있어, 권득기의 3자 권우(權
訏)와 5자 권시(權諰)가 잠야 문하에서 수학한 것으로 보인다. 요절
했지만 권시의 4형 권증(權譜)도 잠야에게 수학했을 것으로 짐작된
다. 그는 잠야의 사위 경종(慶琮)과 친한 벗이었는데 1620년(광해군
13)에 조세(早世)하였다.[76] 반대로 경종은 권득기(權得己)에게 수학하
였는데[77] 1621년(광해군 14) 5월 남양에서 사망하였다.[78] 이 무렵 민
기수(閔祺壽)가 경종의 매부가 되었고 처가가 있는 남양을 왕래하
며[79] 잠야에게 수학하였다. 한편 이 무렵 남양 출신 최호(崔皥), 최환
(崔皖) 형제도 잠야 문하에서 수학한 것으로 보인다. 이들의 부친은
우성전(禹性傳, 1542~1593)의 제자인 최동립(崔東立, 1557~1611)이다.
그는 남양이 고향으로 권득기와도 친분이 있어 사후에 권득기가 행
장(行狀)을 지어 주었다.[80]

---

75 『忍齋日録』 5, 인조 1년(1623, 계해) 11월 2일.
　　朴先生南陽所居家 火盡燒 無餘物 甚可驚歎 盖聞僦居于他人之舍 與主人分舍以
　　居 厥主人有仇 爲所爇云.
76 『晩悔集』 卷2, 雜著 亡兒譜三虞卒哭小祥祝文.
　　韓鍒, 慶琮二生。少與汝相知於南陽。前汝二歲韓生殤。後汝一歲慶生亡。是俱
　　汝髫齔之游從。柰何三歲之內相繼而終耶。
77 『忍齋日録』 3, 광해군 12년(1619, 기미) 10월 19일.
78 『忍齋日録』 4, 광해군 14년(1621, 신유) 7월 5일;『忍齋日録』 4, 광해군 14년
　　(1621, 신유) 7월 9일.
79 『忍齋日録』 4, 광해군 13년(1620, 경신) 4월 9일.

　조극선은 잠야와 사위 경종, 장자 박유근과 자주 편지를 교환하며[81] 잠야가 절량(絕糧)될 정도로 궁핍한 생활[82]을 하며 가족들이 여역(癘疫)에 걸려 고생하는 소식을 듣고 크게 걱정한다.[83] 남양으로 가는 민기수 편에 모과[木瓜] 15개를 보내기도 하였다.[84] 이듬해 민기수를 따라 남양으로 잠야를 뵈러 가고 싶었지만 유고(有故)하여 가지 못했다.[85] 잠야의 사위 경종이 숙질로 사망했다는 소식을 듣고 조위서(吊慰書)를 잠야에게 보내면서 자신이 가난해 부의(賻儀)도 제대로 마련할 수 없음을 부끄럽고 한스러워했다.[86]

　한편 가난하면서도 이재(理財)에 밝지 못한 잠야가 세금 채무가 적체되어 상환이 어렵게 됨에 따라 일가친척, 친지들에게 구조통문(救助通文)을 보내 도움을 요청하자 조극선이 나서 조익의 장자 조몽양(趙夢陽), 민기수와 함께 유사(有司)가 되어 이 일을 주관하였다.[87] 여러 지역을 돌며 통문을 돌리는 사이 온양의 사자(士子)들이 던지는 비난과 굴욕[88]을 참아가며 기부를 얻어 잠야를 경제적 곤궁에서

80　『晩悔集』 卷3, 行狀 通政大夫守黃海道觀察使兼兵馬水軍節度使崔公行狀.

81　『忍齋日録』 4, 광해군 13년(1620, 경신) 4월 9일.

82　『忍齋日録』 4, 광해군 13년(1620, 경신) 6월 14일.

83　『忍齋日録』 4, 광해군 13년(1620, 경신) 9월 18일.

84　『忍齋日録』 4, 광해군 13년(1620, 경신) 9월 19일.

85　『忍齋日録』 4, 광해군 14년(1621, 신유) 1월 6일.

86　『忍齋日録』 4, 광해군 14년(1621, 신유) 7월 29일.

87　『忍齋日録』 4, 광해군 14년(1621, 신유) 7월 28일.

88　『忍齋日録』 4, 광해군 14년(1621, 신유) 8월 18일.
　　食後與李二生徃謁　趙先生 過見閔子必 聞溫陽士子見吾輩爲　朴先生所出通文 多不肯從 至於點疵通文中語日 先生吾道賢人等辭 皆是濫稱也 又日 賢人君子亦有逋租乎云云 聞來不勝憤辱 既至板方茅亭 獻吉與茂弘·茂先先出 而　先生至 侍語

구해내기 위해 노력하였다.[89]

1622년(광해군 15)에 조극선은 잠야의 장자 박유근(朴由近)의 혼인도 중매해 주었다.[90] 그해 12월 3일 잠야가 옛집이 있는 신창 수여리(水餘里)를 오랜만에 찾아왔다.[91] 박유근의 혼인이 18일 신부댁이 있는 대흥(大興)에서 치루어지기 때문에 미리 준비하기 위함이었다. 잠야는 판방(板坊)에 있는 포저 조익의 집에 유숙하며 조극선을 불러 사제간에 회포를 나누었다. 잠야는 시국이 어수선하여 세변지사(世變之事)가 우려되어 자신이 평생동안 저술한 문고(文藁)를 모두 조극선에게 주었다. 혹시나 견실(見失)을 당할까 염려해서였다.[92] 조극선은 잠야가 대흥에 머무는 동안인 18~20일 사이에 잠야의 문고(文藁)를 열람하였다. 20일에 잠야는 혼인을 끝내고 수여리로 귀환

之際及温陽士輩之說 余發憤惋之語 先生曰 彼輩自無識 不知尊賢之意 何足與辨
人不知而不惜 聖人之訓也.

89 『忍齋日録』 4, 광해군 14년(1621, 신유) 7월 30일; 『忍齋日録』 4, 광해군 14년(1621, 신유) 8월 3일; 『忍齋日録』 4, 광해군 14년(1621, 신유) 8월 13일; 『忍齋日録』 4, 광해군 14년(1621, 신유) 11월 28일; 『忍齋日録』 4, 광해군 14년(1621, 신유) 12월 9일.

90 『忍齋日録』 5, 광해군 15년(1622, 임술) 4월 12일; 『忍齋日録』 5, 광해군 15년(1622, 임술) 5월 4일; 『忍齋日録』 5, 광해군 15년(1622, 임술) 5월 18일; 『忍齋日録』 5, 광해군 15년(1622, 임술) 5월 19일; 『忍齋日録』 5, 광해군 15년(1622, 임술) 5월 24일; 『忍齋日録』 5, 광해군 15년(1622, 임술) 11월 18일; 『忍齋日録』 5, 광해군 15년(1622, 임술) 11월 19일; 『忍齋日録』 5, 광해군 15년(1622, 임술) 11월 20일.

91 『忍齋日録』 5, 광해군 15년(1622, 임술) 12월 10일; 『忍齋日録』 5, 광해군 15년(1622, 임술) 12월 12일.

92 『忍齋日録』 5, 광해군 15년(1622, 임술) 12월 16일; 『忍齋日録』 5, 광해군 15년(1622, 임술) 12월 17일.

했다.[93] 잠야가 남양으로 이거한 동안 조극선은 직접적으로 잠야에게 수학할 수는 없었지만 편지를 통해 질의를 하거나 잠시 신창으로 왕림하는 잠야를 만날 때 강론과 토론을 이어갔다.

6. 인조반정 이후 박지계의 출사와 강학 활동

1623년(인조 1) 인조반정(仁祖反正)은 박지계와 가족들의 삶에 극적인 변화를 가져왔다. 서인 세력이 반정을 주도함에 따라 박지계의 친지 중에는 이귀(李貴), 최명길(崔鳴吉)이, 제자들 중에는 이해(李澥), 원두표(元斗杓), 홍진문(洪振文)이 반정 주도 세력에 참여하였고 각기 정사공신 2등, 3등으로 책봉되었다. 이런 정치적 변화로 지방에 은거하고 있던 사람들이 새로 중앙으로 등용되었다.[94] 박지계도 신정권에서 일할 만한 인재로 천거되었다.[95] 그는 학문이 독실한 재야에 묻힌 노성숙유(老成宿儒)로 인정되어[96] 김장생(金長生), 장현광(張顯光)과 함께 인조의 부름으로 받고 상경하여[97] 4월 20일에 사포

---

93 『忍齋日録』 5, 광해군 14년(1622, 임술) 12월 20일.

94 『忍齋日録』 5, 인조 1년(1623, 계해) 4월 26일.
   이때 趙翼은 정랑으로 등용되고 그 부친 趙瑩中은 보은 현감에 제수되었다.

95 『인조실록』 권1, 인조 1년 3월 26일 병진.

96 『인조실록』 권1, 인조 1년 4월 12일 신미.

97 『承政院日記』 1책 인조 1년 4월 13일 임신.
   傳曰, 子在閭邸, 聞張顯光·朴知誠, 以老成宿儒, 久居林下, 欽思敬慕, 未嘗少弛
   于中, 子欲共理國事, 以駕轎召來事, 下諭于監司, 此外林下宿德之士, 亦爲廣求
   以啓。

(司圃)[98]로 임명되었다. 그러나 상소로 사직하자, 다시 하루 만에 사헌부 지평을 제수받았다.[99] 이때 박지계는 병현(餠峴, 지금의 大峴, 이화여대 앞고개)[100]에 거주하였는데, 병현도 반송방의 한 동네였다.[101]

이러한 정세의 극적 변화는 잠야학단에 새바람을 불러왔다. 조극선의 일기를 보면 조극선이 신창에서 수학할 때 만난 동문(同門)들은 민기수, 조석형, 선약봉 등이었다. 나머지 동문들은 인조반정 이후에 새로 만나 교류하게 된 사람이 대부분이었다. 이의길(李義吉)도 이때부터 조극선과 깊이 교류하게 되었다. 이들은 신정(新政) 하에 관직에 등용되기 위해 모두 사마시(司馬試)나 문과 대과 응시에 몰두한다는 점, 아니면 학문과 도덕을 기반으로 유일(遺逸)로 천거되어 발탁되는 것이 목표였다. 따라서 동문간의 만남과 교류도 관직에 등용되어 서울에 체류하던 잠야를 수행하여 주로 서울에서 이루어졌다. 이들은 여러 장소를 옮겨가며 숙식을 같이하면서 잠야의 강론을 들었고 동문간에 학문적 토론도 활발하게 전개하였다. 이런 과정이 문인, 제자간에 친분을 돈독하게 만들고 끈끈한 동지적 결합을 형성했다.

하지만 박지계의 사환은 녹록치 않았다. 이 당시 현실적인 가장 큰 정치적 쟁점이 잠야를 중심으로 조성되었다. 반정으로 집권한 인

---

98 『인조실록』 권1, 인조 1년 4월 20일 기묘.

99 『承政院日記』 1책 인조 1년 4월 21일 경진.

100 『承政院日記』 1책 인조 1년 4월 25일 갑신.
　　　朴知誡, 家在餠峴, 請來之頃, 日勢已暮, 決不可及云.

101 朴長遠, 『久堂先生集』 卷16, 盤松坊新居上樑文.

조의 부친 정원군(定遠君)을 추숭(追崇)하는 문제를 어떻게 처리하는 것이 좋은가하는 예론(禮論)이 정치적 쟁점이 된 것이다. 당시 예학(禮學)의 대가는 잠야와 함께 서울로 초빙된 사계 김장생(金長生)이었다.[102] 그는 광해군의 난정을 피해 연산(連山)에 낙향해 있다가 인조의 초청으로 상경하였다.

왕통의 계승 문제를 예학적으로 해결해야 하는 추숭 문제는 조정 대신들과 이를 이론적으로 뒷받침하는 사계 김장생의 주장이 상충되었다. 그 계기는 반정이 성공하고 이 사실을 생부인 정원군의 사당에 고할 때 인조가 축문(祝文)에 정원군을 아버지라고 쓸 수 있는가 없는가 하는 문제였다. 인조와 공신들은 당연히 정원군을 아버지라고 하고 자신을 아들로 불러야 한다고 주장하였다.(稱考稱子說) 하지만 조신(朝臣)들은 김장생의 견해를 따라 인조가 조부인 선조의 대통을 이었으니 선조가 아버지가 되고 정원군은 백숙부로 불러야 한다고 맞섰다.(叔姪論) 김장생은 '왕조례(王朝禮)'의 특수성을 주장하며 제왕의 정통은 혈통적 관계가 여하하던지 간에 왕위를 계승하면 명분상 부자의 도리가 있다는 것이었다.

하지만 박지계는 칭고칭자설(稱考稱子說)를 주장하며 '왕실의 예도 일반인의 예와 다르지 않으며 아버지 자리가 없이 바로 할아버지를 잇는 종통(宗統)은 없다. 정원군으로 하여금 선조와 인조 사이를 잇게 해 대통을 바로 세워야 한다. 따라서 정원군을 대원군(大院君)으로 추존하여 종묘에 배향해야 한다'고 건의하였다.[103] 그러나 중론

---

102 『인조실록』 권2, 인조 1년 5월 7일 병신.

(衆論)은 그의 주장을 해괴하게 여기고 인조에 영합한다고 비난하였다. 박지계는 사직하고 남양으로 내려왔다.[104] 5월 10일 박지계를 다시 불러 지평으로 임명하자 김장생(76세)과 함께 인조를 알현하였다. 여기서도 박지계는 사묘(私廟) 문제를 거론하며, 나아가 인조에게 주자서 강독을 권유하였다.[105] 하지만 이 문제는 조정 중론과 대립되고 특히 김장생의 주장과는 다른 것이었다. 이 때문에 잠야는 '박적(朴賊)'이란 비난까지 들었다.[106]

이해 5월 29일 다시 산림(山林)을 초빙하기 위해 조정에서 성균관 사업(司業)의 벼슬을 신설하고 박지계를 임명하였으나 상소를 올려 사면해 주기를 청하면서 나아가지 않고[107] 지난번의 견해를 거듭 주장하였다.[108] 인조가 거듭 출사를 권유하며 주강에 입참(入參)할 것을 요청하였지만[109] 박지계는 병을 핑계하며 출사를 거부하였다.[110]

---

103 『인조실록』 권2, 인조 1년 7월 1일 기축.

104 『承政院日記』 1책 인조 1년 4월 26일 을유.
持平朴知誡上疏。大槪, 辭職事。入啓。答曰, 勿辭。速爲出仕, 以副子望。

105 『인조실록』 권2, 인조 1년 5월 10일 기해.

106 『忍齋日錄』 5, 인조 1년(1623, 계해) 8월 11일.
先生被謗扵時議者不譽 至有稱以朴賊者 是由扵定遠君追崇事 有異扵沙溪故也.

107 『인조실록』 권2, 인조 1년 5월 29일 무오.
『承政院日記』 2책 인조 1년 7월 2일 경인.
京畿監司書目, 南陽呈以司業朴知誡上疏上送事。答曰, 勿爲辭避, 調理上來, 以副子望。

108 『인조실록』 권2, 인조 1년 7월 1일 기축.

109 『承政院日記』 2책 인조 1년 7월 11일 기해.

110 『承政院日記』 2책 인조 1년 8월 27일 을유.
忠淸監司書目, 刑曹參判李安訥, 司業朴知誡病重, 上去不得事.

다시 영월군수로 임명했으나 부임하지 않았다. 양자간의 학설상 대립이 첨예해 짐에 따라 잠야의 형제들, 잠야학단의 제자들은 연일 집단적으로 모여 학습하고 토론하며 잠야의 주장을 논리적으로 뒷받침하기 위해 노력하였다.

1524년(인조 2) 2월에 이괄(李适)의 난으로 국왕이 공주로 피난하고 행재소에서 박지계, 김장생을 부르자 호종을 명분으로 인조를 만나 현안에 대한 정책건의를 하였다.[111] 그해 4월 박지계는 남양에서 신창 수여리로 다시 이사하였다.[112] 4년 만에 신창으로 귀환한 것이다.

박지계의 주장에 동조하기 위해 1624년(인조 2) 9월 13일 제자인 경릉참봉 이의길(李義吉)이 대원군을 추숭하기를 청하는 상소를 올렸다. 그의 주장은 스승 박지계를 동조하여 대원군을 하루속히 종묘에서 제사를 받게 하자는 것으로 '전하의 종묘는 전하의 부·조·증·고(父·祖·曾·高)를 위해 세운 것이다. 따라서 전하의 아버지로서 전하의 종묘에 들어가지 못한다는 이치는 천하에 있을 수 없는 것이다'라고 주장하였다.[113] 이렇게 대원군의 호칭과 추숭 문제는 사계와 잠야학단 간에 첨예하게 대립되어 갈등을 빚었다.[114] 이러는 사이에 박지계는 1525년(인조 3) 3월에 한식 제사를 위해 입경하여 여

---

111 『인조실록』 권4, 인조 2년 2월 17일 신축.

112 『冶谷日録』 1, 인조 2년(1624, 갑자) 4월 10일;『潛冶先生年譜』 갑자 선생 52세, 4월.

113 『인조실록』 권7, 인조 2년 9월 13일 갑자.

114 『인조실록』 권7, 인조 2년 10월 23일 갑진.

관에서 5형 지경과 조익이 바꿔가며 찾아와 밤새도록 토론하고, 제자 원두추(元斗樞)도 와서 자고 갔다.

2차 논쟁은 1626년(인조 4) 인조의 생모 계운궁 구씨가 사망하자 복제 문제가 다시 거론된 결과였다. 인조는 자신이 상주가 되어 3년상을 거행하려 했다. 하지만 조신들은 대원군 부인의 예에 맞추어 장례를 치러야 한다고 주장했다. 이 문제도 김장생은 계운궁이 어머니가 아니기 때문에 1년복을 입어야 한다는 것이고, 박지계는 어머니이므로 3년복을 입어야 한다고 것이었다.[115]

박지계는 1528년(인조 5) 정묘호란이 발발하자 척화소(斥和疏)를 올렸다.[116] 1628년(인조 6) 실화(失火)로 집에 불이 났는데 박지계의 침실만 화마를 피했다. 그는 1630년(인조 8) 12월 아산 중방리(中方里)로 이사하였다.[117] 『연보』에는 그 이유를 신창의 민풍(民風)이 아름답지 못하였기 때문이라고 하는데 그 정확한 연유는 알 수 없다. 중방리에 마련한 신주거는 이듬해 2월 25일 조극선이 방문할 때까지도 가옥이 완성되지 못해 잠야는 이웃집을 빌려 살고 있었다. 새 집터는 자리가 높고 시원하며 뒤에는 좌우로 산이 있고 앞에는 장포(長浦)가 가까이 있으며 멀리 보면 산굽이가 펼쳐져 참으로 아름다운 곳이었다 한다. 곡교천 넘어 수여리에 있는 옛 농장은 자식들이 살며 농사를 지었다.[118]

---

115 『潛冶集』 권1, 擬上疏 丙寅.
116 『潛冶集』 권3, 斥和疏 丁卯.
117 『潛冶先生年譜』 경오 선생 58세.
118 『冶谷日錄』 4, 인조 9년 2월 25일; 『冶谷日錄』 4, 인조 9년 8월 24일.

3차 논쟁은 정원군 추숭 문제인데 계운궁(啟運宮)의 탈상이 이루어진 1628년(인조 6)에 본격적으로 이루어졌다. 추숭 논의는 공신들인 이귀, 최명길이 주도했다. 박지계 제자인 김극형(金克亨)[119]과 이중형(李重馨)[120]은 상소하여 대원군을 종묘에 모실 것을 강력하게 주장하였다. 이러한 추숭 논쟁은 조신들의 반대와 성균관 유생들의 공관(空館, 동맹 휴업) 등 격한 반대를 불러일으켰다. 추숭론을 주장하는 박지계를 조경(趙絅)은 '귀괴요충(鬼怪蓼蟲)'이라고 무욕(誣辱)하였다.[121] 이에 반발한 박지계의 문인 변인길(邊麟吉)과 이중형이 조경을 처벌하라는 상소를 올렸다. 성균관 학유 허목(許穆)은 박지계를 유적(儒籍, 靑衿錄)에서 삭제하는 수모를 주었다. 이 때문에 박지계 제자인 변호길(邊虎吉), 조극선이 과거 시험을 볼 수 없었다.[122]

하지만 인조는 1631년(인조 9)에 정원군 추숭을 공식적으로 표명했다. 추숭론자인 이귀를 이조판서에, 최명길을 예조판서에 임명하고 정원군 추숭을 강행하였다. 추숭도감을 설치하고[123] 정원군의 묘를 장릉(章陵)으로 고치고 명에도 알려 정원대원군을 원종대왕(元宗大王)으로, 개운궁 구씨를 인헌왕후(仁獻王后)로 정했다. 1635년(인조 13) 3월에는 원종 내외의 신주를 종묘에 모셨다. 조신들의 반대를

---

119 『인조실록』 권23, 인조 8년 10월 23일 무진.
120 『인조실록』 권21, 인조 6년 6월 3일 임진.
121 『燃藜室記述』 제22권, 元宗故事本末.
122 『인조실록』 권25, 인조 9년 9월 18일 기축, 『숙종실록』 권3, 숙종 1년 4월 10일 무술.
123 『인조실록』 권26, 인조 10년 2월 24일 임진.

무릅쓰고 인조는 원종 추숭을 성공시킨 것이다.

추숭론이 국왕의 뜻대로 관철되자 인조는 이 문제에 공훈이 큰 박지계를 사헌부 장령으로 임명하고 말을 보내 출사를 요청하였다. 하지만 박지계는 사절하였고 다시 내섬시정으로 임명했지만 나가지 않았다. 반면에 이귀가 이조판서로 있기에 사환이 막혔던 제자들이 출사(出仕)하는 길이 열렸다. 제자 변호길과 변인길 형제들이 차례를 나누어 금오랑(金吾郎)으로 발탁되었다. 이귀는 박지계를 경연관으로 임명할 것을 추천하였다. 1633년(인조 11) 1월 박지계를 사헌부 집의 겸 성균관 사업에 임명하였다. 이때 새로 최명길이 이조판서가 됨에 따라 박지계의 2형 지양(知讓)이 공부랑(工部郎), 내자주부(內資主簿)에 임명되고,[124] 5형 지경(知警)이 의영주부(義盈主簿)가 되었다가 곧 군자판관(軍資判官)이 되었다. 지경의 사위인 변호길이 금오랑에서 대간의 탄핵을 입어 파직되자 문인 이중형(李重馨)이 그 자리에 대신 들어갔다.[125]

그해 2월 박지계에게 가슴 아픈 일이 발생했다. 가장 촉망받던 애제자 이의길이 겨우 38세의 나이에 요절한 것이었다. 그 상실감이 너무 커서 박지계는 통곡하고 그의 죽음을 안타까워했다.[126] 이의길의 사망은 잠야학단(潛冶學團)에도 큰 충격을 주어 박지계의 자질(子姪)들과, 문생이며 사위인 민광소(閔光熽)는 과시(科試)에도 나가

---

124 『승정원일기』 36책, 인조 10년 4월 8일 을해.

125 『潛冶先生年譜』 계유 선생 61세.

126 『潛冶集』 권6, 祭文 祭李方叔文 癸酉.

지 않았다.[127] 그해 지기였던 이귀(李貴)도 세상을 떠났다.[128]

7. 박지계의 죽음과 추향

1633년(인조 11)에 들면서 박지계의 건강이 악화되기 시작하였다. 그해 6월 말부터 박지계는 머리 뒤에 종양을 앓았다. 크기가 개암[榛子] 열매만큼이나 되었고 증세도 심각했다.[129] 종양을 치료하기 위해 제자 홍진문(洪振文), 이해(李澥), 홍진례(洪振禮) 등이 각자 수십 필의 포(布)를 내어 종환(腫患)에 좋은 약을 사들이고, 우황 등 시골에서는 구할 수 없는 약을 다량으로 구매했다. 변호길과 원두추(元斗樞)는 문씨 성을 가진 종의(腫醫)를 데려가고 이조판서 최명길은 문의(文醫)에게 가서 치료토록 권유하는 한편 힘써 많은 약물을 구해 주었다. 이런 노력이 주효했는지 다행히 건강은 회복되었다.[130]

1634년(인조 12) 1월 박지계는 인조가 식물(食物)을 내려준 것에 사례하고 성균관 사업을 사절한다는 상소를 올렸다. 윤8월 또 성균관 사업에 임명하고 다시 사헌부집의겸사업(司憲府執義兼司業)에 임

---

127 『潛冶先生年譜』 계유 선생 61세 2월.
128 『인조실록』 28권, 인조 11년 2월 15일 정축.
129 『冶谷日錄』 5, 인조 11년(1633, 계유) 7월 1일.
　　晴風 洪文則貽書【文則與季立貽書言 昨夕得行遠兄弟二十九日書　潛冶先生自念前三四日腦後髮際 有腫大如榛子 念二日以後 日漸浮大 邀許任施經絡針 灸騎竹馬穴 皆不見效 症勢頗重云云.
130 『冶谷日錄』 5, 인조 11년(1633, 계유) 7월 17일.

명하며 상경하라는 요청이 있었다. 27일에 통정대부 승정원 동부승지 겸 경연참찬관에 임명받았지만 사직하였다. 9월에 장인 이유간(李惟侃)이 사망하여 처남 이경직이 의례(疑禮)를 묻자 답변을 보냈다.

1635년(인조 13) 6월 학기(瘧氣)로 불편하여 고통을 당하였다.[131] 7월 13일 정침(正寢)에서 고종(考終)하였다. 조극선은 14일 스승의 부고를 받자 먼저 통곡을 거듭하였다. 내용은 선생이 초 10일에 발하여 13일 신시(申時)에 별세했다는 소식이었다.[132] 부음이 경향(京鄕)에 전달되어 문인, 제자, 친지들이 속속 모여들었다. 죽음의 계기는 초9일에 둘째 아들 유연(由淵)의 3살 난 아이가 죽었는데 다음날 선생이 그 사실을 알고 충격을 받아 걱정하다가 그것이 원인이 되어 흉복(胷腹)이 아프고 담천(痰喘)이 막혀 사망했다는 것이었다.[133]

장례 절차가 시작되었다. 박지계는 평일에 체모(體貌)가 장대하였다. 그런데 소렴(小斂)때 부기(浮氣)가 일어 시신이 더욱 불어났다. 크고 긴 관을 짤 나무를 구할 수가 없어 부득이하게 상, 하판을 연장하여 이어 붙여 만들고 나중에 개관(改棺)하기로 하였다.[134] 17일 부고를 받은 제자들이 속속 모여들었다.[135] 18일 입관을 하고 밤에 성빈(成殯)을 하였다. 관이 너무 커 관을 채우는 의복의 수가 너무 많아 걱정을 했다.[136] 19일 성복(成服)을 하였다. 조극선과 권사길(權士

---

131 『潛冶先生年譜』 을해 선생 63세 6월.

132 『冶谷日録』 6, 인조 13년(1635, 을해) 7월 14일.

133 『冶谷日録』 6, 인조 13년(1635, 을해) 7월 15일.

134 『冶谷日録』 6, 인조 13년(1635, 을해) 7월 16일.

135 『冶谷日録』 6, 인조 13년(1635, 을해) 7월 17일.

吉), 홍진문, 원두추, 민기수(閔祺壽), 이적(李廸), 김극형(金克亨), 이함(李涵), 이집(李潗) 9인이 옛 법에 따라 조복(吊服)을 입고 가마지례(加麻之禮)를 올리는데 백포(白布)로 건(巾)을 하고 숙마(熟麻)로 환질(環絰)를 하였다.[137] 부음이 조정에 전달되자 인조는 박지계가 일찍이 시종(侍從)을 지냈다 하여 별도로 부의를 보내고, 충청도 감영으로 하여금 조묘군(造墓軍)을 내려주도록 하였다.[138]

장지는 서산(瑞山)으로 초장(初葬)했다가 9년 후 1643년(인조 21) 청주 남면 팔봉산(八峯山) 남쪽 등등리(等等里, 청주시 서원구 남이면 사동리)로 이장하였다. 이때 부인 전주이씨가 사망해 함께 안장한 것이다.[139] 처남인 이경석과 제자 원두표(元斗杓), 도백(道伯), 수령, 문인(門人), 친척 수백 명이 참례하였다. 사후에 가선대부 이조판서로 증직되고, 1668년(현종 9) 별세 후 33년 만에 아산의 오현서원(五賢書院)에 배향되었다. 1740년(영조 16) 제자 김극형의 증손자인 영의정 김재로(金在魯)의 건의로 문목(文穆)이라는 시호를 하사받았다.[140] 제자 원두표(元斗杓)의 고손자 원경순(元景淳, 1701~1765)에 의해 1766년(영조 42) 문집이 간행되었다.

---

136 『冶谷日錄』 6, 인조 13년(1635, 을해) 7월 18일.

137 『冶谷日錄』 6, 인조 13년(1635, 을해) 7월 19일.

138 『인조실록』 31권, 인조 13년 7월 22일 경오.

139 『潛冶先生年譜』 을해 선생 63세 7월.

140 『영조실록』 52권, 영조 16년 11월 20일 정해.

8. 맺음말

위에서 서술한 내용을 정리하면 다음과 같다. 잠야 박지계는 서울 반송방에 기반을 둔 경화사족으로 지역적 연고와 함께 정치적으로 서인 세력과 연결된 인맥을 가지고 있었다. 임진왜란으로 12년간 제천, 괴산에 옮겨 살다가 서울 본제(本第)로 귀경했지만 선조대 말, 광해군대 초기에 신창으로 이거(移居)하였다. 이후 잠시 기근을 피해 남양(南陽)으로 옮겨간 적은 있어도 종신토록 신창(新昌)과 아산(牙山)에서 살았다. 그의 사후에 자질(子姪)들이 아산 일대에 뿌리내려 현재까지 후손들이 살고 있다.

박지계는 젊어서부터 벼슬을 거부하고 평생 성리학 연구에 몰두하는 도학자의 삶을 살았다. 그는 신창에서 비슷하게 남양과 신창으로 낙향한 지기인 권득기(權得己)와 조익(趙翼)과 더불어 격렬하게 토론하며 성리학에 대한 학문 연구에 몰두하였다. 그 결과 당대 최고의 예학(禮學)의 종장으로 인정을 받았다. 특히 우계 성혼(成渾)과 율곡 이이(李珥)의 기호 세력의 성리학풍을 내포(內浦) 지역에 확산시키는데 크게 기여하였다. 성리학풍의 확산을 위해 많은 문인, 제자를 교육하는 강학 활동도 쉼없이 진행하여 내포 지역에 유학의 전통을 높이는데 큰 역할을 하였다.

잠야 박지계의 강학 활동은 아산을 위시한 충청 내포 지역의 지성사를 변화시키는 큰 의미가 있다. 잠야 이전에 아산은 성리학적 학문 기반이 취약한 궁벽한 시골이었다. 경화사족 출신의 잠야의 이주는 이 지역사회에 수준 높은 성리학의 학문적 기반을 조성하고 지역 사림들에게 확산하는 효과가 있었다. 그의 강학 활동은 성리학 기풍이 척박하던 신창(新昌), 온양(溫陽), 아산(牙山), 예산(禮山), 청양(靑陽), 해미(海美) 등의 내포 지역과 수로(水路)로 연결되는 남양(南陽), 인천(仁川) 등 경기도 일부까지 도학적 유학풍토를 조성하는 것이었다.

따라서 박지계는 17세기 아산 유학을 성리학풍으로 새롭게 높이는데 초석을 놓은 인물이다. 그는 사후에 오현서원(五賢書院), 곧 인산서원(仁山書院)에 추배(追配)되어 이제 아산역사의 일부분이 되었다. 이런 전통은 아산역사의 정체성을 형성하는 토대가 되었기에 앞으로도 계속 재조망이 되어야 할 것이다.

[부록]

잠야 박지계의 문인록

성명	자/호	생/몰연대	관직	인척관계	비고
李義吉	方叔/亮谷	1596(선조29)~ 1633(인조11)	경릉참봉	李澥의 조카 모는 恩津宋氏 장사랑 宋樺壽의 딸 박지계 2형 朴知讓의 사위 동문 金克亨과 사돈	주거지 靑陽 群良洞, 沔川 朴世采가 묘갈지음
趙克善	有諸/冶谷	1595(선조28)~ 1658(효종9)	선공감 첨정, 장령		주거지 德山
權諰	思誠/炭翁	1604(선조37)~ 1672(현종13)	승지, 찬선, 한성부 우윤	아버지는 좌랑 權得己 박지계 5형 朴知警의 사위	주거지 泰安
金克亨	泰叔/沙川	1605(선조38)~ 1663(현종4)	현감	형 金克孚가 李效元의 손서 동문 李義吉과 사돈	거주지 廣州, 沙斤川
權韠	汝章/石洲	1569~1612			정철의 문인 거주지 한성
李澥	子淵/雪翁	1589~1670 (현종11)[141]	개성부유수, 형조판서, 판중추부사	李義吉의 숙부 李效元의 자 洪可臣의 손서	인조반정에 가담. 靖社功臣 2등 咸陵府院君 주거지 靑陽, 서울 明禮坊洞
元斗杓	子建/灘叟	1593(선조26)~ 1664(현종5)	좌의정	부는 지중추부사 元裕男	靖社功臣 2등 原平府院君
元斗樞	子中/ 居業窩	1604(선조37)~ 1663(현종4)	광주부윤	원두표의 동생 朴世采의 장인	
洪振禮	文則	1606(선조39)~	副司勇,	洪振道의 동생	부 洪憙

		1635(인조13), 1.18	典牲主簿	인조의 이종사촌 외조부가 具思孟 외삼촌이 具宏	형 洪振道, 洪振文이 靖社功臣3등 거주지 會賢坊洞
洪振文	質甫(夫)	1599(선조32)~ 1653(효종4)	상의원판관, 안산군수, 장례원사평, 면천군수, 청주목사	洪振道의 동생 인조의 이종사촌 외조부가 具思孟 외삼촌이 具宏	부 洪憙 형 洪振道과 함께 靖社功臣3등 거주지 社稷洞
金瑛	子玉	1576(선조9)~ 1613(광해5)	선조39(1606) 식년시 진사과 23등으로 합격), 생원과 33등으로 합격, 청주목사	연흥부원군 金悌男의 아들 인목대비의 오빠 김상헌의 아들 金光燦이 사위	계축옥사때 죽음
邊虎吉	威如	1593(선조26)~?	인조2(1624) 증광시 생원과 2등 합격 인조12(1634) 별시 11등 급제 大君師傅, 지평, 장령, 영광군수	박지계의 5형 朴知警의 사위 權諰와 동서	거주지 인천
邊麟吉	仁徵	1598(선조31)~?	인조5(1627) 식년시 생원과 5등 합격 인조16(1638) 庭試 14등 급제 성균관 學錄, 典籍, 慈仁현감, 이천부사, 우통례	변호길의 동생	거주지 한성 회현방동, 인천
李重馨	子薰	1603(선조36)~?	인조5(1627) 식년시 진사시 51등 합격 의금부도사, 사옹원참봉,	부 李師長의 모 가 잠야와 사촌 朴乃輝와 처남, 매부간	거주지 仁川

			察訪, 廣興主簿		
閔光熽	景明	1610(광해2)~ 1670(현종11)	인조13년(1635) 증광시 생원과 50등 합격 효종2년(1651) 庭試 병과1[探花郎]위 (03/04) 대군 사부, 진잠현감, 전적, 병조정랑, 사헌부지평, 남원부사. 장령, 회양부사	妻父1 李效元[142] 妻父2 朴知誡[143]	거주지 한성
閔祺壽	仁甫(子必)		處士	조부 閔渾이 선조 1(1568) 증광시 [생원]3등55위 (85/100). 閔弘俊의 자. 박지계 사위 慶琮 의 매부	潛冶,浦渚 양 인 門生. 신창 에서 趙克善과 깊이 교류. 거주지 新昌, 南陽에 娉家있음
趙松年	汝後		宗廟署令, 금산군수	靜庵 高孫子 洪禹瑞의 外祖, 申弘望과 교류	사계전서 47권, 문인록에는 사계의 제자로 기록함
趙錫馨	子服/ 近水齋(軒)	1598(선조31)~ 1656년(효종7)	인조2(1624) 증광 진사시 壯元, 세마, 侍直 병자호란 후 不仕	부 趙希逸 광해군 때 유배되 었던 아버지를 따 라 배소에서 어린 시절을 보냄 金尙容의 손서 林 泳(1649~1696) 의 외조	거주지 덕산, 한성, 사근천
李中吉	季立			李義吉의 동생	夭死

				禮吉이 개명한 이름[144]	
朴承休[145]	子美	1606(선조39)~1659(효종10)	인조8(1630) 식년 진사시 합격 효종1(1650) 증광시에 11등으로 급제 執義	명조대 대제학 朴忠元의 증손 조극선의 外弟	거주지 한성, 덕산
朴乃輝	汝章			李師長의 사위, 朴載輝의 동생 처부의 모가 박지계 4촌	
朴載輝	汝彬(子彬)	1592(선조25)~?	인조5년(1627) 식년 생원시 41등급제 參奉	朴乃輝의 형 부 朴源, 行重林道察訪	거주지 한성 건천동, 衿川
李浚	子源		사헌부 감찰	李㵾의 동생	청양
李斗陽	伯瞻		옥천군수, 남원부사, 성주목사	龍溪 李榮元의 아들	덕산
權訦	无妄		현감	權諰의 형, 권득기의 3자	남양, 태안
李琡[146]			참봉	서화담 외손	開城府 髙士
權士吉	吉哉		不仕		處士 거주지 振威 慈良里 (子郞里)
朴日省	學魯	1594(선조27)~1671(현종12)	1612(광해4) 생원시급제. 1625(인조3) 문과급제. 說書, 승문원 判校, 승지	상주박씨. 기묘명인 朴世勳의 후손	宋時烈이 묘갈지음 (국조인물고)
宣若奉	敬甫	1596(선조29)~?	인조11년(1633) 식년시 생원과 34등으로 합격	퇴계문인 宣廷達의 孫	거주지 온양 開花川

			현종6년(1665) 溫陽庭試 8등으로 급제 工曹佐郎		
李世馨	汝薰			李重馨의 형	거주지 인천
崔皖	白也	1585(선조18)~ 1645(인조23)	광해2년(1610) 식년 생원시 48등 합격	부친 황해도관찰 사崔東立	거주지 南陽[147] 한성
崔皡	皥如	1582(선조15)~ 1625(인조3)	광해8년(1610) 증광 생원시 등, 광해13년(1621) 별시22등, 인조1년(1623) 개시 13등으로 급제 희릉참봉, 세마	부친 황해도관찰 사崔東立 權得己가 행장을 지음[148]	거주지 南陽, 한성
李長馨	子遠				
宋國龜	士元/ 愛蓮堂		郡守	霽月堂 宋奎濂의 從叔, 宋國準의 6촌	
宋國準	平仲	1588(선조21)~ 1651(효종2)	인조2년(1624) 증광시 진사과 47등 합격 인조5년(1627) 식년시 30등으로 급제). 병조좌랑, 예조정랑, 양양부사	宋樺壽의 손자, 부 宋希得 李義吉의 외사촌	거주지 한성
李泌 (李溰)	子長		사헌부 감찰	李潗의 동생	주거지 結城
閔光尹	子美	1603(선조36) ~?	인조13년(1635) 增廣試 진사과 64등 합격 군자감참봉	박지계 사위 閔光熽의 仲兄	거주지 한성
朴由玄[149]	尙白	1582(선조15)~	광해군4(1612)	박지계 6촌형 朴	거주지 德山

		1632(인조10)	식년시 생원과 56등으로 합격	知止의 아들. 玄德升의 외손. 서울에서 客死함[150]	
慶琮	國寶	夭折		박지계의 사위 權得己의 문인[151]	거주지 신창, 南陽
李延	子岭	1606(선조39)~?		李眞寶의 4자	거주지 海美 八骨村

* 참고: 위 표는 『潛冶先生年譜』에 실린 문인록을 근거로 작성하였다. 하지만 문인록에는 오류가 있어 중복되는 인명을 수정하였고, 조극선의 일기 자료를 근거하여 박유현(朴由玄), 경종(慶琮), 이연(李延)은 새로 추가하였다.

---

141 『승정원일기』 현종 9년 2월 5일.
  李澥가 79세에 부원군 칭호를 받았다. 이를 바탕으로 逆算하면 출생년이 1589년이다. 그는 81세에 사망하였다.

142 『冶谷日錄』 4, 인조 9년(1631, 신미) 11월 20일.

143 『冶谷日錄』 5, 인조 11년(1633, 계유) 2월 5일.

144 『冶谷日錄』 4, 인조 9년(1631, 신미) 1월 14일.

145 『冶谷先生集』 卷8, 三官記 耳官上.
  外弟朴子美 承休日。朴潛冶若爲國恤而來。則到闕下當哭臨否。余日。然。

146 『冶谷日錄』 2, 인조 4년(1626, 병인) 11월 11일.
  繼有咸陵君李澥及李㮹奉垁者也 咸陵乃方叔之季父 素聞余熟 頗致欵 李乃開城府高士而花潭徐先生外孫云.

147 『冶谷日錄』 4, 인조 8년(1630, 경오) 3월 4일.
  崔皖白也適至 崔亦居南陽 其爲人也好善 相見雖晚 相知已久者也.

148 『晚悔集』 卷3, 行狀 通政大夫守黃海道觀察使兼兵馬水軍節度使崔公行狀.

149 『忍齋日錄』 4, 광해군 14년(1621, 신유) 8월 3일.
  食後借金僉知馬 徃楼山 見朴生貟由玄氏 示以爲朴先生通文 朴公於先生爲七寸姪 而兼受學門下 爲出二石租.

150 『冶谷日錄』 5, 인조 10년(1632, 임신) 11월 21일.
  因得之聞朴生貟由玄氏 客死于京中 驚悼驚悼 何其遽死也 李珞妻疑其家亦咀呪之變 而聞新太才能言咀呪事 服闋之後 決意上京 朴公不能止之 躬自率去 既至太才 則方逮繫于國獄 而朴公冒寒淂疾以死可憐也.

151 『忍齋日錄』 3, 광해군 12년(1619, 기미) 10월 19일.
  權佐郞名得己 慶琮之師也.

잠야문파의 형성과 계승

김학수

1. 머리말

이 글은 김장생(金長生)의 사계문파(沙溪門派)와 함께 17세기 중반 서인 기호학파의 핵심적인 학문공동체로 역할했던 박지계(朴知誡, 1573~1635)의 잠야문파(潛冶門派)의 형성 및 인적구성원의 존재 양상을 분석하는데 주안점이 있다.

잠야문파의 형성 시점은 박지계의 강학이 본격화 되었던 17세기 초반이었으며, 특히 1613년 계축옥사의 정치적 소용돌이 속에서 이루어진 '신창이거(新昌移居)'는 온양·덕산·청양·공주 등지 학인들의 입문을 촉진하여 잠야문파의 외연을 확장하는 중요한 계기가 되었다. 여기에 김극형(金克亨)·원두표(元斗杓)·원두추(元斗樞)·홍진례(洪振禮)·변호길(邊虎吉)·변인길(邊麟吉) 등 서울 및 근기권 인사들의 내학활동이 더해지면서 잠야문파는 '서울[近畿]-호서권'이 연접하는 공동체로서의 체격을 갖출 수 있었던 것이다.

『잠야연보』에 첨부된 「문인록」 등 3종의 문인록을 종합하면, 잠야문인은 총 40명으로 집계된다. 이는 인조반정 직후 박지계와 함께 산림으로 징소된 장현광의 여헌문파(旅軒門派)와 김장생의 사계문파(沙溪門派)에 견주어 볼 때, 매우 단약한 규모이다. 그럼에도 잠야문파가 학문공동체로서의 존재성을 담보할 수 있었던 것은 강한 결집력과 사설의 계승의식이었다. 특히 문인 가운데 상당수가 정사공신(靖社功臣)이거나 이들과 인척관계를 형성하고 있었다는 사실 또한 잠야문파의 성격을 진단하는 중요한 요소가 된다.

본고는 크게 두 개의 논설 구조로 짜여져 있다. 첫째는 잠야문파의 규모와 지적 갈래를 '수렴과 재편'이라는 틀 속에서 규명하고자 하고, 둘째는 잠야학통의 계승양상을 문집간행(文集刊行) 및 증직(贈職)·증시론(贈諡論)을 통해 살펴보고자 한다.

잠야문파는 17세기 초반 조선 사상계의 신조류로 등장했고, 인조 초반에는 국가적 전례논쟁을 뜨겁게 달구면서 비난과 비판 속에서도 그 위상을 곧추세웠지만 17세기 중반 이후로는 김장생[沙溪] ⇨ 송시열[尤菴] 학통의 맹위에 가려 역사적 존재성이 제대로 검토 및 평가되지 못했다. 이점에서 본고는 17세기 초중반 근기·호서권의 '지식인 사회'를 형성했던 중요한 '집단'의 하나로서 잠야문파를 포착하여 그 형성과 전개의 과정을 논증함으로써 조선후기 사상계의 판도와 갈래에 대한 이해도를 제고하는데 일정한 길잡이가 될 것으로 본다.

2. 잠야문파의 형성

1) 문파의 인적 규모와 고제론(高弟論)

(1) 잠야문파(潛冶門派)의 외적 양태 : 인친성과 훈척성

박지계가 사도(師道)를 자처하며 강학을 통해 문인을 규합한 것은 40세를 전후한 시기로 파악된다. 물론『잠야연보(潛冶年譜)』에는 15세에 이미 대인의 기상이 있어 주변으로부터 사표로 추앙을 받고, 동년배들 또한 머리를 숙이고 배웠다는 기사가 실려 있는데, 이는 박지계의 학자적 탁월성을 강조한 표현 정도로 받아들이는 것이 맞을 것 같다. 역시『잠야연보』〈기해〉(1599)에는 제형(諸兄)들을 압도했던 학문적 역량이 언급되어 있는다. 당시 박지계의 나이는 27세였고, 이 무렵은 학력(學力)이 탄력적으로 진보했던 시기로 포착된다. 후술하겠지만 1594년 정구(鄭逑)의 고제로서 청안현감에 재직했던 서사원(徐思遠, 1550~1615)과의 서신 및 면담을 통한 지적(知的) 교유는 학자적 위상을 크게 고양하는 계기로 포착된다.

① 성동(成童) 무렵부터 엄연히 대인의 기상을 갖추어 많은 사람들이 사표로 여겼고, 김래[金琜;金悌男 장자], 박종범(朴宗範), 박유일(朴由一;박지계 종질) 등은 선생과 나이가 서로 비슷하였지만 머리를 숙이고 수업했다.[1]

② 모친상을 당한 이후로는 다시금 생계에 관심을 두지 않고 오로지 진수(進修)에만 뜻을 두고 별좌공[別座公;朴知言], 군수공[郡守

---

1 朴知誡, 『潛冶年譜』, 〈丁亥〉(1587).

公;朴知謙], 정랑공[正郎公;朴知警] 등 제형들과 더불어 서로 지기가 되어 강마를 게을리하지 않았다. 여러 형들 또한 학문으로 명성이 있었지만 의리의 심오한 곳이나 경전의 의난처(疑難處)에 대해서는 모두 옷깃을 여미고 선생께 질의하였다.[2]

이런 가운데 1611년 권필(權韠, 1569~1612)이 잠야문하에 입문하게 된다. 두 사람의 교유는 이보다 훨씬 이전에 형성되었던 것으로 보인다. 정철의 문인이었던 권필은[3] 문학적 영역에서 두각을 드러내다 이 시기를 전후하여 도학(道學)으로 선회하게 되는데, 그 학문적 귀의처로 삼은 것이 박지계였다. 권필은 박지계보다 4세 연상이었지만 사도를 인정함으로써 종래의 수평적 관계가 수직적 관계로 변모하게 된다.

① 이에 앞서 석주(石洲) 권필(權韠)은 선생과 나이가 비슷하였는데, 만년에 선생의 한 말씀을 듣고 사도(師道)로써 인정하였고, 선생 또한 그를 매우 경중(敬重)했다.[4]
② 만년에는 박잠야(朴潛冶) 선생과 만나 경외하며 심복하여 단 몇 마디를 나누고서 사표(師表)로 인정하였다. 잠야 또한 매우 공경하고 중히 여겨 선생이 졸하자 애도하여 마지않았다. 잠야가 말하기를, "여장은 증점(曾點)의 뜻이 있어서 종전의 자기가 추구하던 것을 버리고 정주(程朱)의 학문을 좇아 장차 파죽지세(破竹

2　朴知誡, 『潛冶年譜』, 〈己亥〉(1599).
3　宋時烈, 『宋子大全』 卷172, 〈石洲權公墓碣銘〉 "松江鄭公嘗遠謫 先生於道往見之 松江驚服曰 吾今日見天上仙人 此行豈不幸哉"
4　朴知誡, 『潛冶年譜』, 〈辛亥〉(1611).

之勢)를 이룰 참이었는데, 반년도 못 되어 하늘이 참혹한 화를
내렸으니, 우리 유도(儒道)의 불행이다.” 하였다. 묘갈명에서 말
한, 관심을 돌려 성리학에 종사한 뒤 사문(斯文)에 앞서 도달하
여 기수(沂水)에 목욕하게 되었다고 한 것은 바로 이것을 지적한
것이다.[5]

물론 권필은 이듬해인 1612년 시화에 연루되어 사망함으로써 졸
업(卒業)하지는 못했지만 그의 입문은 박지계가 잠야문파라는 하나
의 문호를 형성하여 후학을 양성하는 동력이 되었음은 분명한 것
같다.

한편 박지계는 1613년 계축옥사라는 정치적 소용돌이 속에서 신
창으로 주거를 옮기게 된다. 신창 이거는 피세(避世)와 은둔을 통한
보신의 과정으로 규정할 수 있지만 이 과정에서 온축된 학문적 결실
은 괄목할만했다. 특히 권득기(權得己, 1570~1622)·조익(趙翼, 1579~
1655)과의 논학(論學)·논변(論辨)은[6] 선의의 경쟁의식에 바탕한 자기
계발의 치열한 자취였고, 이를 통해 신창·아산·덕산·고덕 등 호서
사림들의 학문적 분위기도 크게 고조되었다. 1618년 조극선(趙克善,
1595~1658)의 입문은 잠야문파의 호서권 확장 양상을 단적으로 보

---

5 尹拯, 『明齋遺稿』 卷43, 〈童蒙敎官贈司憲府持平權公行狀〉.
6 權得己는 공주 炭洞 일대에 선대의 전장이 있어 호서를 자주 왕래하였으며, 광해
   군 대에는 南陽(1618), 태안(1622) 등지에 은거하며 피세적 행보를 보였다. 조익
   은 16세 때인 1594년 신창 일대에 재지적 기반을 두고 있었던 玄德良의 딸과
   혼인하는 과정에서 신창과 연고를 갖게 되었고, 1618년부터는 상당 기간 동안
   이곳에서 우거하게 된다(이종묵, 「탄옹 권시의 삶과 시」, 『道山書院誌』, 도산학
   술연구원, 2018, 343~344쪽 ; 趙翼, 『浦渚年譜』, 〈甲午〉(1594), 〈戊午〉(1618)).

여주는 사례가 된다.

<표1> 잠야문파의 형성 과정 : 주요 입문 사례 _전거[潛冶年譜]

- 1587년(15세) : 김래/박종범/박유일 등이 수업
- 1611년(39세) : 권필이 사문으로 인정(관계 형성은 청년기로 추정)
- 1613년(41세) : 권득기와 예를 토론(두 아들 권우/권시의 입문 배경)
- 1618년(46세) : 조극선 입문(이명준의 권유)
- 1623년(51세) : 원두표 입문
- 1625년(53세) : 원두추 입문

조극선은 소년기에 이영원에게 수학했고, 1609년 이명준(李命俊, 1572~1630)이 덕산현감(德山縣監)으로 부임하자 그의 문하에서 학문의 근기(根基)를 다졌다. 이후 이명준은 이른바 '7서지옥(七庶之獄)'에 연루되어 영덕에서 유배 생활을 했고, 1616년 조극선이 위문차 배소를 찾자 박지계·조익 문하에서 수학할 것을 권유하며 추천서를 써줌으로써 잠야·포저문하 입문이 이루어지게 된 것이다. 이는 17세기 초반 서인계 학인들의 소통성을 보여주는 장면으로 포착된다.

이런 맥락에서 민기수(閔麒壽)·이두양(李斗陽) 등 호서권 인사 및 원두표(元斗杓)·원두추(元斗樞)·이해(李澥)·이의길(李義吉)·김극형(金克亨) 등 호서지역에 연고를 두고 있었던 근기권 학인들이 입문하게 되면서 '잠야문파'라는 일군의 학림을 형성하게 되는데, 『잠야연보』에 첨부된 「문인록」에 수록된 인사는 총 37명이다. 앞에서 언급한 바와 같이, 이는 반정 직후 함께 산림으로 징소되었던 장현광의

여헌문인(355)과 김장생의 사계문인(285)과 대비할 때, 매우 작은 규모라 할 수 있다.

「잠야문인록」은 총 세 본이 확인된다. 하나는 『잠야연보』 수록본이고, 다른 하나는 조극선가에 소장된 「잠야박선생문생록(潛冶朴先生門生錄)」이며,[7] 마지막은 『동유사우록(東儒師友錄)』의 「박잠야문인(朴潛冶門人)」이다.[8] 전자에는 37명이 수록되어 있고, 조극선이 초사(抄寫)한 것으로 보이는 후자에는 22명이 수록되어 있으며, 『동유사우록』에 수록된 10명의 문인 가운데 위 두 종과의 중복을 제외하면 3명의 문인이 새롭게 등장한다. 이를 종합하면, 잠야문인의 총수는 40명이 된다. 그렇다면, 『잠야연보』 수록본과 「잠야박선생문생록」(趙克善家藏本)에 15명의 차이가 발생하는 이유는 무엇일까? 정확한 이유는 알 수 없지만 '잠야문파' 내에서도 문인에 따라 동문의 기준 또는 등위가 달랐음을 의미한다. 즉, 조극선은 엄격한 기준에서 동문을 인식했던 것 같고, 그 결과로서 초택(抄擇)된 것이 22인이었던 것으로 사료된다.

---

7 이 문생록은 趙世煥(1615~1683)이 찬술한 '趙克善行狀'을 수록한 筆寫成冊本 말미에 조극선의 문인록인 '冶谷先生門生錄' 바로 뒤에 실려 있다(한국학중앙연구원 藏書閣 MF35-11312).

8 조극선 일기에 따르면 박지계의 재종질 朴由玄 및 登門을 희망했던 李延·申以義도 문인의 범주에 들지만 아래 표에서는 제외했다(趙克善, 『忍齋日錄』, 〈1621年 8月 3日〉; 『忍齋日錄』, 〈1623年 9月 25日〉; 『冶谷日錄』, 〈1624年 7月 30日〉).

〈표 2〉 박지계 문인(22인) : 趙克善家 소장 〈潛冶朴先生門生錄〉

순번	성명	본관	號/封號	문집	비고
1	李義吉(1596~1633)	함평	亮谷	亮谷遺稿	• 李效元 손자
2	趙克善(1595~1658)	한양	冶谷	冶谷集	• 李命俊/趙翼 門人
3	權諰(1604~1672)	안동	炭翁	炭翁集	• 權得己 아들
4	金克亨(1605~1663)	청풍	沙川	沙川遺稿	• 이의길과 사돈 • 尹鑴 종유인
5	李澥(1591~1670)	함평	咸陵君		• 靖社功臣
6	元斗杓(1593~1664)	원주	原平君		• 靖社功臣
7	元斗樞(1604~1663)	원주			• 원두표 아우 • 朴世采 처부
8	邊虎吉(1593~未詳)	원주			• 박지계 질서
9	邊麟吉(1598~未詳)	원주			• 변호길 아우
10	李重馨(1603~未詳)	·			
11	閔光熽(1610~1670)	여흥			• 박지계 사위 • '潛冶家狀' 찬술
12	權韠(1569~1612)	안동	石洲	石洲集	• 金直哉獄事 연루
13	閔麒壽	여흥			• 李命俊/趙翼 門人
14	趙松年(1607~1649)	한양			• 조광조 현손
15	洪振禮(1606~1635)	남양			• 靖社功臣 洪振道 아우
16	趙錫馨(1598~1656)	임천	近水軒	近水軒遺稿	• 林泳 외조
17	李禮吉[李中吉]	함평			• 이의길 아우
18	朴承休(1606~1659)	밀양			• 조극선 外弟
19	朴乃輝	·			• 李重馨 자형
20	朴載輝(1592~未詳)	·			• 박내휘 형
21	李渼[李泌]	함평			• 이의길 숙부
22	李斗陽(1595~1666)	함평	臨浦	臨浦遺稿	• 李命俊/趙翼 문인 • 박지계와 사돈

<표 3> 박지계 문인(15인) : 潛冶年譜 부록 <門人錄>[9]

순번	성명	본관	號/封號	문집	비고
1	金珹(1576~1613)	연안			• 金悌男 아들
2	李浚	함평			• 李瀞 아우
3	權訦	안동			• 權諰의 형
4	李琡	·			• 徐敬德 외증손
5	權士吉	안동			
6	朴日省(1594~1671)	상주			
7	宣若奉(1596~未詳)	보성			• 退溪淵源 宣廷達 손자
8	李世馨	·			
9	崔㻶((1582~1625)	삭녕			
10	崔皖(1585~1645)	삭녕			
11	李長馨	·			
12	宋國龜	은진	愛蓮堂		
13	宋國準(1588~1651)	은진	楓溪	楓溪遺稿	
14	洪振文(1599~1653)	남양	南昌君		• 靖社功臣
15	閔光尹(1603~未詳)	여흥			• 閔光熽 아우

<표 4> 박지계 문인(3인) : 東儒師友錄 續集 <朴潛冶門人>[10]

순번	성명	본관	號/封號	문집	비고
1	朴宗範	·			
2	朴由一	함양			• 朴知言 아들 • 박지계 조카
3	朴廷煥	함양			• 朴知謙 손자 • 박지계 從孫

---

9 『潛冶年譜』 부록에 수록된 <문인록>의 37인 가운데, 앞의 조극선가 소장 <潛冶 朴先生門生錄>에 포함되지 않은 15인의 명단이다.

‘잠야문파’의 외양에서 적출할 수 있는 두 가지 뚜렷한 특징은 인친성(姻親性)과 훈척성(勳戚性)이다. 16세기 중엽 이후 조선의 학파 또는 문파가 인친성과 무관할 수는 없지만 잠야문파는 그런 경향이 더욱 농후하다. 아울러 문인 가운데 상당수가 인조반정의 주체 정사공신(靖社功臣) 또는 그들과 인척관계라는 점은 잠야문파가 훈척, 특히 정사공신 세력과 깊이 연계되어 있었음을 시사하는 대목이다.

먼저 인친성의 경우, 잠야문인 가운데 고제그룹에 속하는 이의길(李義吉)·변호길(邊虎吉)·권시(權諰)·민광소(閔光熽)가 박지계의 사위 또는 질서라는 사실에서 포착할 수 있다.

박지양의 장녀서 권적(權諆)은 권시의 형이라는 점에서 박지계 일가와는 연혼·중혼 관계에 있었고, 박지계의 둘째사위 이지진(李之鎭)은 문인 이두양의 아들이었다. 제서(諸壻) 가운데 잠야문파에서 중요한 위상을 점했던 것은 이의길(李義吉)과 권시(權諰)이다.

문인 상호간의 척연 또한 잠야문파의 성격을 파악하는 가늠자가 될 수 있고, 규모적 열세 속에서도 동문의식을 강고하게 유지하는 주된 요인으로 파악된다. 이런 경향은 이의길·조극선·김극형 등 고제집단에서 두드러졌다.

---

10 위의 두 문인록에서는 보이지 않고 『東儒師友錄』「續集」卷21, 〈朴潛冶門人〉에만 등장하는 3인의 문인이다.

〈가계도1〉 朴應立 가계도 : 1家6堉[潛冶門人]

朴世茂	⇨ 素立	⇨ 知言	⇨ 由一
	⇨ 應立	⇨ 知謙	⇨ 由元
			⇨ 由渾
		⇨ 知讓	⇨ 由經
			➲ 女 權詠(權得己 子)
			➲ 女 李義吉(李效元 孫)
		⇨ 知認	⇨ 由直
			⇨ 由則
			⇨ 由中
		⇨ 知訓	⇨ 由仁
		⇨ 知警	⇨ 由常
			➲ 女 邊號吉
			➲ 女 權諰
		⇨ 知誡	⇨ 由近
			⇨ 由淵
			⇨ 由東
			⇨ 由寅[出]
			➲ 女 閔光熽
			➲ 女 李之鎭(李斗陽 子)

〈표 5〉 잠야문인의 상호간 척연

- 權諰/李義吉　：사돈간[이의길의 아들 李得然이 권우의 사위]
- 李義吉/趙克善：사돈간[이의길의 손서가 조극선의 장손 趙栢]
- 金克亨/李義吉：사돈간[김극형의 아들 金澄이 이의길의 사위]
- 金克亨/李義吉：사돈간[김극형의 형 金克孚가 이의길의 자형]
- 金克亨/趙克善：김극형은 趙昌漢[조극선 장자]의 처변 5촌숙
- 李義吉/宋國準：내외종
- 趙克善/朴承休：내외종
- 李重馨/朴乃輝：처남매부
- 朴知誡/李重馨：박지계와 이중형의 조모가 이종간

예컨대, 수문으로 인식되는 이의길의 경우, 자신이 박지계의 질서인데다 조극선·김극형과는 사돈간이었다. 특히 이의길은 김극형의 아들 김징을 사위로 맞았는데, 김극형(金克亨) ⇨ 징(澄) ⇨ 구(構)·유(楺) ⇨ 희로(希魯)·재로(在魯) ⇨ 치만(致萬) ⇨ 종후(鍾厚)·종수(鍾秀)로 이어지는 김극형 일가는『잠야집』편찬 및 간행, 증직·증시론을 이끌며 17세기 중엽 이후 잠야학맥의 계승에 주도적인 역할을 담당하게 된다. 조극선의 경우 이의길과는 손자녀를 매개로 한 사돈간, 김극형과도 척분을 맺었는데,[11] 잠야문파의 학연·척연의 중첩성과 관련하여 시사하는 바가 크다. 이의길과 송국준(宋國準)의 관계 등 여타 사례들도 잠야문파 구성원의 척연 구조와 관련하여 시사하는 바가 크다.

잠야문파의 또 다른 특징은 형제 또는 숙질 등문(登門)의 사례가 적지 않다는 점이다.

〈표 6〉에 따르면, 대략 10개 사례로 표집된다. 이 또한 원두추·권시·변호길·이해·이의길 등 고제들을 중심으로 나타나는 현상으로 규정할 수 있을 것 같다. 함평이씨의 경우 일문 5인이 등문하였고, 이해의 정치사회적 위상, 이의길의 학문적 두각으로 인해 잠야문파에서 상당한 영향력을 행사하였음은 재론의 여지가 없다. 아울러 위 표는 잠야문파의 훈척성을 진단하는 가늠자가 되고 있다. 박

---

11 조극선의 장남 趙昌漢은 金克亨의 종형 金益厚의 사위였고, 金益厚의 차자 金濟는 趙從善의 사위였다. 특히 조극선의 차자 趙晟漢의 두 아들 趙松과 趙杯은 각기 金益厚의 손서 및 증손서가 됨으로써 한양조씨와 청풍김씨의 척연은 매우 굳건했다.

<표 6> 잠야문인 : 형제 및 숙질 관계

```
• 元斗杓/元斗樞      : 형제
• 權詤/權諰         : 형제
• 洪振禮/洪振文      : 형제
• 邊虎吉/邊麟吉      : 형제
• 李澥/李浚/李泌/李義吉/李禮吉 : 형제 및 숙질
• 朴乃輝/朴載輝      : 형제
• 李重馨/李世馨      : 형제
• 閔光尹/閔光熻      : 형제
• 崔晥/崔皥         : 형제
• 宋國龜/宋國準      : 형제
```

지계의 문인 가운데 인조반정에 참여하여 정사공신에 녹훈된 인물은 원두표(元斗杓)·이해(李澥)·홍진문(洪振文) 등 총 3인이다. 작은 규모처럼 보이지만 원두표의 부친 원유남(元裕男), 홍진문의 형 홍진도(洪振道) 역시 정사공신이라는 점에서 공신계와의 상관성은 더욱 커진다.

<표 7> 잠야문인 : 靖社功臣 및 관련 인물

```
• 元斗杓 : 잠야문인
• 李  澥 : 잠야문인
• 洪振文 : 잠야문인
• 元裕男 : 元斗杓 부친
• 具  宏 : 洪振文 외숙
• 具仁堅 : 洪振文 外兄
• 崔鳴吉 : 李澥 사돈
```

특히 홍진문은 인조의 이종제(姨從弟)로서 외숙 구굉과 외형 구인기가 정사공신이었고, 이해는 자신이 공신으로서 동맹 최명길의 아들 최후상(崔後尙)을 사위로 맞았다. 후술하겠지만, 이귀가 박지계에 대한 예우는 물론 그 문인 변호길·변인길의 등용을 건의하고, 최명길이 박지양·박지경 등 박지계의 형과 변인길·이중형 등 문인들의 등용을 주선한 것도 이런 맥락에서 이해할 필요가 있다.

2) 고제론(高弟論) : '고제인식'의 틀과 맥락

잠야문파의 고제를 어떤 기준에서 설정할지에 대해서는 다양한 시각이 있을 수 있지만 가장 먼저 고려해야 할 것은 박지계의 인식이다. 물론 박지계는 문인에 대한 포폄이나 평론을 극도로 자제했던 만큼 인식의 일단을 살필 수 있는 자료는 많지 않다. 그럼에도 1633년 이의길의 사망 때 지은 제문에는 사우(士友)·문인(門人)에 대한 인식과 평가가 집약되어 있어 주목된다.

내가 세상에 태어나 외톨이처럼 살다보니 더불어 담론을 해본 이가 없는데, 지기(知己)이자 동지(同志)로는 서만오(徐晩悟;徐思遠)와 권여장(權汝章;權韠) 그리고 우리 방숙(方叔;李義吉) 세 사람일 뿐이었다. 그들은 모두 나보다 먼저 세상을 버렸으니 사문의 불행이 어찌 적다고 하겠는가? 방숙은 구도의 뜻이 남과 확연히 달라 세속의 명예를 먼지처럼 보고 속습으로부터 말끔히 벗어나 주훈(朱訓)을 존신하였으니, 순유(醇儒) 중에서도 순유이며 들어서 안 자에 가깝다고 할 것이다.[12]

1633년은 박지계가 사망하기 2년 전으로 이 제문은 그의 만년 견해라해도 무리가 없다. 여기서 그는 학문적 심허(心許)의 대상으로 서사원·권필·이의길을 지목했고, 이의길에 대해서는 순유(醇儒)로 예칭하며 존중을 표했다. 망자의 행덕(行德) 칭송과 애도에 본질이 있는 제문의 특성을 감안하더라도 이의길을 여느 문인과는 다른 중량감으로 대했음은 분명한 것 같다. 이와 관련하여 『잠야집』에는 원두추에게 보낸 답서가 실려있다. 잠야문파에서 이의길의 위상을 매우 간명하게 짚어주고 있다.

원두추는 1633년 동문 이의길의 상에 심상(心喪) 기년(朞年)을 행한 바 있었고, 1635년 홍진례(洪振禮)가 사망하자 심상의 등급을 박지계에게 품의한 것이다. 원두추는 이의길 때와 동일한 예법을 요량했던 것으로 보이지만 박지계의 입장은 몹시 단호했다.

군이 방숙(方叔;李義吉)에 있어서는 훈도를 입고 계발을 받은 공이 매우 많아서 스승에 가까운 의리가 있네. 스승의 상에 대해서는 선현들이 언급한 것이 많이 있네. 그러나 홍공[洪振禮]은 비록 선행으로 훈자(薰炙)하고 도움을 준 공을 있지만 방숙에게는 훨씬 미치지 못하니 어찌 거기에 비겨 동일하게 할 수 있겠는가? 이미 방숙을 위해 기복을 입었다면 홍공에 대해서는 마땅히 시복(緦服)을 입어야 할 것이네.[13]

심상의 등위에 대한 자문에서도 박지계는 그 차별성을 강조함으

---

12 朴知誡, 『潛冶集』 卷6, 〈祭李方叔文(癸酉)〉.
13 朴知誡, 『潛冶集』 卷6, 〈答元子中斗樞〉.

로써 이의길의 존재를 부각하고 있다. 이런 맥락에서 이의길은 38세로 단명했음에도 잠야문파에서 확고한 위상을 점할 수 있었고, 윤증 또한 그 종제 이주길(李柱吉)의 묘지명에서 이의길의 학문과 풍도를 아래와 같이 기술하고 있다. 두 종의 「잠야문인록」에서 이의길이 수제(首題)된 배경도 여기서 찾을 수 있다.

> 예전에 나는 탄옹 권공[權諰]에게서
> 잠야 박씨[朴知誡]의 문하에서는
> 방숙(方叔) 선생을 최고로 칭송했다는 말을 들었지
> 파산(坡山;成渾)과 석담(石潭;李珥)의 도를 배워 붕당을 짓지 않았고,
> 내실 있는 학문을 연구하고 준결(峻潔)한 풍도를 숭상하여
> 사람들로 하여금 흠모하는 마음을 일으키게 하였네.[14]

이의길과 함께 잠야문파의 준재로 일찍부터 주목을 받은 인물은 김극형이었다. 아래 조극선의 『야곡일록(冶谷日錄)』의 기사는 동문들이 김극형을 어떻게 인식하고 있었는지를 잘 보여주고 있다. 김극형은 잠야문파 내에서도 윤휴와의 학문적 관계가 가장 돈독했던 인물인데, 여기에 대해서는 뒤에서 다루기로 한다.

> 자중[子中;元斗樞]과 경명[景明;閔光𤑭]이 김극형(金克亨) 태숙(泰叔)의 식견의 밝음을 극구 칭찬하였는데, 태숙이 논설한 혈구(絜矩)에 관한 글을 얻어보았다.[15]

---

14 尹拯, 『明齋遺稿』 卷37, 〈寧陵參奉李公墓誌銘〉.

잠야문파 고제의 윤곽을 잘 보여주는 것은 아래 최명길의 차자이
다. 1636년 6월 최명길은 인재 수용을 건의하는 차자에서 영남의
이찬(李燦), 호남의 최온(崔蘊),[16] 호서의 송준길(宋浚吉)·송시열(宋時
烈)과 함께 박지계 문인 조극선·김극형·권시를 추천했다.

> 박지계(朴知誡)의 문인 조극선(趙克善)은 가장 어질다는 이름이 있어
> 진신들 사이에도 자못 알려진 자입니다. 부서(簿書)의 직임에 이르러서
> 는 그가 처할 바가 아닌 듯합니다. 또 들으니, 김극형(金克亨)이란 자
> 가 있는데 독실한 뜻으로 선을 행하며 끊임없이 덕과 학문을 닦는다고
> 합니다. … 학생 권시(權諰)는 이름 있는 아버지의 아들로서 뜻과 행실
> 이 맑고 깨끗합니다. 이들은 모두 한 시대의 훌륭한 선비라고 할 만합니
> 다. 사람은 참으로 알아보기 쉽지 않으나, 비유하자면 이들은 계곡에
> 핀 난초나 형산(荊山)에 묻힌 박옥(璞玉)이 향기와 빛깔을 채 토해내지
> 못한 것과 같습니다.[17]

고제론의 또 다른 기준으로 적용할 수 있는 것은 저술 및 원향
여부이다. 잠야문파 가운데 문집·유고 또는 개별 저술을 남긴 인
물은 총 8명이며, 그 형질에 있어 완성도가 높은 것은 조극선(趙克
善)·이의길(李義吉)·권시(權諰)이다.

---

15 趙克善, 『冶谷日錄』, 〈1631年 4月 11日〉.

16 崔蘊은 박지계와는 동서간이었던 崔徽之의 숙부였다.

17 『仁祖實錄』, 〈仁祖 14年 6月 11日(甲申)〉.

<표 8> 잠야문인의 **文集·遺稿** 및 저술 현황

* 趙克善 ： 冶谷集/三官記/永日錄/砭己要訣/常目編/朱書大全疑義/忍齋日錄/
  　　　　冶谷日錄 등
* 李義吉 ： 亮谷遺稿
* 權　諰 ： 炭翁集
* 金克亨 ： 沙川遺稿[清風世稿]
* 元斗杓 ： 灘叟實記
* 李斗陽 ： 臨浦遺稿
* 曹錫亨 ： 近水軒遺稿[嘉林世稿]
* 宋國準 ： 楓溪遺稿

특히 조극선은 예학에 전념하여 사설을 착실히 계승했고, 『인재일록』과 『야곡일록』을 통해 잠야문파를 비롯한 17세기 초중반 서울 및 호서학계의 동향을 매우 자세하게 채록하고 있어 잠야문파에서는 매우 중요한 인물로서 일찍부터 주목을 받았다. 또한 그는 『야곡집(冶谷集)』, 『인재일록(忍齋日錄)』, 『야곡일록(冶谷日錄)』을 비롯하여 『삼관기(三官記)』, 『영일록(永日錄)』, 『폄기요결(砭己要訣)』, 『상목편(常目編)』, 『주자대전차의(朱子大全箚疑)』 등 다양한 저술을 남겼다. 저술의 규모로는 잠야문파 내에서 가장 큰 비중을 차지한다.

조선시대 유현은 사회적 기림의 여부에 따라 그 등위가 정해지는 측면이 있었는데, 존현사업(尊賢事業)으로 일컬어지는 원향(院享)이 바로 그것이다. 박지계를 비롯한 잠야문파의 원향 실태는 자못 저조한 것이 사실이다. 우선 박지계의 경우 사후 33년 뒤인 1668년 아산의 인산서원(仁山書院)에 배향되었을 뿐 주향처가 건립되지는 못했다. 특히 인산서원은 5현[金宏弼·趙光祖·鄭汝昌·李彦迪·李滉] 서원의 성격이 컸기 때문에 잠야학의 구심점으로서의 의미를 부여하기도 어려운 것이 사실이다.

〈표 9〉 박지계 및 잠야문인의 院享 현황

```
□ 朴知誡
   : 仁山書院(牙山 : 1668)
   : 金宏弼/趙光祖/鄭汝昌/李彦迪/李滉/奇遵/李之菡/洪可臣/李德敏/朴知誡
□ 權諰
   : 道山書院(公州 : 1711)
   : 權得己/權諰
□ 趙克善
   : 道山書院(新昌 : 1721)
   : 趙翼/趙克善
□ 趙克善
   : 晦庵書院(德山 : 1727)
   : 朱子/李湛/趙克善
```

잠야문인 중에서 원향의 대상이 된 인물은 권시와 조극선이다. 적어도 이들은 17세기 호서의 사림사회에서 학인으로 인식되었음을 반증하는 것이고, 원향론에 입각할 때, 고제로서의 위상을 부여하기에 부족함이 없어 보인다. 다만, 공주의 도산서원(道山書院)은 권득기(權得己) ⇨ 권시(權諰)로 이어지는 안동권씨 만회가학(晩悔家學)의 거점으로서의 성격이 강했고, 신창의 도산서원(道山書院) 또한 조익 ⇨ 조극선으로의 학통 구조를 보여주고 있다. 따라서 권시·조극선의 원향은 잠야문파의 학통적 상관성이 결여된 형태로 볼 수 있고, 이는 잠야학통 계승의 난맥상과 관련하여 시사하는 바가 크다.

<표 10> 박지계 상례 : 心喪門人

□ 心喪9門人(冶谷日錄/1635)	□ 心喪8門人(潛冶年譜/1635)
① 趙克善	① 元斗樞
② 權士吉	② 元斗杓
③ 洪振文	③ 趙克善
④ 文斗樞	④ 金克亨
⑤ 閔祺壽	⑤ 李瀣
⑥ 李子吉	⑥ 權諰
⑦ 金克亨	⑦ 邊虎吉
⑧ 李敬夫	⑧ 邊麟吉
⑨ 李泌[李溧]	

잠야문파의 주요한 특징 가운데 하나는 사문 및 동문에 대한 심상 예법이었다. 예컨대, 조극선의 경우 3사, 즉 이명준(1630)·박지계(1635)·조익(1655)의 상에 심상을 행한 사실이 확인된다.[18] 심상 여부는 사(師)와 제(弟)의 관계성을 가늠하는 척도가 될 수 있는데, 박지계의 상에 잠야문파의 심상 예법은 어떠했을까?

잠야문파의 심상 예법의 실상은 『야곡일록』과 『잠야연보』를 통해 확인할 수 있는데, 두 문헌은 인물군에 있어 약간의 차이를 보인다. 『야곡일록』에 따르면, 박지계가 사망한 것은 1635년 7월 13일이고, 문인들이 성복한 것은 7월 19일이었다.[19] 이때 성복에 참

---

18 趙克善, 『冶谷年譜』, 〈庚午〉(1630), 〈乙亥〉(1635), 〈乙未〉(1655).

19 趙克善, 『冶谷日錄』, 〈1635年 7月 19日〉 "成服 余及權吉哉·洪質夫·文子中·閔仁甫·李子吉·金泰叔·李敬夫·李子長九人 依古吊服 加麻之禮 以白布爲巾 以熟

여한 문인이 9인인데, 편의상 '심상9문인'으로 지칭하고자 한다. 『잠야연보』〈을해〉(1635)에는 심상 기년을 행한 문인 8명이 적기되어 있다. 이를 종합하면, 조극선(趙克善)·권사길(權士吉)·홍진문(洪振文)·원두추(元斗樞)·민기수(閔麒壽)·이자길(李子吉)·김극형(金克亨)·이경부(李敬夫)·이필(李泌;李淲)·원두표(元斗杓)·이해(李澥)·권시(權諰)·변호길(邊虎吉)·변인길(邊麟吉) 등 총 14인을 심상 문인으로 파악할 수 있다. 잠야문인 38명 가운데 14명, 즉 37%가 심상 예법을 행했던 것인데, 고제들이 여기에 포함되었음은 두 말할 나위가 없다.

잠야문파 고제론과 관련하여 눈여겨 볼 사료는 이중형(李重馨)의 '조극선 제문[祭趙克善文]'이다.

이공 방숙(方叔;李義吉)이 먼저 죽음에 우리 선생으로 하여금 자신이 상을 당한 것 같은 아픔을 지니게 하셨고, 지금 형이 또한 세상을 버림에 우리 선생의 학문이 다시금 전해질 곳이 없게 하였으니, 우리 형의 죽음에 어찌 우리 벗들이 실성하고 놀라 통곡하지 않을 수 있겠습니까. 지난날 우리 선생께서 도가 상실되고 혼란한 세상을 만나 임천에 은거하여 끊어진 학문을 창명(倡明)하였을 때, 세상에는 알아주는 이가 없었고, 사람들은 모두 경이(驚異)하게 여겼다. 이때 홀로 선생을 믿어 의심하지 않고 책상자를 지고 문하에 나아간 이는 오직 형과 방숙 두 사람뿐이었습니다.[20]

麻爲環経 是日吉哉·質夫·仁甫·基甫·君進歸"

20 趙克善, 『冶谷集』 卷13, 附錄 〈祭文〉(李重馨) "李公方叔先亡 使吾先生 抱喪子之痛 今兄又逝 使吾先生之學 無復有可傳者 則吾兄之亡 曷爲而不使吾儕失聲而驚

즉, 이중형은 박지계가 세상으로부터 외면받을 때, 사문에 대한 믿음을 바탕으로 기꺼이 등문한 이로 이의길·조극선을 꼽고 있으며, 특히 조극선에 대해서는 '잠야도통(潛冶道統)'을 전수받을만한 문인으로 평가하는데 주저함이 없다.[21] 이는 잠야문하 동문의 인식이라는 점에서 주목할만한 언급인데, 각종의 『잠야문인록』에서 이의길·조극선 순으로 문인을 등재하는 근거도 여기서 찾을 수 있다.

이런 흐름 속에서 박지계 사후 40년이 지난 1670년대에 이르면 '고제인식'이 보다 구체화 된다. 1676~1677년 무렵에 제시된 김유(金楺)의 '6고제론'이 바로 그것이다.

선생은 호귀(豪貴)한 가문에서 태어나 어려서부터 학문을 좋아하고 실천에 독실하고 배움에 힘써 노년에 이르러서도 한결같았다. 사승이 없었던 탓에 간혹 어긋나는 일은 있었지만 초예(超詣)함에 있어서는 고인보다 뛰어남이 있었다. 평생토록 배운 바는 정주학(程朱學)을 표준으로 삼아 조금도 위배됨이 없었다고 한다. 나의 왕부 사천공[沙川公;金克亨]과 외왕부[外王父;李義吉], 이함릉[李咸陵;李澥], 원상국[元相國;元斗杓], 부윤 원두추(元斗樞), 우윤 권시(權諰) 등 제공이 모두 잠야의 문하인들이다.[22]

號 … 昔我先生 當道喪之日 値昏亂之世 潛德林泉 倡明絕學 而世無知者 人皆驚異 于時獨信不疑 負笈造門者 惟兄與方叔兩人而已"

21 박지계의 사위이자 문인이었던 閔光爀 또한 조극선을 잠야문하의 고제로 인식했다(趙克善, 『冶谷集』 卷13, 附錄 〈輓詞〉(閔光爀) "國丈從遊卅載強 着功鞭辟早升堂").

22 金楺, 『儉齋集』 卷30, 〈丙丁瑣錄〉.

여기서 그는 김극형·이의길·이해·원두표·원두추·권시 등 '6문인'을 거론하고 있다. 김유는 김극형의 손자이자 이의길의 외손자라는 점에서 그의 주장은 김극형·이의길 양가의 '고제인식'으로 보아 무방할 것 같고, 『잠야집』의 편간, 제1차 증직·증시론 등 박지계 현양론에 미친 김극형 일가의 영향력을 고려할 때 결코 무시할 수 없는 견해라 하겠다.

이른바 '5고제론'은 1740~1742년 제2차 증직·증시론이 점화했을 당시 박필주(朴弼周)가 '잠야시장(潛冶諡狀)'에서 제기한 것이다. 제2차 증직·증시론을 주도한 인물은 김극형의 증손으로 시임 영의정 김재로(金在魯)였다. 박필주에게 시장을 청한 것도 김재로였다.

> 문인 중에는 이름이 알려진 인물이 많았는데, 이방숙(李方叔;李義吉) 및 동업한 조극선(趙克善), 정랑 김극형(金克亨), 좌윤 권시(權諰), 부윤 원두추(元斗樞)는 더욱 드러났다.[23]

---

23 朴知誡, 『潛冶集』附錄, 〈諡狀〉(朴弼周撰) "門人多知名者 如李方叔及同業趙克善正郎金克亨左尹權諰府尹元斗樞尤有聞"

〈표 11〉 高弟認識 관련 諸說

□ 6高弟論(金楺/丙丁瑣錄/1676-1677)
   ① 金克亨
   ② 李義吉
   ③ 李瀣
   ④ 元斗杓
   ⑤ 元斗樞
   ⑥ 權諰

□ 5高弟論(朴弼周/朴知誡謚狀/1740)
   ① 李義吉
   ② 趙克善
   ③ 金克亨
   ④ 權諰
   ⑤ 元斗樞

박필주는 김유가 제기한 6문인 가운데 이해와 원두표를 제외하는 대신 조극선을 추입하였고, 순서에 있어서도 이의길을 수제(首題)함으로써 균형감을 확보하고 있다. 박지계의 문인인식, 저술의 규모, 심상예법 및 계승의식, 원향론 등 제 요건을 종합할 때, 박필주의 고제론이 설득력이 있어 보인다.

한편 1734년 남계문인 이세환(李世瑍)이 편찬한 『동유사우록』의 「속집」에는 '박잠야문인'으로 총 10명이 수록되어 있다. 이 편제의 특징은 이해(李瀣)를 수문으로 삼고, 『잠야연보』 '정해'(1587)에 등장하는 동년배 문인 김래(金琜), 박종범(朴宗範), 박유일(朴由一)을 수록했다는 점이다. 특히 유념할 것은 조극선을 누락된 반면 두 종의 다른 문인록에는 등장하지 않았던 박지계의 종손(從孫) 박정환(朴

廷煥 ; 朴知謙 손자)이 수록되었다는 사실이다.[24]

〈표 12〉 박지계 문인 : 東儒師友錄 續集(李世瑍/1734)

① 李瀣
② 元斗杓
③ 元斗樞
④ 李義吉
⑤ 權諰
⑥ 金克亨
⑦ 金瑔
⑧ 朴宗範
⑨ 朴由一
⑩ 朴廷煥

①~⑥까지는 앞에서 언급한 '6고제' 및 '5고제'와 큰 차이가 없다. 하지만 이세환이 스승 박세채가 '묘지명'까지 찬술했고, 박지계와의 학연이 누구보다 강고했던 조극선을 누락시킨 것은 쉽사리 이해가 되지 않는다. 모종의 내부적 사유가 있었던 것으로 짐작되는데, 이에 대해서는 정밀한 추가적인 검토가 요구된다.

3) 잠야문파의 지식문화적 갈래 : 제 학맥의 수렴 양상

잠야문파의 외양이 인친과 훈척의 결합적 성격을 띠고 있음은 앞

24　李世瑍, 『東儒師友錄』, 「續集」 卷21, 〈朴潛冶門人〉 '朴叔章(朴廷煥)' "及壯 學于 從祖潛冶先生 專精學問 不屑小技"

에서 개관하였고, 이제 지식문화적 계통에 대해 살펴보기로 한다. 여기서의 계통은 학통 또는 연원을 아우르는 포괄적 개념임을 밝혀 둔다.

잠야문파는 기호학통에 속하고, 장치적으로는 서인[소론]을 표방한 학문집단이라는 전제는 외양에 초점을 맞춘 결과론적 해석일 뿐 이 집단의 연원과 갈래에 대한 진단으로서는 한계가 따르는 것이 사실이다.

<표 13> 잠야문파의 학통적 갈래

1) 화담연원
 • 李　琡 : 徐敬德 외증손

2) 퇴계연원
 • 宣若奉 : 朴光前(退溪門人) 문인 宣廷達 손자

3) 박지계·조익 양문 출입
 • 趙克善
 • 李斗陽
 • 閔祺壽 等

4) 박지계·김장생 양문 출입
 • 趙松年 : 趙光祖 현손
 • 宋國龜 : 宋奎濂 종숙

(1) 화담연원(花潭淵源)

필자는 잠야문파를 16세기 이래 조선의 제 학맥의 수렴과 재편이라는 틀 속에서 바라보고 있으며, 그 중에서도 화담학(花潭學)의 영향이 가장 컸던 것으로 파악하고 있다.

박지계의 학문이 공맹정주(孔孟程朱)에 바탕을 두고 우율[牛栗;李珥·成渾]을 존신하고 조헌(趙憲)을 지행(志行)의 표준으로 삼았음은 주지의 사실이다.[25]

> ① 송화공[松禾公;朴應立]께서 선생을 안고 말씀하시길, "네가 만약 독서를 한다면 너를 능가할 사람이 없을 것이다"고 하자 선생께서 대답하기를, "제 위에 사람이 있다면 공자 뿐일 것입니다"고 했다.[26]
> ② 선생은 평생토록 우리 동방의 선유를 논하면서 우율을 존모하였으며, 그 문하에 이르지 못함을 한스럽게 여겼다. 뒤에 와서 문묘 종사론을 선생께서 앞장 서서 주창하셨다.[27]
> ③ '입유조선생송(立儒趙先生頌)'을 지었다.[28]

그럼에도 잠야문파를 화담학풍의 내재적 수용이라는 구조 속에서 파악하려는 데에는 그럴만한 상당한 이유가 있다. 우선 박지계의

---

25 박지계가 권득기를 평생의 知己로서 신뢰한 것도 好學의 품성 뿐만 아니라 이이 및 조헌 경모론에도 깊이 공감했기 때문이었다(朴知誡, 『潛冶年譜』, 〈辛酉〉 (1621) "先生撰其墓誌銘日 自君十餘歲 至卅餘歲 讀古人書 慕古人道 世皆譏斥栗谷 君獨曰後世公論 必以栗谷爲是 趙重峯上疏極陳道學見斥之弊 論當道之巨卿 擧世目以人妖 君獨曰吾則以趙爲是 嗚呼 不亦善乎"). 박지계는 침중했던 반면 권득기는 편지를 보내자마자 문 밖에 나와 답장을 기다리는 조급한 성품의 소유자였다고 한다(金楺, 『儉齋集』 卷30, 〈庚辛瑣錄〉 "權正郎得器[得己]字重之號晚悔 爲人明廉剛決 篤信古學 與朴潛冶爲道義之交 往復論難 靡所不至 … 然公性急 常寄書於朴先生 則必立於外門 以待其還").

26 朴知誡, 『潛冶年譜』, 〈己卯〉(1579).

27 朴知誡, 『潛冶年譜』, 〈壬寅〉(1602).

28 朴知誡, 『潛冶年譜』, 〈壬辰〉(1592).

처가가 화담학통이었다. 12세에 아버지를 여읜 이유간은 화담문인 민순(閔純;杏村)의 문하에서 수학하게 된다.[29] 어머니 안동김씨의 외사촌 동생이었던 민순은 이유간에게 스승을 넘어선 존재였다. 본디 신광한(申光漢)에게서 학문을 배우다 화담문하에 입문한 민순은 서경덕의 처사적인 삶을 가장 잘 계승한 문인으로 평가되고 있으며,[30] 「화담문인록(花潭門人錄)」에도 맨 앞에 수록되어 있다.[31]

<가계도 2> 李惟侃 가계도 : 박지계 처가

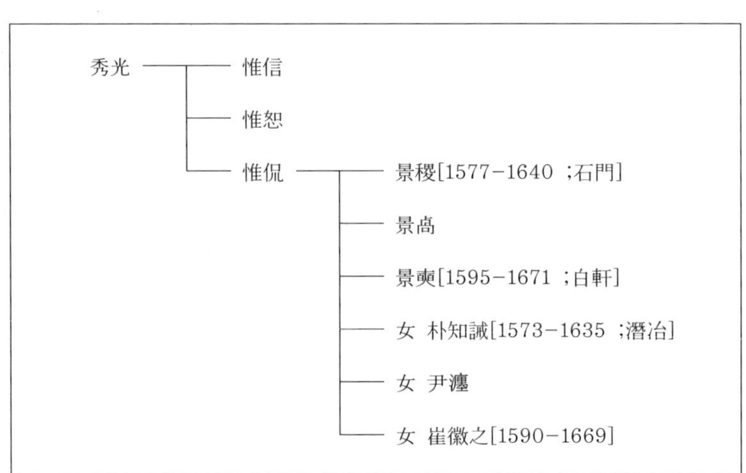

---

29 李景奭, 『白軒集』 卷35, 〈先考贈領議政行嘉善大夫同知中樞府事府君行狀〉 "年十二而孤 貞夫人內弟習靜閔先生純見而哀之 授之以學 始以族從而恤之 終取其才行而愛之 先生之之郡邑也 未嘗不以先君隨之"

30 신병주, 『남명학파와 화담학파 연구』, 일지사, 2000, 238쪽.

31 徐敬德, 『花潭集』 卷4, 附錄「門人錄」, 〈閔純〉 "字景初 號杏村 驪興人 擧遺逸官至持平 少從駱峯申公光漢學 後事先生 聞主靜之說而味之 名其齋曰習靜 配享花谷書院"

고양에 기반을 두고 있었던 민순은 서울 일원에서 이유간(李惟侃)·
홍가신(洪可臣)·홍이상(洪履祥)·홍난상(洪鸞祥)·한백겸(韓百謙)·곽
열(郭說)·이신의(李愼義)·우복룡(禹伏龍)·최철견(崔鐵堅)·최철강(崔
鐵剛)·김창일(金昌一)·심종민(沈宗敏)·윤효전(尹孝全;尹孝先)·박서중
(朴恕仲)·심사일(沈士一) 등 상당수의 문인을 배출했다.[32] 이 가운데
곽열·박서중·이신의·한백겸·김창일·홍이상·심종민 등은 『세구
록』에 동리(同里)로 표기된 이유간과 같은 마을 출신이었다.

민순에 대한 이유간의 사문의식은 특별했다. 그는 민순의 기일이
면 항상 제수를 보냄은 물론 소식(素食)하며 스승에 대한 정성과 도
리를 다했고, 민순의 부인이 사망했을 때도 동문들과 협조하여 장례
를 도왔다.[33] 뿐만 아니라 그는 1613년 동문 홍이상의 도움을 받아
민순의 사우를 건립하는 데에도 주도적인 역할을 담당하는[34] 등 사
문의 추양에도 크게 노력했다.

---

32 이들과 민순과의 사승관계는 아래의 자료를 통해 확인했다. 李山海, 『鵝溪遺稿』
卷6, 〈崔處士墓碣銘(崔櫟)〉; 李廷龜, 『月沙集』 卷43, 〈大司憲洪公神道碑銘并
序(洪履祥)〉; 『光海君日記』 〈韓百謙卒記〉; 宋時烈, 『宋子大全』 卷159, 〈石灘
李公神道碑銘(李愼義)〉; 許傳, 『省齋集』 卷14, 〈晩全洪公影堂重修記(洪可臣)〉
; 崔益鉉, 『勉菴集』 卷39, 〈府使贈禮曹判書仙舟郭公行狀(郭說)〉; 洪良浩, 『耳
溪集』 卷38, 〈豊寧君洪公諡狀(洪鸞祥)〉; 金鑢, 『藫庭遺藁』 卷11, 〈題東溪雜錄
卷後(禹伏龍)〉 및 이근호, 「17세기 전반 京華士族의 人的關係網-『世舊錄』의 분
석을 중심으로-」, 『서울학연구』 38, 서울시립대학교 부설 서울학연구소, 2010,
172쪽.
33 李景奭, 『白軒集』 卷35, 〈先考贈領議政行嘉善大夫同知中樞府事府君行狀〉 "習
靜先生旣卒 子孫零替不能家 每以祭需助之 忌日 必爲之易食 輒夢先生 先生夫人
之喪 貧無以斂葬 先君與同門之友 合力襄奉焉"
34 『世舊錄』, 〈閔純〉 "先生祠屋 公所營建 同門洪慕堂諸公助之"

　　1609년 행촌문인들은 화곡서원(花谷書院) 원향론을 둘러싸고 약간의 물의를 일으킨 바 있었다. 화곡서원은 이항복·홍이상·한백겸 등이 중심이 되어 건립한 서원인데,[35] 행촌문인들은 서경덕을 제향하는 화곡서원에 민순만 배향할 것을 주장하였고, 이항복·신흠 등 사림들은 박순과 허엽을 함께 배향해야 한다고 주장하였다.

　　화담서원(花潭書院)의 제공(諸公)들이 행촌(杏村) 민순(閔純)을 배향하고자 하기에 나의 뜻은 "박사암(朴思菴;朴淳)·허초당(許草堂;許曄)은 모두 고명한 제자이므로 빼놓기는 거북하다. 만약 행촌만 배향한다면 위에 물의가 있을까 염려된다."고 하였으나 제공(諸公)들이 자못 받아들이지 않았습니다. 제공들이란 행촌의 제자들인데 자기네들의 스승이라고 하여 그런 것입니까, 아니면 박[朴淳]·허[許曄] 두 분의 명예가 행촌보다 밑돌아서 그런 것입니까?[36]

　　이른바 '행촌독배론(杏村獨配論)'의 표면적인 주론자는 홍가신(洪可臣)이었지만 신흠이 위 편지에서 지목한 '행촌의 제자'의 중심에

---

35 李德泂, 『松都記異』 "宣祖朝 李相國恒福 洪都憲履祥 韓參議伯謙 通諭多士 建書院于先生舊居 賜額曰花谷"

36 申欽, 『象村集』 卷34, 〈答白沙〉 "花潭書院 諸公欲以閔杏村純氏配享 而鄙意以爲 朴思庵許草堂 俱是高弟 捨之未安 若獨取杏村 恐有後議 諸公頗不許 諸公乃杏村門人 私於所事而然耶 抑朴許兩公名論 在杏村下耶 以人論之 思庵之潔淸高邁 草堂之終身向善 烏下於杏村哉 而諸公之右杏村者 豈非門人之故耶 且思庵見嫉於一邊人 至今其儕輩習氣猶存 雖以韓鳴吉洪君瑞之雍容 亦恐不樂從爾 頃日李生大醇 持杏村碑文來見於欽 乃洪寧原可臣所作 而至以龜山流派稱之 此可見其門徒之論 如許也 欽後生也 杏村踐履高下 雖不敢測知 而意者天稟純實 操持敦朴而已 至於上達境界所造 果未知如何 若使思庵公在杏村矮巷中 居師壇而訓誨後進 則其聞望詎不尤燁然 而人之嚮慕 又奚啻杏村已乎"

이유간이 위치하고 있었을 개연성은 얼마든지 있다. 1613년 이유간이 민순을 제향하기 위해 행주에 사당을 지은 것도 '행촌독배론(杏村獨配論)'의 좌절에 따른 반작용이었을 가능성이 크다.

민순과 이유간 사이의 사승관계는 화담학을 계승하는 중요한 계기가 되었고, 그 연장 선상에서 이유간의 장자 이경직(李景稷)은 화담문인 박지화(朴枝華)를 사사하게 되었던 것이다. 후일 이긍익(李肯翊)이 『연려실기술(燃藜室記述)』을 편찬하면서 민순을 선조조의 유현으로 입전한[37] 것도 서경덕 ⇨ 민순으로 이어지는 자가의 가학연원(家學淵源)과 긴밀하게 연관된 것으로 파악된다.

박지계가 처부 이유간으로부터 가르침을 입었다는 기록은 없지만 혼인 그 자체가 화담학풍의 수용으로 해석할 수 있고, 처남 이경직이 박지화(朴枝華)의 문하에서 수학한 사실 또한 유념할 대목이다. 즉, 박지계의 선대는 화담문인들과 돈독한 교유관계를 맺고 있었고, 그 연장 선상에서 박지계가 이유간의 딸을 아내로 맞은 것으로 볼 수 있다.

박지계의 조부 박세무(朴世茂)의 묘갈명을 노수신(盧守愼)에게 청한 사람은 장자 박소립(朴素立)이었다. 노수신은 묘갈명의 서두에서 박소립과의 관계를 이렇게 기술하고 있다.

> 이조참판 박공[朴素立]이 가정 갑진년(1544) 5월 7일에 선비 권씨를 양주 신혈리 병향원(丙向原)에 안장하고, 이로부터 21년이 지난 1565년

---

37 李肯翊, 『燃藜室記述』 卷18, 「宣祖朝故事本末」, 〈宣祖朝儒賢〉'閔純'

2월 28일에 황고[朴世茂]를 합장하였으며, 8년이 지난 1573년 묘갈명을 벗인 광산 노수신에게 청하였다. 나 수신은 참판 박공의 문사(門士)이다.[38]

노수신이 언급한 '문사(門士)'는 '동문지사(同門之士)'로 해석할 수 있다. 노수신은 비록 화담문인록에 이름을 올리지 않았지만 홍인우(洪仁祐)·허엽(許曄)·허충길(許忠吉) 등과의 친연성을 고려할 때, 여기서의 동문은 '화담문하 동문'으로 해석할 수 있는 여지가 매우 크다. 이런 추론은 박지계가 지은 부친 박응립(朴應立)의 묘갈[先父君墓碣]에서 보다 분명해진다. 이 글에서 그는 박응립의 대표적 지우로서 박점(朴漸)·노수신(盧守愼)·허엽(許曄)을 거론하며 책선(責善)과 인진(引進) 일화를 소개하고 있다.[39] 박점은 화담문인 이중호(李仲虎)의 제자였고, 허엽은 화담문하의 수문으로 거론되는 인물이다. 이런 정황은 박지계의 선대와 화담문파의 친연성을 포착하는 단서가 되기에 충분하다. 1606년 이조판서 허성(許筬;許曄의 아들)이 박지계를 '성리학에 정심한 학인'으로 평가하며 왕자사부에 적극 천거했던[40] 배경도 이런 맥락에서 이해할 필요가 있다.

조극선은 자신의 저술 「삼관기(三官記)」에서 박지계 일문의 학맥과 관련하여 매우 중요한 정보를 제공하고 있다. 자신의 해석이 아니라 박지계의 언급을 채록한 것이라는 점에서 사실성이 더해지는

---

38 盧守愼, 『穌齋集』 卷10, 〈朴世茂墓碣銘〉.

39 朴知誡, 『潛冶集』 卷6, 〈先父君墓碣〉.

40 朴知誡, 『潛冶年譜』, 〈丙午〉(1606).

데, 바로 '화담학계승론'이다.

  (선생께서 말씀하시길) "수암은 박학하여 경문에 통달했고, 행의가
탁이했다. 서출인 까닭에 벼슬길에 나아가지 않았으며, 고작 학관으로
서 생을 마쳤다. 나의 백씨[朴知謙] 및 종형[朴知言·知謹]들이 그 문하
에서 수학하여 예를 질문한 적이 있었다."고 했다.[41]

  위 인용문은 화담문인 박지화(朴枝華)의 학문과 행의, 그가 처했
던 사회적 환경을 언급하는데 주안점이 있지만 여기서 그는 백형
박지겸(朴知謙)과 종형 박지언(朴知言)·지근(知謹)의 수암문하(守庵門
下) 수학 사실을 밝히고 있다.

  박지계의 부친 박응립이 박점·노수신·허엽과 교계가 돈독했고,
처부 이유간이 민순의 문인이며, 처남 이경직 및 박지겸·지언·지
겸 등 제형이 박지화의 문인이었다는 사실은 무엇을 뜻하는가? 여
기서 우리는 박지계 및 잠야문파 외곽에 조성되어 있었던 화담학풍
의 여운과 마주하게 되는 것이다.

  그렇다면 박지계는 서경덕을 어떻게 인식하였을까? 이에 대한
해답을 구할 문헌은 많지 않다. 다행스럽게도 스승의 언동(言動)을
포함하여 학(學)과 행(行)의 궤적을 놓치지 않고 세심하게 기록하려
했던 조극선의 『인재일록』에 간결하면서도 분명한 인식을 보여주
는 기사가 실려 있어 자못 눈길을 끈다. 박지계는 『화담집(花潭集)』

---

41 趙克善, 『冶谷集』 卷7, 「三官記」, 〈耳官〉(上).

을 소장하지 못했던 것 같고, 조극선에게 구해 올 것을 지시한 바 있었다.[42] 조극선이 『화담집』을 구해 올리면서 서경덕의 학문을 질문하자 다음과 같이 답했다.

> 극선이 화담집을 올리면서 서선생[徐敬德]의 학문이 어떠했는지를 질문하자 선생께서 "쉽게 얻을 수 있는 인물이 아니다"고 하셨다. 또 화담집의 어느 대목을 가리키며 모재[金安國] 선생에 대해 질문하자 선생께서 "문장이 학문보다 넘치는 자다"라고 하셨다.[43]

'쉽게 얻기 어려운 학자[不易得]'라는 표현은 상당한 학습의 토대 위에서 내릴 수 있는 평가임을 전제한다며, 박지계는 서경덕의 학문을 통관(通觀)하고 그 정수가 무엇인지를 파악했을 것으로 짐작된다. 다만, 언급을 극도로 자제했던 것은 서경덕의 학자적 자세, 학문적 성취를 존중하면서도 우율학(牛栗學)에 기축(機軸)을 두었던 자신의 학문적 추향(趨向)과는 결부시키고 싶지 않았던 의식의 표출로 읽힌다.[44]

42　이 책의 주인은 李丈이었는데, 1620년 박지계의 南陽 우거가 火燒되는 과정에서 소실되었고, 그후 조극선이 자신의 책으로 보상하려 했으나 李丈이 받지 않았다고 한다(趙克善, 『冶谷日錄』, 〈1627年 10月 29日〉"且於昔年 借觀李丈花潭集 仍轉借于朴先生 先生在南陽失火時燒焉 頃者 以余所得花潭集還償 則李丈不受而還之矣").

43　趙克善, 『忍齋日錄』, 〈1619年 8月 2日〉"克善進以花潭集 問徐先生學問何如 先生曰 不易得也 且指花潭集中而問慕齋 先生曰 文章過於學問者也"

44　박지계가 가장 존경하여 頌까지 지은 趙憲도 우율문인이 동시에 李之菡·徐起의 문하에서 수학한 화담학통이었다(이동인, 「화담학파의 학문 계보와 사상 전승」, 한국학중앙연구원 한국학대학원 박사학위논문, 2025, 105쪽).

박지계의 미온적 태도에도 불구하고 일부 문인은 화담학에 깊은 관심을 보이는데, 대표적 문인으로 조극선을 거론할 수 있다. 조극선은 25세 때인 1619년 3월 『화담집』을 차람한 바 있고,[45] 동년 8월 박지계에게 서경덕의 학문을 질의한 것은 자신의 학습 결과에 대한 확인 또는 검증 과정으로 포착된다. 즉, 조극선은 서경덕을 몹시 경모했고, 그런 의식은 '화담서선생(花潭徐先生)' 다섯 자를 직접 써서 서재의 벽에 붙이는 형태로 진전되었으며,[46] 1621년 10월 '화담신도비명(花潭神道碑銘)'을 읽고 남긴 소회에는 혹모(酷慕)의 정서가 역력하다.[47]

잠야문인 가운데 혈연 등 서경덕과 직접적으로 관련된 인물로는 이숙(李琡)이 유일하다. 그는 서경덕의 장자 서응기(徐應麒)의 외손자로[48] 잠야문파 내에서도 고사로 일컬어진 인물이다.

> 주부 김이(金怡)가 이미 먼저 자리하였고, 이어 함릉군(咸陵君) 이해(李澥), 참봉 이숙(李琡)이라는 이가 있었다. 함릉은 방숙(方叔;李義吉)의 계부인데, 평소 나에 대해 잘 알고 자못 정성스럽게 대해주었다. 그는 개성부의 고사로 화담 선생의 외후손이라 한다.[49]

---

45 趙克善, 『忍齋日錄』, 〈1619年 3月 28日〉 "余乃借得花潭先生集"

46 趙克善, 『忍齋日錄』, 〈1621年 4月 3日〉 "寫花潭徐先生五字 貼壁以致瞻敬"

47 趙克善, 『忍齋日錄』, 〈1621年 10月 9日〉 "昨見花潭先生神道碑 先生大人好蓄 遇天火 延燒無遠近 而祝天日 平生不敢爲非義 遂風起火不迫矣 誠感天者如是"

48 이동인, 앞의 논문, 2025, 12쪽.

49 趙克善, 『冶谷日錄』, 〈1626年 11月 11日〉 "金主簿怡 已先在坐 繼有咸陵君李澥及李參奉琡者也 咸陵乃方叔之季父 素聞余熟 頗致款 李乃開城府高士而花潭徐先生外孫云"

박지계와 이숙 사이의 학문적 수수관계의 실상은 자세하지 않다. 다만, 그가 이해·이의길·조극선 등 잠야문파 고제들과 교유하며 고사라 인식되었음을 고려할 때, 상당한 비중을 지닌 인물로 짐작된다. 특히 그가 윤휴(尹鑴)와 함께 『화담집』 중간을 주도했다는[50] 사실은 등 화담학에 대한 계승의식을 강고하게 유지하고 있었음을 의미한다. 따라서 그의 잠야문하 등문은 양측이 지니고 있는 화담학적 공감의식의 소산으로 해석할 수 있는 여지가 매우 크다.

화담연원과 관련하여 언급할 인물은 이해·원두표·김극형 등이 있다. 이해는 화담·퇴계학을 양측적으로 계승했던 홍가신의[51] 손서로 윤휴와도 친교가 깊었고,[52] 원두표는 1648년에 홍우정(洪宇定)을, 1656년 윤휴와 허후(許厚)를 천거한 바 있다.[53] 홍우정은 홍가신(洪可臣)의 손자였고, 허목(許穆)의 종형인 허후 역시 화담연원의 학인이었다. 1664년 원두표가 사망하자 윤휴는 제문을 통해 사은(謝恩)의 마음을 곡진하게 토로했다. 제문의 행간에는 천거라는 사회적 이해관계를 넘어 동지의식이 깔려 있으며, 김극형을 언급한 대목에서는 그가 천거의 교량적 역할을 했음을 짐작케 한다.

선을 좋아하는 마음, 의리를 무서워하는 정신, 덕을 숭상하고 선비를

---

50 尹鑴, 『白湖全書』 卷24, 〈重刊花潭集序〉.

51 김학수, 「洪可臣의 인적 네트워크 : 花潭學과 退溪學의 경계」, 『한국서원학보』 15, 한국서원학회, 2022.

52 尹鑴, 『白湖全書』 卷16, 〈答咸陵君澥〉.

53 元斗杓, 『灘叟元斗杓實記』(上), 347쪽, 558쪽.

예우할 줄 아는 태도, 스승을 존경하고 친구 사이의 우의를 다지는 진실함, 그리고 재물을 가볍게 여기고 의리를 중히 여기기를 마치 즐기는 음식 즐기듯이 하고 남의 어려운 일을 물에 빠진 자 구제하듯 서둘렀던 그러한 점들에 대해서는 이 윤휴도 들어 알고 우러러 왔던 것입니다. 조정에서 인재를 찾을 때면 나를 챙겨주시고, 걱정되거나 괴로운 일이 있을 때에는 직접 찾아와 주셨으며 … 아, 태숙(泰叔)은 공의 벗이자 아우 형 사이이고, 자중(子中;元斗樞)은 공의 아우이면서 친구 사이인데, 하늘이 그들을 놔두지 않아 태숙이 먼저 가고 자중이 그 뒤를 잇더니 이제 공마저 이 세상을 버리고 저 세상으로 가서 앞으로 그들과 함께 구원(九原)에서 상종하게 되었습니다.[54]

화담학의 수용과 재편이라는 관점에서 가장 주목할 인물은 김극형이다. 『송자대전수차(宋子大全手箚)』(卷31)에는 김극형을 아래와 같이 기술하고 있다.

김극형은 자가 태숙(泰叔), 호는 사천(沙川)이다. 박잠야[朴知誡]의 문인이며, 김징(金澄)의 아버지이다. 윤휴와 가장 가깝고 정호(情好)가 두터웠다.[55]

윤휴와의 친교성을 강조한 것은 적대감의 우회적 표현에 다름 아니었다. 후술하겠지만, 김극형은 예론에 있어 윤휴의 '참최3년설'을 적극 지지했을 뿐만 아니라 윤휴를 이이에 비견하는 등 '혈성우호론

---

54   尹鑴, 『白湖全書』 卷18, 〈祭元原平君文〉.
55   『宋子大全手箚』 卷31, 〈金克亨〉 "字泰叔 號沙川 朴潛冶門人 澄之父也 與鑴最相親好"

자'였던 것이다.

물론 김극형은 이의길과 사돈관계를 맺고 잠야문파의 주류층을 이루게 되고, 김유·김재로·김종후·김종수 등 그 자손들 또한 '잠야 현양론'을 주도하게 되지만 이들의 학문적 연원이 화담학과 깊은 관계를 갖고 있었음은 부인할 수 없는 사실이다.

<가계도 3> 청풍김씨 가계도 : 金克亨家

<table>
<tr><td>金繼
許曄門人
金謹恭交遊</td><td>⇨ ① 忠伯
李潛門人
⇨ ② 孝伯
李潛門人</td><td></td><td></td><td></td></tr>
<tr><td></td><td>⇨ ③ 仁伯
申沃門人
李潛門人</td><td>⇨ 克亨
朴知誡門人
尹鑴交遊</td><td>⇨ 澄
李義吉壻</td><td>⇨ 楺
朴世采門人</td></tr>
</table>

김극형의 가학과 관련하여 주목할 인물은 조부 김계(金繼)이다.[56] 김계는 허엽(許曄)·김근공(金謹恭) 등을 통해 화담학풍을 수용하며 학문적 근기로 다진 것으로 파악되는데, 박세채는 『동유사우록(東儒師友錄)』에서 그를 이중호(李仲虎)의 수문 김근공(金謹恭)의 종유인으로 입전했다.[57]

김재로(金在魯)가 편찬한 『청풍김씨세보』(庚午譜;1750)에 따르면, 그의 행장은 박주(朴洲)가 찬술했다. 물론 이 글을 현전하지 않지만

---

56 金繼는 金崇義의 차자였으나 9세 때 9촌숙 金汝光을 계후했다.

57 朴世采, 『東儒師友錄』 卷23, 「金惕若從遊」, 〈金贈執義繼〉.

박주가 이중호(李仲虎)의 문인으로 대표적인 화담연원의 학인이라
는 점은 김계의 학통과 관련하여 시사하는 바가 매우 크며, 윤휴가
'묘지명[處士金公墓誌]'을 찬술한 것 또한 예사롭지 않은 대목이다.
　윤휴는 묘지에서 김계의 사승 및 교유관계를 다음과 같이 서술하
고 있다.

　　공이 장성한 나이에도 학문을 해야 함을 알지 못하여 초당 허엽(許
　曄)이 권면하자 드디어 발분하여 새벽에 일어나 머리를 빗고 세수하고
　바르게 앉아 소학·대학 공부를 게을리 하지 않았다. 을사사화가 일어
　나자 제 노선생들이 초야에 숨어서 강론하며 제자들을 가르쳤는데, 공
　은 기꺼이 그 고족 제자들인 한명윤(韓明胤)·신후(申煦)·김근공(金謹
　恭) 등과 종유했다.[58]

　사적(師的) 반열에 허엽이 위치하고 있고, 주된 종유의 대상은 김
근공(金謹恭) 등 이중호(李仲虎)의 문인이다. 이는 김극형의 가학이
화담학에서 연원했음을 보여주는 명거가 된다.
　한편 김계(金繼)의 아들 대는 학통의 변류(變流) 현상이 일어난 것
처럼 보이지만 이 또한 화담학으로 수렴된다. 김계의 세 아들[忠伯·
孝伯·仁伯] 모두 청주에 기반을 둔 이잠(李潛, 1528~1575)의 섬계문
하(剡溪門下)를 출입했다.[59] 이들의 섬계문하 입문 사실은 김재로가

58　尹鑴, 『白湖全書』 卷19, 〈處士金公墓誌〉.

59　『慶州李氏世蹟』(天), 「剡溪先生門人錄座目」, 〈金忠伯〉·〈金孝伯〉·〈金仁伯〉. 이
　에 따르면, 이잠의 문인은 총 71명이며, 往來講學한 22인을 포함하면 학문적
　수수 관계를 가진 인물은 93인에 이른다. 71명의 문인 가운데 문과 4인, 무과

『청풍김씨세보』(庚午譜;1750)를 편찬하면서 가학연원으로 다시금 환기되었다. 71명의 문인 가운데 서울출신[居京]은 김충백·효백·인백 형제가 유일하며, 이들이 어떤 경로로 이잠을 사사하였는지는 자세하지 않다.

이잠은 16세기 중반 청주를 거점으로 보은·제천·문의·연기·목천 등지의 사자들을 대상으로 강학한 은사풍(隱士風)의 학자였다.[60] '능히 스스로 분발하여 힘써 학업이 일찍 이루어졌다[能自奮勵 學業 早成]'라는[61] 표현이 대변하듯 뚜렷한 사승 없이 학자로 성장하여 청주일대의 문풍 진작에 기여했던 것이다.

청주로 가서 은거하며 섬계(剡溪)에 서재를 짓고 향촌의 수재들을 교육함을 본업으로 삼았다. 경사를 가르치며 매 보름에 고과(考課)하였으며 가르침에 법도가 있었다. 이에 원근의 사자들이 풍성을 듣고 모여들어 당숙(黨塾)의 고풍이 있었고, 그 재능에 맞게 성취시킨 자가 백 여인이나 되었다.[62]

6인, 사마 19인, 입격 21인, 南行 6인이 배출되었으며, 사우에 제향된 인물이 3인이었다.

60 이잠과 아들 이득윤의 학자적 생애 및 교육활동에 대해서는 박용만, 「16세기 이잠 부자의 서당운영과 강학활동」, 『고문서연구』 58, 한국고문서학회, 2011, 참조.

61 『慶州李氏世蹟』(天), 〈剡溪先生行錄〉(郡守 任聖周撰).

62 宋近洙, 『立齋集』 卷16, 〈剡溪李公潛墓表〉 "去隱居淸州 闢書齋于剡溪 以敎誨鄕 秀爲事 授以經史 輪月考課 循循有法 於是遠近學子 聞風坌集 蔚然有黨塾古風 隨 材成就者殆百餘人"

이잠과 같은 시기에 청주에 은거하며 강학을 통해 문인을 양성한 또 하나의 학인이 있었다. 바로 화담문인 박지화(朴枝華)였다. 박지화는 서출이라는 신분적 한계 속에서도 박학하고 문장에 능했으며, 이학(理學)으로도 명성이 높았던 인물이다.[63] 특히 서경덕의 도가적 학풍을 계승하여 세인들로부터 신선으로 여겨지기도 했다. 선행 연구에 따르면, 박지화의 문인은 13명으로 파악되며,[64] 그 중에는 허교(許喬;許穆 부), 윤근수(尹根壽), 이대건(李大建), 조존성(趙存性), 이득윤(李得胤) 등 선조~인조연간 관계 및 학계에서 두각을 드러낸 인물이 적지 않았다.

여기서 주목할 것은 섬계(剡溪)·수암(守庵) 양문의 교차성이다. 이득윤은 재종질이자 부친의 섬계문하에서 수학한 이대건(李大建)의 행장에서 그 교차성을 이렇게 기술하고 있다.

경오년(1570) 가을 수암(守庵) 박공 지화(枝華)가 청주의 농서(農墅)로 와서 쉬고 있었는데, 섬계서당과는 10리 쯤 떨어져 있었다. 이에 징사공(徵士公;李潛)께서 문하의 몇 사람으로 하여금 수암에게 가서 배운 바를 질문하게 했다. 공은 논어를 끼고 가서 하루에 한 편씩 강론하여 20여 일이 지나서야 마칠 수 있었다.[65]

---

63 신병주, 앞의 책, 246~248쪽.

64 이동인, 앞의 논문, 103쪽.

65 李得胤, 『西溪集』卷3, 〈贈參判李公大建行狀〉 "庚午秋 守庵朴公枝華 來憩于淸淵農墅 相去剡溪書堂 纔十許里 於是 徵士公令門下數三人 往質所學 公持一部論語 一日講一篇 積二十餘日 乃畢"

이잠의 배려로 수암문하에 입문하여 사승의 스펙트럼을 확장한 인물이 바로 행장의 찬술자인 이득윤과 피전자인 이대건인데, 이득윤은 이잠의 아들이자 학통의 계승자였다.

앞서 이잠은 '뚜렷한 사승이 없이[不由師承]' 독학으로 학문을 이룬 인물로 기술한 바 있다. 그럼에도 그가 이득윤·이대건 등 핵심문인들을 수암문하로 보내 수학하게 한 것을 어떻게 해석할 수 있을까? 그것은 박지화의 뛰어난 학자적 역량은 물론이고 학풍[花潭學風]에 대한 공감의식에 바탕하는 것으로 보는 것이 맞을 것 같다. 아들 이득윤이 서기의 고청문하(孤靑門下)까지 아울러 출입하여 수문으로까지 인식된 사실은 이런 추론에 무게를 실어준다.

이런 정황을 고려할 때, 이잠의 섬계문파는 화담학풍과 연접·교차하는 학문공동체로 규정할 수 있고, 김충백·효백·인백의 섬계문하 출입 또한 이런 시각에서 받아들일 필요가 있다고 본다. 즉, 이들 3형제의 섬계문하 출입은 부친 김계 이래의 화담학풍의 확장적 수용 양상이었던 것이다.[66] 1684년 김인백의 증손 김구(金構)가 용강군수 재임시에 박지화의 『수암유고(守庵遺稿)』를 간행하고,[67] 1778년 6세손 김종후(金鍾厚)가 「섬계문인록(剡溪門人錄)」의 서문을 찬술한 것은 무엇을 뜻하는가? 그것은 화담학풍에 대한 연원의식이 18

---

66 『慶州李氏世蹟』(天), 〈剡溪先生門人錄序文〉(淸風金鍾厚撰).

67 朴枝華, 『守庵遺稿』, 〈守庵先生遺稿序〉(李敏敍撰) "今龍岡守金君士肯 得是編 亟加鋟梓 徵余於序引 其所以收拾表章 欲示久遠者 其意豈偶然哉"; 附錄 〈後識〉(金構撰). 김구는 수암유고의 필사본을 홍문관에서 구했고, 용강군수로 부임하자 손수 교정하여 자비로 간행했다.

세기 후반까지 지속되었음을 의미한다.

김극형(金克亨) 일가의 화담학적 경향성을 가장 잘 보여주는 것은 윤휴와의 교유이다. 윤휴는 민순(閔純)과 서기(徐起)의 문인 윤효전(尹孝全;尹孝先)의 아들이었다. 윤효전은 『화담집』의 '초간발(初刊跋)'(1601), 윤휴는 '중간서(重刊序)'를 찬술하는[68] 등 이들 부자는 화담학의 계승과 천양에 누구보다 열성을 보였다. 주지하다시피 윤휴는 허목(許穆)·허적(許積)과 함께 숙종초 남인정권의 실세로 부상했고, 김극형은 전형적인 서인계 인물이다. 정파적 대척성에도 불구하고 두 사람이 긴밀한 교유관계를 지속할 수 있었던 배경을 설명함에 있어 화담학적 동원의식(同源意識) 외에 별다른 이유와 실마리를 찾기 어렵다.

윤휴와 이해(李澥)의 교유에 있어 매개적 역할을 한 것도 김극형이란 점을 고려할 때, 그가 화담연원과 잠야문파 소통의 핵심 채널이었음은 분명한 것 같다.

> 이 윤휴는 처지가 가난하고 미천하여 공경(公卿) 등 대인들과는 감히 사귈 수가 없었고, 그들 또한 이 미천한 자와 종유하려고 하지 않았지만 우리 상공만은 태숙(泰叔)을 통해 나를 안 지 어언 십여 년이 흘렀습니다. 상공께서는 나를 보시고 반기는 기색이었고, 나 또한 상공이라면 마음으로 좋아하여 그때부터 상공의 집에는 덕이 있는 장자(長者)와 글을 잘하는 이들이 많이 드나들게 되었지요.[69]

---

68 徐敬德, 『花潭集』, 〈花潭先生文集跋〉(尹孝先撰) ; 尹鑴, 『白湖全書』 卷24, 〈重刊花潭集序〉.

김극형과 윤휴의 교계가 언제 그리고 무엇을 계기로 맺어졌는지는 알 수 없다. 다만, '서로 늦게 알았지만 수작하기로는 형과 아우 같았다'[70]고 한 기록에 의거할 때, 효종 연간(1649~1659)으로 추정할 수 있을 뿐이다. 두 사람은 12년의 터울이 있었음에도 그 관계는 자못 도타웠던 것 같다.

아득한 옛날부터 지금에 이르기까지 인물(人物)의 이치, 치란(治亂)의 근원, 크게는 하늘과 땅, 그 다음으로는 인사 관계, 그리고 풍정(風霆)의 변화와 성광(聖狂)의 구분, 또는 경사(經史) 내의 은미한 말들이나 도술(道術)의 연원, 나아가서는 진퇴와 출처에 관한 일, 할 일과 안 할 일, 걱정되는 일과 즐거운 일 등 모든 것들에 대해 서로 토론하고 절차탁마하지 않았던가.[71]

인물(人物) · 치란(治亂) · 경사(經史) · 도술(道術) 등 학문은 물론 진퇴 · 출처 등 처신의 방도에 이르기까지 매사를 토론하며 서로를 권면하는 단계로 발전했던 것이다. 이 과정에서 김극형은 윤휴의 학자, 특히 경세가로서의 입언(立言)의 가치를 알아보고 그 저술을 손수 모았을만큼 믿음과 기대가 깊어졌다.[72]

---

69 尹鑴, 『白湖全書』 卷18, 〈祭李咸陵君文〉.

70 尹鑴, 『白湖全書』 卷18, 〈祭金泰叔文〉 "惟我與公 晚歲相知 乃酬乃酌 乃壎乃篪"

71 尹鑴, 『白湖全書』 卷18, 〈祭金泰叔文〉.

72 김극형은 四七說 및 人心道心說에 있어서는 윤휴의 주장에 동의하지 않았는데, 그의 주장은 『淸風世稿』 卷1, 「沙川遺稿」, 〈與黃世楨論尹鑴四七人道說(癸未)〉, 〈書辨尹說後(癸未)〉에 정리되어 있다.

내가 한 말을 후세에 전할 만하다 하여 나의 모든 저술을 공이 반드시 손수 모았으며, 공은 나를 그렇게 비루하게 여기지 않았고 나는 공을 경외하였다네.[73]

1659년의 기해예송은 두 사람의 동지적 관계를 정점으로 끌어올린 정치적 사건이었다. 윤휴의 '참최3년설'은 서인의 맹공은 물론 같은 남인들로부터도 비난의 대상이 되고 있었다. 당시 자신의 처지를 윤휴는 이렇게 자술한다.

요즘 와서는 또 무단한 말로 남의 입질에 오르게 되어 평소 서로 알고 지내던 사이들도 모두 창을 들고 대들고 있습니다. 심지어는, 해윤(海尹:尹善道)보다 더 독한 마음을 갖고 있다고도 하고, 남곤(南袞)·심정(沈貞)의 신호탄이라고도 하면서 온 세상 사람들이 다 비난하고 있습니다.[74]

이런 곤혹스런 상황에서 당시 화순현감으로 재직하던 김극형은 윤휴의 예설을 적극 지지하며 그 우익을 자처하게 된다. 이는 수사연좌율(收司連坐律)에 걸려들 수 있는 몹시 위험한 행위였다. 바로 이 지점에 김극형에 대한 난망의 은혜가 자리하고 있었다. 이 상황을 윤휴는 또 이렇게 기술한다.

---

73 尹鑴, 『白湖全書』 卷18, 〈祭金泰叔文〉.
74 尹鑴, 『白湖全書』 卷17, 〈答金泰叔克亨〉(庚子).

평소에 친한 벗들도 모두 편지를 보내어 절교하고 논설을 지어 스스로 변명하기도 하여 여러 사람의 눈이 나를 흘겨 보았다. 그런데 유독 나의 늙은 친지 김태숙(金泰叔)이 남해 해읍의 수령[和順縣監]으로 있으면서 나에게 보낸 편지에 "그대의 이 논설은 후대에 성인(聖人)이 나오더라도 그대로 인정해 줄 것이다." 하였다. 또 사람들에게 말하기를 "삼년복을 입어야 한다는 말은 사람마다 말할 수 있는 것이지만 참최삼년을 입어야 한다는 말은 희중(希仲;尹鑴)이 아니면 누가 말할 수 있겠는가."라고 하였는데, 편지를 주고 받은 지 얼마 안 되어 태숙이 세상을 떠났다.[75]

예론과 관련하여 주변의 모든 사람들이 등을 돌리고 질시할 때, 김극형만은 자신의 든든한 외원이 되어준 것에 감사하고 있는 것이다. 위 인용문에서 윤휴가 언급하고 있는 김극형의 서간 원문이 『백호전서(白湖全書)』에 부기되어 있는데, 이를 옮기면 다음과 같다.

지금 형이 허목에게 보낸 편지를 보니 내 뜻과 꼭 맞고 논리가 통절하고 명쾌하여 허목의 주장에 대한 의문을 깨버리는 것은 물론 백세 이후 성인이 다시 나더라도 조금도 흔들림이 없을 논리인 것입니다.[76]

김극형의 '백호지지론'은 '율곡복출론(栗谷復出論)'과 '제갈량비견론(諸葛亮比肩論)'과 혼효되어 두 사람을 곤경에 빠트렸던 것 같다.

---

75 尹鑴, 『白湖全書』卷30, 〈典禮私議〉.
76 尹鑴, 『白湖全書』卷17, 〈金克亨元書〉.

　　윤휴의 친우 김극형이 민정중과 매우 좋게 지내는 사이였는데, 윤휴
를 일컬어 율곡(栗谷)이 다시 나왔다고 했기 때문에, 정중이 인하여 서
로 친하게 사귀게 되었다. 그리하여 효종(孝宗)에게 천거하며 제갈량
(諸葛亮)에게 견주기까지 하면서 직접 임어(臨御)하도록 청하기에 이르
렀다. 이 때문에 성문(聲聞)이 크게 드러났으나 시골에 살면서 행하는
일은 음특(陰慝)한 것이 많았기 때문에 아는 자들은 마음속으로 미워하
였다.[77]

　　김극형이 윤휴에게 보낸 편지가 공개되었을 때 사계문인 이유태
(李惟泰)의 언설은 당시의 심각했던 분위기를 그대로 보여주고 있다.

　　이유태가 김극형의 편지 내용을 듣고서 노하여 말하기를, "이 일에
관해서는 김극형도 함께 목을 베어야겠다."하였다.[78]

　　김극형은 화순현감 임기가 만료되기 직전에 임지에서 사망함으
로써 화망을 빗겨갈 수 있었다. 김극형의 죽음이 윤휴에게 어떤 상
실감을 안겨주었는지는 이경휘(李慶徽)[79]와의 대화에서 직감할 수
있다.

77　『顯宗改修實錄』, 〈顯宗 1年 5月 3日(丁巳)〉 " 鑴友金克亨 與閔鼎重相善 稱鑴以
　　栗谷[李珥號]復出 鼎重因與交親 薦于孝宗 至比諸葛亮 請親臨顧 由是聲聞大著
　　然居鄕行事 多陰慝 知者心惡之"
78　尹鑴, 『白湖全書』, 「年譜」, 〈庚子〉(1660).
79　李慶徽(1617~1669)는 李潛(剡溪)· 朴枝華(守庵) 양문을 출입했던 李大建의 손
　　자이다. 李得胤의 西溪門下에서 수학하여 현종조에 이조판서를 지냈다. 윤휴와
　　는 동갑의 벗으로 화담연원이라는 공통점이 있다.

김태숙(金泰叔)의 서거에 대해 얘기가 나왔는데 군미[君美;李慶徽]가 말하기를, "옛분들에게 듣기만 하던 친구 사이의 도(道)가 맞은 것을 두 분에게서 보고 무슨 일이라도 있으면 두 분이 서로 협력해서 잘 해나가겠다 했더니, 태숙이 그렇게 갑자기 가버릴 줄 누가 생각이나 했겠는가." 하기에 나도 말하기를, "태숙이 죽지 않았더라면 지금 친구들 사이에 옥신각신한 논의에 대해 아마 절반은 바로잡아 주었을 것인데 그가 날 버리고 영원히 가버렸으니 그것이 세상의 불행이 아니고 무엇이겠는가. 짝 잃은 외로운 세상살이 다시는 이 회포를 풀 곳이 없으니 이 역시 내 운명이 궁한 소치가 아니겠는가." 하고서 서로 오래도록 긴 한숨만 쉬었다.[80]

(2) 퇴계연원(退溪淵源) 및 근기남인계

잠야문파에서 퇴계연원에 속하는 인물로는 선약봉(宣若奉)을 꼽을 수 있다. 그의 선대는 호남의 보성(寶城)에 세거 기반이 있었고, 조부 선정달(宣廷達, 1537~미상)은 동향의 퇴계문인 박광전(朴光前)의 문하에서 수학했다. 박광전은 기대승(奇大升)·윤강중(尹剛中)·윤단중(尹端中)·윤흠중(尹欽中)·조대중(趙大中)·송언신(宋言愼) 등과 함께 호남의 대표적 퇴계문인의 한 사람이었다. 그가 퇴계문하에 입문한 것은 1566년 도산서당에서였다. 이 때 이황은『주자서절요(朱子書節要)』를 학문에 입각하는 근기로 삼을 것을 당부하는 한편 돌아갈 때는 그 초본 8책을 증정하며 학업을 면려한 바 있었다.

---

80 尹鑴, 『白湖全書』 卷33, 〈辛巳孟冬書〉.

　병인년 겨울 도산에서 집지하니 선생께서 『주자서절요(朱子書節要)』
를 들고서는 "배움에 입각하는 근기는 여기에 있다"고 하셨다. 고향으
로 돌아가려 할 때 절요(節要) 초본 8책을 주시면서 스스로 수립하여
유속(流俗)에 마음을 빼앗기지 말 것을 당부하셨다.[81]

　이듬해인 1567년에 지은 '후지[朱書節要序後識]'에는 친자(親炙) 문
인으로서의 자부, 사설에 대한 계승의식이 곡진하게 피력되어 있다.[82]

<표 14> 호남권 퇴계문인 : 전거[陶山及門諸賢錄]

• 奇大升(光州)
• 朴光前(寶城) : 洪暹・梁應鼎　門人
• 宋言愼(光州) : 徐敬德　門人
• 梁子徵(光州) : 金麟厚　門人
• 柳希春(海南) : 金安國　門人
• 卜成溫(茂長) : 金麟厚　門人
• 卜成振(茂長) : 金麟厚　門人
• 曹大中(和順)
• 尹剛中(海南) : 尹善道　從祖
• 尹端中(海南) : 　　〃
• 尹欽中(海南) : 　　〃
• 文緯世(長興) : 柳希春　門人

81　『陶山及門諸賢錄』卷2,〈朴光前〉.

82　朴光前, 『竹川集』卷5,〈朱書節要序後識〉"丙寅冬　贄拜于先生　先生曰　自洙泗以
　　還　發前聖所未發者　未有若朱子之得其宗也　以俟　後來於無窮　而眷勉不已　授以八
　　册節要　戒以切勿示人　蓋先生微意　不以纂述自居　而講明旨訣　責勉工程者也　并序
　　敬受　疑者質之　得先生之解　以究其精義　不明不措　薰陶親炙　發深省而知所警　書之
　　于此　庶不孤先生教育之意云爾　嘉靖丁卯二月日　門人朴光前謹識"

선정달이 박광전을 사사한 것은 1558년이었다. 마을의 후생이었던 그가 초사를 배우려 입문하자 박광전은 책 표지에 5언절구를 써 주면서[83] 학연을 맺었고, 이 관계는 1597년 박광전이 사망할 때까지 견고하게 유지되었다.

① 선생은 조양(兆陽;寶城)에서 태어나 만년에 용문(龍門)으로 이주하셨고, 맨 마지막에는 경곡(瓊谷)으로 이거하셨다. 용문은 곧 나와 한 마을로 매우 가까운 곳이었다.[84]

② 문인 선정달이 초사(楚辭)를 배우려하자 선생께서 5언절구를 책의(册衣)에 써주었다.[85]

③ 나는 늘 선생의 가르침을 잘 지켜 잠시도 잊지 않는 지가 오래되었다.[86]

박광전의 천양론과 관련해서는 안방준(安邦俊)의 역할이 강조되어 왔다.[87] 그는 1607년 용산서원(龍山書院)을 건립하여 위패를 봉안하고,[88] 1653년 행장을 찬술하는 과정에서[89] 죽천문하(竹川門下)의

---

83 朴光前, 『竹川集』 卷1, 〈題宣廷達楚辭册〉 "欲學屈子辭 先尋屈子意 君看不病人 那得呻吟似"

84 朴光前, 『竹川集』 卷7, 附錄 〈遺事〉(宣廷達撰) "先生生于兆陽 晚遷龍門 最後移瓊谷龍門 乃與余同里而至近之地也"

85 朴光前, 『竹川集』 卷6, 「年譜」, 〈戊午〉(1558).

86 朴光前, 『竹川集』 卷9, 附錄 〈諸家記述〉(門人宣廷達錄) "余年未弱冠 始學楚辭於先生 先生書五言絕句于册衣日 欲學屈子辭 先尋屈子意 君看不病人 誰得呻吟似余常服膺不失者 久矣"

87 안방준이 박광전을 사사한 것은 11세 때인 1583년이었다(安邦俊, 『隱峯全書』附錄(上), 「年譜」, 〈癸未〉(1583) "就學于竹川朴先生 竹川諱光前 字顯哉 退溪門人 以學行著名 官至翊衛").

88 朴光前, 『竹川集』 卷6, 「年譜」, 〈丁未〉(1607). "建書院于本郡龍山下 龍山 先生

수문으로 부각된 것은 사실이다. 그러나 유문을 수습하고, '유사(遺事)'를 찬술하는 등 천양론의 기초를 마련한 것은 선정달이었다.[90] 따라서 그는 이황 ⇨ 박광전으로 이어지는 호남권 퇴계학통의 정맥을 이은 학인에 손색이 없었다.[91]

한편 1597년 정유재란의 와중에서 선정달은 보성에서 호서의 온양(溫陽)으로 이거하여 학문과 강학에 힘쓰던 중 준재를 얻게 된다. 박지계와 함께 덕산·온양·신창·아산 등 17세기 초반 호서권의 학문적 분위기를 고조시켰던 조익이 그 주인공이다. 『포저집』에는 선정달을 치제한 제문이 실려있는데, 여기서 그는 '선생(先生)'이란 존칭을 쓰고 있다.[92] 조익이 선정달을 사사한 것은 1594년 혼인 이후 처향 신창에 췌거(贅居)하던 때로부터 문과에 합격하던 1602년 무렵까지로 추정된다. 사제는 각기 온양과 신창에 살았지만 산 하나를 사이에 둔 가까운 거리였고, 승사(僧舍)에서의 질의(質疑)·문업(問業)은 조익이 학문의 근기를 다지는 토대가 되었다.[93]

講學之所也 門人牛山安文康公邦俊蘭谷鄭公侮與道內士林 定議創建"

89 安邦俊, 『隱峯全書』 卷4, 〈竹川朴先生行狀〉.

90 朴光前, 『竹川集』 卷7, 附錄 〈遺事〉(宣廷達撰) "余於先生 族疏而情密 義重而恩深 情當一往奠菊 收集遺文 俾無失墜 而干戈阻絶 星霜荏苒 死日已迫 茲用略述其平昔死嘗聞見行蹟 以寄吾永慕之思焉"

91 나주목사(1583~1586)를 지낸 金誠一과 동복현감(1585~1590)을 지낸 金富弼이 선정달과 종유한 것도 퇴계연원으로서의 동지의식과 관련이 깊다(金誠一, 『鶴峯逸稿』 卷1, 〈病中送宣行可西行〉；金富弼, 『雪月堂集』 卷2, 〈翌日與金士純許直仲宣行可登永平南臺〉).

92 『潛冶年譜』〈辛未〉(1631)에는 '조익이 선정달을 先生으로 호칭'한 것을 굳이 기술하는 등 매우 민감하게 반응하고 있으며, 선정달을 退溪門人으로 표기한 것은 오류이다.

조익이 선정달 문하를 출입한 것은 그가 지녔던 문학적 재능에 더해 선대의 세의와 연관이 있었다. 선정달은 1564년 생원시에 입격했는데, 조익의 조부 조간(趙侃)과 외조부 윤춘수(尹春壽)와는 동방의 연이 있었던 것이다.

그렇다면 조익은 선정달을 어떤 학인으로 기억하고 있었을까? 우선 그는 선정달을 '남도의 특출한 인재', '퇴계를 사숙한 학인'으로[94] 기억했다. 여기에 더해 조익에게 선정달은 '부박한 세태에 물들지 않고 고학(古學)에 뜻을 둔 지성(知性)', '자상한 가르침으로 후학을 인도했던 스승[師]', '덕으로서 향당의 존경을 받았던 석덕(碩德)'이었고, 옛사람에게 견주어도 손색이 없는 호걸지사(豪傑之士)였던 것이다.[95]

선정달의 온양에서의 강학 기간은 10여 년에 지나지 않았지만 지역의 문풍, 특히 잠야문파에 미친 영향은 적지 않았던 것 같다.[96] 그 중에서도 선정달의 존재에 더욱 주목한 이는 조극선이었고, 그의 일기에는 선정달 관련 기사가 산견된다.

---

93 趙翼, 『浦渚集』 卷29, 〈祭宣生員廷達文〉 "溫新接壤 一山西東 因緣幸會 得奉下風 伊昔僧舍 從遊數日 質疑問業 多蒙啓發"

94 趙翼, 『浦渚集』 卷29, 〈祭宣生員廷達文〉 "南國之特 私淑退陶"

95 趙翼, 『浦渚集』 卷29, 〈祭宣生員廷達文〉 "世習日薄 唯利是視 孰志古學 … 不倦 于誨 其書滿床 摳衣自遠 有問必詳 行修於家 德尊於鄉 鄉人起敬 子弟知方 陳良北學 學者莫先 古稱豪傑 先生實然"

96 조극선의 일기에는 선정달의 문인으로 아산 출신의 尹復亨이 언급되어 있는데, 이는 아산·온양·신창 일대에 그의 문인들이 적지 않게 존재했음을 말해 준다(趙克善, 『冶谷日錄』, 〈1626年 9月 9日〉 "有尹復亨者居牙山 嘗受學于宣生員廷達云 與之共登東城峻堞之上").

여기에는 선정달의 독특했던 독서법이 소개되어 있을 뿐만 아니라 저술 원고에 대한 관심 등이 잘 드러나 있다.

> ① 기보(基甫;崔自弘)가 말하였다. "선정달(宣廷達) 선생이 말씀하기를, '나는 책을 읽을 때마다 먼저 궤안(几案)을 정돈하고 입을 헹구고 손을 씻어 정신을 가다듬고 자세를 바로 하여 앉는다. 그런 다음에 처음부터 구절구절 자세하게 읽어가며 한편의 뜻을 처음부터 끝까지 통하게 한다. 여러 줄을 읽었는데 뜻이 이어지지 않으면 다시 처음으로 돌아가서 본다. 혹 반을 넘게 읽었어도 한편을 마치지 않았으면 또다시 처음으로 돌아가서 읽는다. 혹 생각이 어지러워 안정할 수 없으면 책을 덮고 단정하게 앉아서 정일(靜 一)할 때까지 기다렸다가 다시 읽는다. 그래서 내가 책 한 권을 읽으면 다른 사람들이 열 번 읽는 만큼의 공부가 된다.'고 했다"고 했다.[97]
>
> ② 저녁에 숙장 계씨께서 오셨다. 선생원의 사고(私藁)를 두고 가셨는데, 일찍이 내가 보기를 바랐던 것이다.[98]

선약봉의 원고를 수령한 조극선은 밤을 새워 완독한 뒤 이튿날 일기에 그 소회를 아래와 같이 적고 있다.

> 선생원(宣生員)의 사고(私藁)를 오늘에야 보았는데 학문의 깊이와 충분(忠憤)의 격렬함이 늠연(凜然)하여 그의 엄연(儼然)한 기상(氣象)을

---

97 趙克善, 『忍齋日錄』, 〈1618年 2月 24日〉.

98 趙克善, 『忍齋日錄』, 〈1618年 閏4月 27日〉 "昏 叔丈李氏來 遺以宣生員私藁 余曾 求之也"

보는 듯하였으니 옛날에도 쉽게 얻을 수 없는 사람이라고 하겠다. 그의 문하에서 직접 가르침을 받으며 모실 수 없는 것이 한스러웠다. 그런데 선생과 같은 분이 끝내 뜻을 품은 채 세상을 떠났으니 하늘의 보답이 어찌된 것인가. 아! 선생은 훌륭한 후손이 있을 것이다.[99]

소회의 골자는 경모와 비감이며, 문하에서 가르침을 입지 못했음을 한탄하는 대목에서는 강렬한 추종의식이 읽힌다. 비록 조극선은 등문하지는 못했지만 이황(李滉) ⇨ 박광전(朴光前) ⇨ 선정달(宣廷達)로 이어지는 퇴계학적 요소는 그 손자를 통해 이어지게 되는데, 조극선이 축원했던 훌륭한 자손이 바로 잠야문하의 동문 선약봉(宣若奉)이다.[100]

잠야문파 내에서 퇴계연원은 아니지만 근기남인계 학인으로 파악되는 인물로는 조송년(趙松年)을 들 수 있다. 그는 조광조의 현손으로 근기남인의 핵심가와 혼척을 맺고 있었는데, 김세렴(金世濂)은 이모부,[101] 유형원(柳馨遠)은 외제(外弟)였다.

또 차녀서 이경현(李景賢)은 선조~인조조 근기남인의 구심점 이원익(李元翼)의 증손,[102] 3녀서 유명천(柳命天)은 숙종조 남인정권의

---

99 趙克善, 『忍齋日錄』, 〈1618年 閏4月 28日〉.

100 박지계는 1631년 3월 18일 4자 朴由寅의 관례 때 姜鶴年을 賓, 선약봉을 贊者로 초빙한 바 있는데, 이는 선약봉에 대한 신뢰를 대변한다(朴知誡, 『潛冶年譜』, 〈辛未〉(1631)).

101 1636~37년 金世濂의 일본 사행 때 조송년이 서신 또는 방문을 통해 情과 禮를 표한 장면이 포착되고, 1648년 김산현감 재직 때는 유형원의 영남 유람에 따른 편의를 제공하기도 했다(金世濂, 『海槎錄』; 김성애, 「실학사상을 담은 최초의 사찬 전국지리지─東國輿地志」, 한국고전번역원, 2019).

당로자로 활동했다는 점에서[103] 그를 둘러싼 사회적 환경은 전형적인 근기남인의 양태를 띄고 있음은 말해준다.

<가계도 4> 문화류씨 가계도 : 趙松年 외가

柳成民	⇨ 欽	⇨ 馨遠
	➡ 女 趙義賢	➡ 松年 ➡ 漢叟
		= 安東 權履中女 ⇨ 渭叟
		⇨ 女 洪受浣
		⇨ 女 李景賢
		⇨ 女 柳命天
	⇨ 女 金世濂	⇨ 弼相

그럼에도 그는 박지계는 물론 김장생의 사계문하까지 아울러 출입하였으며, 1639년 회덕현감 때 제정한 '남전유의(藍田遺議)'를 송준길(宋浚吉)·송규렴(宋奎濂)이 참용하는[104] 등 사계문파와의 소통성도 높았다.

조송년이 잠야문하를 출입한 것은 인조반정(1623)을 전후한 시기로 파악된다. 1629년 조송년은 다소 파격적 제안을 하게 되는데, 구

---

102 김학수, 「李元翼의 학자, 관료적 삶과 조선후기 南人學統에서의 위상」, 『퇴계학보』 133, 퇴계학연구원, 2013.

103 김학수, 「진주유씨 淸聞堂家의 가계와 정치·사회·문화적 전개: 조선후기 近畿南人家의 굴절과 명암」, 『성호학보』 21, 성호학회, 2019.

104 宋奎濂, 『霽月堂集』 卷7, 〈重修鄉約序〉(壬子) "今者同春先生慨然謂余曰 吾鄉之漸就貿貿者 良由檢束無方作成無法 至如飲射讀法之類 亦闕而不擧 無怪乎日趨汚下 盍謀所以修擧振作之道乎 於是搜檢故實 得一册子扁曰藍田遺議者 蓋卽趙侯松年時欲行鄉約 倣呂氏遺制而稍加增損者也 顧其節目有難盡行於倉卒 遂命余姑撮其宜於今而可易行者 作爲約束如左"

혼(求婚)이었다. 즉, 조송년은 박지계의 3자 박유동(朴由東)을 매부로 삼으려는 뜻을 조극선을 통해 전했고, 박지계 또한 이 제안에 적극적으로 반응했다.[105] 어떤 이유에서인지 결과적으로 이 혼인은 성사되지 못했지만[106] 박지계와의 학연을 척연으로까지 확대하고자 했던 조송년의 의지를 읽을 수 있는 대목이다. 나아가 정치적으로는 남인을 표방하면서도 서인[노론·소론계]와도 활발하게 교유했던 정암가(靜庵家;趙光祖家)의 현실 적응 양상과 관련해서도 시사하는 바가 크다. 조송년은 1629년 담양에서 초간된 정구의 『오선생예설분류(五先生禮說分類)』를 박지계에게 증정하고,[107] 조극선 등 잠야문인들과 '심상예법'[108] 및 『심경』에 대해 토론하며[109] 사우관계를 지속한 사실이 제 문헌에서 확인이 된다.

---

105 趙克善, 『冶谷日錄』, 〈1629年 2月 1日〉 "趙別坐松年有妹 方求佳婚 潛冶先生爲 三子由東 欲與締親 頃日俾克善發書而伻往矣 趙汝後亦欲之 奉其母命 躬來商議 昨夕及先生之門 初擬轉向德山以訪余 聞余在此 是日遣使走來 先生亦送人 偕到"

106 박유동은 고성이씨 李晩生의 딸과 혼인함으로써 吳允謙·黃愼·尹煌 등과 함께 우계학통의 핵심을 이룬 申應榘의 생질서가 되었다.

107 趙克善, 『冶谷日錄』, 〈1630年 5月 3日〉 "是日雲峯李伯瞻貽書 遺節扇上中下品各 一把 書末又言五先生禮說 開刊于潭陽 兄若聞知 必欲覓見 故爲兄方圖印送矣 蓋 此書新刊 趙汝後印送于潛冶先生"

108 趙克善, 『冶谷日錄』, 〈1631年 4月 22日〉 "向見趙汝後問爲師心喪朞者 未之有聞 其例如何 朴先生以爲宜食肉 而不與宴樂如何 汝後曰 以余所見 行心服朞者亦有 之 例不食肉云云"

109 趙克善, 『冶谷日錄』, 〈1632年 12月 14日〉 "朝李侍直家送酒共飮于汝後 見邀乃往 汝後 將心經討論 仍命沽酒以同飮"

3. 사문현양론에 나타난 잠야학통의 계승 양상
: 문집간행 및 증직·증시론

1) 현양론 개관

박지계 현양론의 단초를 연 것은 사후 33년만인 1668년에 이루어진 인산서원(仁山書院) 추배였다. 인산서원은 조선 최초의 5현 서원으로서 도학적 권위가 높았던 것은 사실이다. 하지만 당시의 추배는 이지함(李之菡)·홍가신(洪可臣)·이덕민(李德敏)과 함께 이루어졌다는 점에서 박지계에 초점이 맞춰지는 의식도 아니었다.

더욱 유념할 것은 인산서원 추배 이후 어떤 형태의 원향론, 특히 주향처 건립을 위한 시도가 없었던 것은 잠야학통의 후대적 확장의 걸림돌이 되었음은 분명한 것 같다. 이런 추세 속에서 17세기 후반인 숙종 중반기에 이르면 박세채(朴世采)를 중심으로 문집 간행론이 구체화되면서 현양론에 촉매와 같은 역할을 했고, 그 후 영조 연간에는 증직(贈職)·증시론(贈諡論)으로 확장되어 현양론의 대미를 장식하게 된다.

숙종~영조 연간에 전개된 현양론의 발론 및 추진 주체를 살펴보면 앞에서 언급한 고제집단과 거의 일치함을 알 수 있다. ①숙종조의 문집 간행 및 증직·증시론[제1차]은 박세채, 김유(金楺), ②영조조의 증직·증시론[제2차]는 김재로(金在魯) 등, 1761년의 제1차 문집간행론 원경순(元景淳), 1766년 제2차 문집간행론 박명양(朴鳴陽)·김상로(金尙魯)·김종후(金鍾厚) 등이 주도했다. ①박세채는 원두추의 사위였고, ②김유는 김극형의 손자이자 이의길의 외손자였으며,

<표 15> 박지계 현양론 전개 과정 및 주체 세력

▫ 가장 : 閔光熽

▫ 문집 수정 및 편정론 : 朴世采·金楺

▫ 1차 증직 및 증시론(1699년) : 金楺

▫ 2차 증직 및 증시론(1740년) : 金在魯
  • 증직(吏曹判書) : 1740년
  • 증시(文穆公)   : 1742년
  • 시장   : 朴弼周(찬술)

▫ 문집간행론(1차) : 1761년
  • 주관 : 元景淳(전라감사)
  • 비고 : 미간행

▫ 문집간행론(2차) : 1766년
  • 주관 : 朴鳴陽(박지계 5세손)
  • 교정 : 金尙魯·朴聖源·金鍾厚
  • 비고 : 藝閣活字

▫ 비고 : 현양론 주도 淵源家
  • 朴東亮家 : 朴世采(元斗樞 사위)/朴弼周(朴世采 종증손)
  • 金克亨家 : 金楺·金在魯·金尙魯·金鍾厚
  • 元斗杓家 : 元景淳(元斗杓 현손)
  • 朴承休家 : 朴聖源(잠야문인 朴承休 종증손)

③김재로·상로·종후는 김극형의 증손 또는 5세손이었으며, ④원
경순은 원두표의 현손이었다. 이는 박지계 현양론의 주체세력이
원두표(元斗杓)·두추(斗樞) 형제 및 김극형(金克亨)·이의길(李義吉)의
내외 자손이었음을 뜻하며, 이들 네 4문인이 잠야문파의 고제였음
은 전술한 바와 같다.

2) 문집 편정론(編定論)과 제1차 증질·증시론
: 박세채(朴世采)·김유(金楺)를 중심으로

『잠야집』 편간론이 표면화 된 것은 1690년경이었다. 당초 유문을 수습하여 편찬의 초기 작업을 담당한 것은 박세채 문인 김간(金榦)이었다.[110] 사실상 『잠야집』 편간을 기획하고 그에게 임무를 맡긴 것은 박세채로 짐작된다. 그러나 어떤 이유에서인지 수정·교열 등 제반 절차가 원활하게 진행되지 못하고 시일을 끌게 되자 박세채가 전면에 나서게 된 것이다.

> 듣자하니, 잠야유고(潛冶遺藁)를 교정한다고 하는데, 그 공정이 지금 어느 단계에 이르렀습니까? 몹시 염려가 됩니다.[111]

박세채는 어떤 배경에서 잠야현양론의 전면에 나서게 된 것일까? 우선 그는 잠야고제 원두추의 사위라는 점[112] 외에도 조위한·권필 등 박지계와 매우 긴밀했던 인사들과 깊이 연관되어 있었다.

---

110 金榦은 剌溪門人 金忠伯의 증손으로 金楺에게는 3종형이 된다.

111 朴世采, 『南溪集』 卷33, 〈答金士直楺〉(庚午:1690) "聞校潛冶遺藁 其役果到幾分耶 殊以爲慮慮"

112 金榦은 박세채 행장에서 배위를 '朴潛冶門人府尹斗樞之女'로 기술했는데, 박지계와의 관계성을 극대화하기 위한 서술 형태로 파악된다(金榦, 『厚齋集』 卷44, 〈文純公南溪先生行狀〉).

<표 16> 박세채와 잠야문파와의 학통적 상관성

朴知誠

⇩

元斗樞

⇩

趙緯韓 ⇨ 朴世采 ⇦ 權鞸

조위한은 박지계와 더불어 '서로 존경하고 인정함이 특별했던[慕許特至]'[113] 인물 가운데 한 사람이고, 권필은 박지계의 지우이자 문인이었다. 특히 조위한과는 출계·입양에 의해 약 14년 동안 조손(祖孫) 관계를 유지한 바도 있었다. 박세채는 1631년 출생과 동시에 숙부 박유(朴濰)를 계후했는데, 박유의 처부가 곧 조위한이었다. 출계 이후 박세채는 양외가인 조위한의 집에서 14세 때까지 거주하다 백형 박세래(朴世來)의 죽음으로 인해 생부 박의(朴猗)의 후사로 회귀하였다. 그 14년 동안 박세채는 조위한을 시측하는 과정에서 많은 가르침을 입었는데, '조위한묘표[玄谷趙公墓表]'에서 자신을 '문하소자반남박세채(門下小子潘南朴世采)'로 기명한 것에서도[114] 관계를 충분히 짐작할 수 있다.

---

113 朴世采, 『南溪集』續集 卷22, 〈知中樞玄谷先生趙公墓表〉 "與金沙溪長生朴潛冶知誠相善 慕許特至"

114 朴世采, 『南溪集』續集 卷22, 〈知中樞玄谷先生趙公墓表〉 "世采幼出繼公壻朴公 鞠于公家殆十餘年 常侍筆研 後雖不免歸宗 愈切感慕 顧其盛業卓行 不可泯沒于後 玆以公孫得重請 掇其大略 俾刻之墓石 少效區區平日之忱云 歲玄默涒灘八月甲午 門下小子潘南朴世采謹述"

<표 17> 박세채가 찬술한 잠야문인 묘도문자

- 원두표 묘지명[議政府左議政原平府院君元公墓誌銘](1676)
- 원두추 묘갈명[廣州府尹贈左贊成元公墓碣銘](1684)
- 김극형 묘갈명[工曹正郎贈戶曹參判金公墓碣銘](1685)
- 조극선 묘지명[司憲府掌令贈吏曹參議冶谷趙公墓誌銘](1690)
- 이의길 묘갈명[敬陵參奉李公墓碣銘](1691)

잠야문파와의 척연·학연성은 박세채가 문파 제인의 묘도문자를
찬술하는 배경이 되었다. 당초 그는『잠야집』수윤(修潤)은 물론 '잠
야행장'까지 찬술하여 문헌과 사적을 완비하려 했으나 실현되지 못
했고,[115] 1742년 박필주(朴弼周)가 찬술한 '시장(諡狀)'의 대본은 민광
소(閔光熽)가 지은 '가장(家狀)'이었다.[116]

위 표에 따르면 박세채는 1676년부터 1691년까지 15년 동안 5편
의 잠야문인 관련 묘도문자를 찬술했는데, 원두표·원두추·김극형·
조극선·이의길 등 모두 문하에서 손꼽히는 고제들이었다. 윤휴(尹
鑴)의 전언에 따르면, 특히 김극형은 김유의 조부이기도 했지만 박
세채에 대한 기대가 자못 컸던 것으로 확인된다.

다시 바라거니와 고명께서는 처음 먹었던 마음을 더욱 가다듬고 묵
은 때를 세탁하고 담금질을 하여 지난날 끈적끈적한 속에 얽혀 있던 그

---

115 金楺,『儉齋集』卷6,〈與崔相國錫鼎〉(己卯;1699)"先師晚來必欲撰次其行狀 整
理其遺文 待時以發 而皆未及焉"

116 朴知誡,『潛冶集』卷10, 附錄〈諡狀〉(朴弼周撰)"謹取先生門人閔光熽 所撰家狀
參以遺集諸書 隳栝如右 以諗於太常氏云"

시절을 되풀이 말고 굳건하고 독실하고 빛나는 경지에까지 꼭 이르도록
노력하여 이 사람 한평생 사모하는 정성에 큰 위안을 주도록 하십시요.
또 그렇게 하는 것이 바로 지금은 영원히 가고 없는 우리 태숙(泰叔;金
克亨)이 화숙에게 바라던 것이기도 합니다.[117]

김간의 미온적 태도에 불만이 컸던 박세채는 역시 자신의 문인인
김유를 통해 편정 작업을 속개하게 된다. 이 과정에서 박세채가 우
려했던 것은 김장생에 의해 반박 또는 변파된 것으로 알려진 제 예
설에 대한 박지계의 만년 입장이었다.[118] 이에 의혹에 대해 김유는
다음과 같이 해명한다.

잠야집 가운데 예변(禮辨)은 거의 권질(卷帙)을 이루었으며, 사계(沙
溪)의 설을 변파한 것이 더욱 많습니다. 종이가 없어 전사할 수가 없어
본고(本藁)를 보내드리니 살펴보신 뒤에 전에 보내드린 근사록(近思錄)
과 함께 돌려주셨으면 합니다. … 대개 장릉(長陵;仁祖)의 전례(典禮)는
진실로 잠야문파의 막대한 시비였고, 더욱이 외왕부[李義吉]께서 처음
으로 발론한 것이므로 선생의 심오한 검토와 명백한 변론을 얻어서 따
를지 말지를 정하게 된다면 참으로 후학들에게는 다행스러운 일이 될
것입니다.[119]

---

117 尹鑴, 『白湖全書』 卷17, 〈答朴和叔世采〉(癸卯;1663).

118 朴世采, 『南溪集』 卷33, 〈答金士直楺〉(辛未;1691) "潛冶文集之役 今到何許 其
議禮疏所引爲君之父母疏義及諸侯奪宗衛輒禰祖等說 皆爲沙溪諸公所卞破 恐其
卞破者爲是 此後冶老亦終守己見耶 抑有他說可以相發者耶 竊願聞之耳"

119 金楺, 『儉齋集』 卷6, 〈上南溪朴先生〉(辛未;1691).

김유의 태도는 이처럼 단호했고, 박세채의 고변(考辨)만을 수용하겠다는 입장을 고수했다. 이후에도 『잠야집』 편정에 따른 두 사제의 논의는 계속 이어졌고, 유문의 추가 수습의 필요성도 제기되었다.

> 잠야집을 한번 살펴보니 아직도 미진한 곳이 있습니다. 다시금 친구들에게서 유문을 수집하고자 하지만 이 일은 선생님[박세채]을 뵙고 말씀드려야 하는 것이므로 미처 착수하지는 못하고 있습니다.[120]

이런 과정을 거치면서 박세채는 『잠야집』의 고본을 수윤하는 가운데 행장까지 찬술하려 했으나 1695년 사망함으로써 당초의 계획이 완수되지는 못했다. 박세채의 사망으로 유문의 추가 수습 및 수윤 또한 일단락 된 것 같고 정고본(定稿本)은 호우(湖右)에 거주했던 증손 박여망(朴汝望, 1655~1695)이 소장하게 되었다. 그러나 박여망 또한 1695년에 사망하자 부인 윤씨가 이를 간수하면서 외부 반출을 극도로 꺼렸다고 한다. 이에 김유는 자신의 뜻을 간곡하에 피력하여 정고본을 찾아온 다음 동문 이세필(李世弼)에게 보내 검토를 요청했는데,[121] 이때가 1708년(숙종 34)이었다. 즉, 김유는 박세채의 수윤을 거친 정고본을 지속적으로 수정·보완했던 것 같고 그런 노력은 사망하던 1719년까지 이어졌을 것으로 생각된다.

한편 김유는 『잠야집』 정고본이 체례(體例)를 갖춘지 약 5년째 되던 1699년 증직·증시론을 점화하며 현양론을 이끌게 된다. 주요 논

---

120 金楺, 『儉齋集』 卷6, 〈上南溪朴先生〉(壬申 ; 1692).
121 金楺, 『儉齋集』 卷6, 〈答李君輔〉(戊子 ; 1708).

의 대상은 좌의정 최석정(崔錫鼎)이었는데, 그는 잠야문인 함릉군 이해(李澥)의 외손자였던 것이다. 김유는 최석정에게 장문의 서간을 보내 증직·증시를 적극 주선해줄 것을 요청했는데, 일종의 강력한 압박이었다.

먼저 그는 도학(道學)과 덕의(德誼)로 볼 때 박지계는 '백세지사(百世之師)'와 '성대진유(聖代眞儒)'로서 손색이 없다고 주장한다.[122] 다만, 여타 유현에 비해 현양이 지연된 것은 현달한 문인의 부재에서 기인하는 것으로 진단했다.[123] 박지계가 최명길의 지우를 입었고, 이해가 외조부라는 점을 고려할 때,[124] 마땅히 최석정이 현양론의 주체가 되어야 한다는 논리로서 권유·압박했던 것이다.[125]

> 군주를 보필하는 여가에 선생의 행적을 어전에 진달하여 증질(增秩)·역명(易名;贈諡)의 은전이 내리게 한다면 이는 후생의 다행일뿐더러 실로 사림의 대행이 될 것입니다.[126]

---

122 金楺, 『儉齋集』 卷6, 〈與崔相國錫鼎〉(己卯;1699) "潛冶朴先生之道學德誼 非執事之所深知乎 其文理密察處 固未知與前輩何如 而其盛大敦厚 則有不可與繳繞文義而不顧本實者 比而同之 要之爲百世之師 而聖代之眞儒也"

123 金楺, 『儉齋集』 卷6, 〈與崔相國錫鼎〉(己卯;1699) "獨先生門下諸公 不幸無進用於當世者 未克襃揚徽烈 以示來世 有志之士 亦未嘗不痛恨於此也"

124 최석정은 외조 李澥의 墓表陰記에서도 박지계와의 사승을 분명하게 언급하고 있다(崔錫鼎, 『明谷集』 卷28, 〈外祖咸陵府院君李公墓表陰記〉 "資魁梧器沈凝 心正大識高明 惟孝友稟至性 師潛冶夙有聞").

125 金楺, 『儉齋集』 卷6, 〈與崔相國錫鼎〉(己卯;1699) "先生平日受知於先完城相公寘深 咸陵原平兩相公與楺之先大父 皆其門人 而執事又爲咸陵之所自出 則伏想我執事之心 殆與楺異勢而同符矣 窃見執事方尊顯於朝 主張斯文之責 將歸於誰"

126 金楺, 『儉齋集』 卷6, 〈與崔相國錫鼎〉(己卯;1699) "啓沃之暇 儻以先生行跡 一陳

김유는 서간의 말미에 묘한 뉘앙스의 언급을 덧붙인다.

만약 대감께서 저의 제안에 동의하지 않으신다면 서신의 내용을 비밀로 해주시는 것이 어떻겠습니까? 요즘 세상은 너무도 쉽사리 지목되는 일이 잦은데, 공연히 허다한 비방을 일으키는 빌미가 될까 염려되기 때문입니다.[127]

현양론을 신속하게 전개하기 위해서는 대 국왕 주달이 가능한 재상의 직함은 매우 긴요할 수 있었다. 그럼에도 위 인용문을 덧붙인 것은 최석정에 대한 모종의 불신감과 관련이 있다. 그것은 최석정의 저술 『예기유편(禮記類編)』과 관련되어 있었다. 『예기유편(禮記類編)』은 1709년에 공간되어 파장을 일으키게 되지만 김유는 그 이전부터 이 책의 편찬 과정 및 내용을 파악하고 있었다. 공간 한 해 전인 1704년 이세필에게 보낸 서간에는 『예기유편(禮記類編)』의 문제점이 조목조목 피력되어 있다.[128] 즉, 김유는 『예기유편(禮記類編)』이 지니고 있는 주자학에 대한 입의성(立異性)을 용인할 수 없었다. 주자를 존신했던 잠야문파의 입장에서 볼 때, 최석정은 주자와 박지계의 반졸(叛卒;사상적 배신자)로 규탄될 수 있는 여지가 컸던 것이다. 실제 최석정은 박지계 현양과 관련하여 어떤 건의도 하지 않

　　於冕旒之下　俾得蒙增秩易名之典　則豈惟區區後生之幸　實亦士林之大幸"
127　金楺, 『儉齋集』 卷6, 〈與崔相國錫鼎〉(己卯;1699) "若台意不以爲可則亦須秘之
　　如何　今世事易致指目　恐爲多謗之一助也"
128　金楺, 『儉齋集』 卷6, 〈答李君輔〉(戊子;1708).

았고, 이로써 제1차 증직·증시론은 내부적 논의 단계에서 그치게
된다.

3) 제2차 증직·증시론과 문집간행론
: 김재로(金在魯)·원경순(元景淳)을 중심으로

1740년에 추진된 제2차 증직·증시론의 주론자는 시임 영의정 김
재로였다. 그는 김극형의 증손으로 최석정을 통해 증직·증시론을
전개하고자 했던 김유의 조카였다.

> 고(故) 징사(徵士) 박지계(朴知誠)에게 증직(贈職)하고 증시(贈諡)할
> 것을 명하였는데, 영의정 김재로(金在魯)가 청한 것이었다. … 임금이
> 두 대신(大臣)에게 하문하니, 송인명·조현명 등이 아뢰기를, "듣건대,
> 행실이 독실한 선비였다고 하는데, 마땅히 그 사람이 어질었는지의 여
> 부를 논해야 마땅하며, 예론(禮論)이 합당한지 여부를 논하는 것은 부
> 당합니다." 하니, 임금이 드디어 허락하였다. 이는 김재로의 선조[김극
> 형]가 박지계에게 수업했기 때문에 김재로가 이와 같이 극력으로 청한
> 것이었다.[129]

김재로의 건의는 즉시 수용되어 이조판서에 추증됨으로써 증시
대상자로서의 자격을 획득하게 되었다. 이는 박지계 사후 105년 뒤
에 이루어진 국가적 포증인데, 김장생·장현광 등에 비추어볼 때,

---

[129] 『英祖實錄』, 〈英祖 16年 11月 20日(丁亥)〉.

매우 뒤늦은 것이었다.[130]

사관들은 김재로가 제기한 현양론을 잠야연원가의 계승의식과 연관지어 기술하고 있다. 이는 18세기 중엽까지도 연원의식이 작동하고 있었음을 반증하는 것인데, 김극형·원두표가 대표적 문인으로 거론되는 것은 자손들의 정치적 위상을 여실히 반영하는 것이다.

> 박지계는 학문이 독실하고 조행(操行)을 가다듬어 성명(盛名)이 있었다. … 김재로의 조부 김극형(金克亨)과 원경하(元景夏)의 조부 원두표(元斗杓)가 모두 그의 문인이었기 때문에 김재로가 연석에서 그 덕행을 아뢰어 절혜(節惠;贈諡)의 은전을 더하고 이조판서로 증직할 것을 청했던 것이다.[131]

잠야문파에 대한 김재로의 계승의식은 1741년 8월 영조와의 문답에서도 그 일단을 살펴볼 수 있다. 영조의 하문에 대한 막힘없는 답변은 잠야문파에 대한 폭넓은 인식의 결과라 하겠다.

> 상이 이르기를, "조극선(趙克善)은 누구인가?" 하니, 김재로가 아뢰기를, "고(故) 유신(儒臣) 박지계(朴知誡)의 문인으로, 남대(南臺)를 통해 진선(進善)이 되었습니다." 하였다. 상이 이르기를, "박세무(朴世茂)는 누구인가?" 하니, 김재로가 아뢰기를, "『동몽선습(童蒙先習)』을 찬집한 사람입니다." 하였다. 상이 이르기를, "이의길(李義吉)은 누구인

---

130 장현광은 1657년에 영의정에 추증되어 文康[道德博聞 淵源流通]의 시호가, 김장생 또한 동년에 영의정에 추증되어 文元[道德博聞 主義行德]의 시호가 내렸다.

131 『英祖實錄』, 〈英祖 18年 12月 14日(己亥)〉.

가?" 하니, 김재로가 아뢰기를, "신의 아버지의 외조부입니다. 이름이 천망에 올랐고 덕과 학문이 있습니다." 하였다.[132]

한편 박지계에게 '문목[文穆;道德博文曰文 布德執義曰穆]'의 시호가 내린 것은 1742년 12월 14일이다. 1740년 11월 증시가 확정되고도 2년을 더 소요한 것은 '시장'의 찬술로부터 시작되는 증시행정의 절차 때문이었다. 시장은 박지계의 현손 박진규(朴晉揆), 5세손 박명양(朴鳴陽)·박정양(朴挺陽)의 요청으로 박필주가 찬술했다.[133]

증직·증시론의 실현은 잠야연원가의 결속을 강화하며 문집간행을 추진하는 동력이 되기에 충분했다. 원두표·김극형 등 잠야고제의 자손들이 구축하고 있었던 정치사회적 위상 또한 '사문사업(師門事業)'을 효율적으로 수행할 수 있는 토대가 되었다. 문집 간행에 있어 그 역할을 자임했던 것은 원두표의 현손 원경순(元景淳)이었다. 그는 1761년 전라감사로 부임하면서 박세채가 수윤한 정고본을 대본으로 하여 간역을 추진하였으나 1763년 임기를 만료할 때까지 완수하지 못하게 된다.[134] 하지만 그는 감사에서 물러난 뒤에도 재정지원을 통해 간역의 동력을 유지시키는 등 성혈을 다하다[135] 1765년

---

132 『承政院日記』, 〈英祖 17年 8月 1日(癸巳)〉.

133 朴知誡, 『潛冶集』 卷10, 附錄 〈文穆潛冶先生朴公諡狀〉. 그런데 이 시장은 박필주의 문집 『黎湖集』에는 누락되어 있다. 박필주는 박세채의 從兄 朴世橋의 손자이다.

134 朴知誡, 『潛冶集』, 〈潛冶集跋〉(朴鳴陽撰). "何幸元侯景淳 以先生侯芭之裔 頃按湖藩 嘅然自當以繡梓之役 適値時屈 旣始中輟"

135 朴知誡, 『潛冶集』, 〈潛冶集跋〉(朴鳴陽撰) "及其報瓜 損廩相役 其念先之誼 嚮德之誠 非今世人也"

에 사망하게 된다. 이에 박지계의 5세손 박명양이 간역을 주관하면서 기존 정고본의 미진한 부분을 수정·보완하여 1766년 운각활자(芸閣活字;芸閣印書體字)로 간행하게 된다.[136] 이때 교정에 참여한 사람은 김상로(金尙魯)·박성원(朴聖源)·김종후(金鍾厚)였다. 김상로[김극형 증손]는 박세채를 도와 정고본을 만드는데 기여했던 김유의 아들이고, 김종후는 김극형의 5세손이며, 박성원은 잠야문인 박승휴(朴承休)의 종손이었다. 여기서 증직·증시론, 문집간행론 등 박지계 현양론에 있어 김극형 일가의 역할을 다시 한번 확인하게 되는데, 운각활자를 사용할 수 있었던 것도[137] 이들의 후원과 깊은 관련이 있을 것으로 생각된다.

4. 맺음말

박지계의 문인집단인 잠야문파는 공간적으로 서울[近畿]과 호서(湖西)를 거점으로 형성된 학문공동체였고, 인적 구성의 근간은 인

---

136 朴知誡, 『潛冶集』, 〈潛冶集跋〉(朴鳴陽撰) "是集也曾經南溪朴文純公修潤 而尙有 未卒者 復就校于奉朝賀金公尙魯朴諭善聖源金洗馬鍾厚 證 訛取簡 始克成編 疏 書禮辨及箚錄 合爲十編 用芸館活字印出"

137 閣印書體字로 간행한 문집으로는 『文谷集』(金壽恒;1699), 『夢窩集』(金昌集; 1758), 『農巖集』(金昌協), 『弘齋全書』(正祖), 『樂全堂集』(申翊聖), 『月谷集』(吳瑗), 『江漢集』(黃景源;1790), 『渼湖集』(金元行;1799), 『貞菴集』(閔遇洙) 등이 있다. 안동김씨[金尙憲家], 평산신씨[申欽家], 해주오씨[吳斗寅家], 여흥민씨[閔維重家] 등 노론계 권력가의 문집이 대부분임을 알 수 있다.

척성과 훈척성이었다. 인척성은 이의길(李義吉)·변호길(邊虎吉)·권사(權諰)·민광소(閔光熽) 등 문파 내에서 상당한 비중을 지녔던 문인들이 박지계와 그 형제들의 사위라는 사실에서 확인할 수 있었고, 훈척성은 대변하는 문인은 이해(李澥)·원두표(元斗杓)였다. 특히 훈척성은 잠야문파가 최명길(崔鳴吉)·장유(張維) 등 인조반정 주체세력들과 호혜적 관계망을 구축하는 배경으로 작용했다.

제 문인록에 따르면, 박지계의 문인은 40명으로 집계된다. 이는 동시대의 기호 및 영남학계를 대표했던 김장생의 사계문파(沙溪門派), 장현광의 여헌문파(旅軒門派)에 비해 매우 작은 규모였다. 이는 '불유사승(不由師承)'에서 포착되는 사승관계의 부재, 관계의 확장성보다는 폐쇄성에 무게를 두었던 박지계의 학자적 처신과 관련이 깊어 보이며, 규모의 열세를 박지계의 인격 및 학문과 결부시켜 평가하기에는 성급한 점이 없지 않다.

17세기 학계의 '수렴'과 '재편'이라는 구조 속에서 볼 때, 잠야문파는 '우율학(牛栗學)'을 근간으로 하여 '화담학(花潭學)'과 '퇴계학(退溪學)'을 수렴한 체계로 규정할 수 있고, 재편의 요체에 대해서는 추가적인 연구를 통해 해명할 계획에 있다.

한편 잠야문파는 18세기 이후까지 문파적 공동체론에 바탕한 계승의식을 유지하고 있었는가에 대한 질문에 답하기는 쉽지 않다. 다만, 사문현양론과 관련하여 박세채(朴世采) ⇨ 김유(金楺) ⇨ 김재로(金在魯)·김상로(金尙魯) ⇨ 김종후(金鍾厚)·원경순(元景淳)으로 이어지는 역할을 고려할 때, 계승론을 주도한 것은 이의길(李義吉)·김극형(金克亨)·원두표(元斗杓)·원두추(元斗樞)의 내외손이었음이 확인되었다. 이는 박지계가 일부 고제들의 가학연원으로 인식되었음을 반증하는 것으로서 잠야학의 18세기적 계승양상을 추적할 수 있는 실마리가 된다.

그럼에도 해명이 어려운 난제는 산적해 있다. 고제의 한 사람인 권시 일가는 왜 남인을 표방했고, 현양론을 주도했던 청풍김씨 일가[김재로·김상로·김종후]는 어떤 배경에서 낙론(洛論)의 핵심을 이루었는가? 후일 대체로 소론계로 좌정하는 잠야문파에서 남인과 낙론의 핵심층이 배출되고, 또 그들이 박지계에 대한 연원의식을 강고하게 유지한 사실을 어떻게 설명해야 하는가? 이점에서 본고는 해명보다는 의문점만 다발시킴으로써 분명한 한계를 안고 있지만 연구의 시각 확대를 제언하고 있다는 점에서 성과 또한 작지 않다.

이 글은 『한국사상사학』(81, 한국사상사학회, 2025.12.31.)에
수록된 「潛冶門派의 형성과 계승 : 수렴과 재편」을
수정·보완한 것이다.

제 2 부

잠야 박지계의 학문정신과 성리철학

잠야 박지계의 생애와 학문정신

구시(求是)·본실(本實) 정신을 중심으로

최영성

1. 머리말

잠야(潛冶) 박지계(朴知誡, 1573~1635)는 17세기 초엽의 산림학자(山林學者)다. 1623년 인조반정 이후 '숭용산림(崇用山林)'을 표방한 집권 서인 측에 의해 유일(遺逸)로 등용되었다.[1] 17세기 중엽만 하더라도 40년을 축덕(蓄德)한 산림학자 박지계의 명성과 위상이 대단하였으나 오늘날에는 크게 조명을 받지 못하고 있다. 그 이유는 있을 것이다.

박지계는 인조의 생부 정원군(定遠君)을 왕으로 추숭하는 과정에

---

[1] 여기에는 박지계의 문인 元斗杓(1593~1664)의 배경이 작용했을 것으로 짐작한다. 원두표는 인조반정의 元勳으로 靖社功臣 2등에 책록되고 原平府院君에 봉해졌다. 나중에 벼슬이 좌의정에 이르렀다.

서, 추숭의 논리와 근거를 제공하였다. 이 때문에 사림으로부터 임금의 뜻에 영합했다는 비판을 오래도록 받아왔다. 『인조실록』에 실린 졸기(卒記)는 다음과 같다.

> 전 승지 박지계가 죽었다. 주상께서 그가 일찍이 시종(侍從)을 지냈다 하여 별도로 부의를 보내고, 본도로 하여금 조묘군(造墓軍)을 내려주도록 하였다. 박지계는 옛날 서적을 읽고 조행(操行)이 있었지만, **학문이 자못 편벽되고 자신(自信)이 너무 지나쳤다**. 계해년(1623)에 징사(徵士)로 지평에 임명되어 사묘(私廟)를 추숭(追崇)하라는 상소를 가장 먼저 올렸는데, 이귀(李貴)·최명길과 일치하였다. 추숭의 전례가 이루어지자 최명길 등이 번갈아 추천하였다. 주상께서도 그에게 마음이 기울어 승지로 발탁하여 임명하였는데, 이때 이르러 죽었다.[2]

'학문이 편벽되었다'라는 사신평(史臣評)은 당시의 여론을 반영한 것이었다. 당시 산림 출신의 학자가 산림으로부터 비판받으면 그 여파(餘波)가 간단하지 않았다.

『승정원일기』에 보면, 인조 23년(1645)에 비변사에서 올린 계목(啓目)에 택당(澤堂) 이식(李植, 1584~1647)의 말이 인용되어 있다. 관리를 잘못 추천했을 때 가볍게라도 그 책임을 물어야 하며, 천거에 관한 명문 규정을 만들어야 한다는 내용이다. 그 가운데 "추천자[擧主]가 천거를 잘못한 죄를 논한다면, 틀림없이 박지계 같은 사람을 천거한 것으로써 할 것이다(擧主論以誤薦之罪, 則必以如朴知誡者薦之)"[3]

---

2 『인조실록』, 13년(1635) 7월 22일 庚午條.

라는 대목이 주목된다. 사람을 잘못 추천한 대표적인 사례로 박지계를 들고 있는 것이다. 이식의 이 말에 대해 인조는 "비변사에서 청한 내용에 일리가 있는 듯하다. 이대로 시행하라"라고 언급할 뿐이었다.

박지계가 세상을 떠난 지 10년가량 된 시점에, 오천(誤薦)의 대표적인 사례로 든 것은 예삿일은 아니다. 일차적으로 이식의 견해일 수 있지만, 당시 박지계에 대한 사림의 여론이 어떠하였는지를 알려 주는 것이라고 하겠다. 박지계의 문인 조극선(趙克善, 1595~1658)이 스승에 대한 제문에서 '뭇사람이 매우 꺼렸다(衆所深忌)', '뭇사람이 성을 내며 눈을 부릅떴다(羣怒睢恣)'[4] 운운한 것은 이런 배경을 넌지시 에둘러 말한 것이다.

사정이 이렇다 보니 영조 18년(1742)에 가서야 '문목(文穆)'이란 시호가 내려졌다. 박지계가 세상을 떠난 지 1백 년을 약간 지난 시점이었다. 그것도 학문 연원상으로 연결 고리가 있는 김재로(金在魯) 등의 주청에 의한 것이었다.[5] 물론 몰후 33년이 된 1668년에 아산의 인산서원(仁山書院)에 추향[6]되는 등 중간 평가가 이루어지기는 했지

3　『承政院日記』 제90책, 인조 23년(1645) 2월 12일 乙丑條 참조. 이 인용문을 한국고전번역원 번역, 『승정원일기』에서는 "잘못 천거한 죄로 천거한 사람을 논한다면 반드시 박지계 같은 자를 천거할 것이며…"라고 하여 무슨 말인지 알 수 없게 하였다.

4　趙克善, 『冶谷集』 권6, 20b, 「祭潛冶朴先生文」 "爲國以禮, 古今通誼, 必也正名, 父子之懿. 抗言盡論, 衆所深忌, 奉身勇退, 羣怒睢恣."

5　김재로의 증조부 金克亨이 박지계의 문인이다. 『영조실록』, 16년(1740), 11월 20일 丁亥條 "蓋在魯先祖受業於知誠, 故在魯力請如此."

6　1610년(광해군 2)에 지방유림의 公議로 김굉필·정여창·조광조·이언적·이황

만, 이는 지역적 연고가 크게 작용한 것이다. 국가적 공인과는 맥락
이 달랐다.

다른 한편으로 '연구 자료의 부족' 역시 중요한 이유의 하나로 꼽
을 수 있다. 그가 남긴 문집[7]을 보면, 우선 박지계라는 인물, 그 사
람됨에 대해 심층적으로 연구할 수 있는 기초자료가 매우 적다. 박
필주가 찬한 「시장(諡狀)」1편이 문집에 부록으로 실려 있을 뿐, 그
를 기리는 전장비지류(傳狀碑誌類)의 글, 애제류(哀祭類)의 글이 한
편도 없다.[8] 문인 민광소(閔光爓)가 찬한 「가장(家狀)」은 「시장」의
대본(臺本)이 되었다는데 이마저 실려 있지 않다.[9] 무슨 이유인지는
자세하지 않다. 다만 정치적 이유, 즉 당쟁과 관련된 이유가 전혀
없지는 않은 것 같다.

다음으로는 후학의 연구를 이끌어내고 뒷받침할 학술성 있는 글
이 그리 많지 않다는 점이다. 평소 저술보다 실천과 후진 교육에 힘
쓰다 보니 남긴 글의 편수가 적은 데다가 체계적인 저술은 거의 없
는 편이다.[10] 그나마 왕복 서한, 복제(服制) 및 추숭(追崇)과 관련한

(이상 東方五賢)의 학문과 덕행을 추모하기 위해 창건하여 위패를 모셨다. 그
뒤 1619년(광해군 11)에 홍가신(洪可臣)을, 1668년(현종 9)에 奇遵·李之菌·李
德敏·박지계를 추가 배향하였다.

7 문집『잠야집』은 모두 10권 5책이다. 1766년(영조 42)에 5대손 朴鳴陽이 간행하
였다. 권1~3은 疏, 권4~5는 書, 권6은 祭文, 雜著, 墓碣, 권7~9는 禮辨, 권10은
箚錄이다. 권10에 朴弼周가 찬한 「諡狀」이 첨부되어 있다.

8 문인 金克亨·趙克善·權諰가 찬한 제문이 1937년에 편찬된『잠야선생연보』의
부록에 수습되었다.

9 『잠야집』권10, 13b, 「潛冶先生朴公諡狀」"謹取先生門人閔光爓所撰家狀, 參以
遺集諸書, 檃栝如右."

논변이 있어 학술적 연구가 가능하다. 다만 성리학 관련 논의는 권득기(權得己)·조익(趙翼)과 주고받은 서한에, 복제 및 추숭과 관련한 시비 역시 지구(知舊) 및 문인에 국한되다시피 하여 교류의 폭이 좁은 것이 아쉽다.

박지계에 관한 연구는 크게 ①전례논쟁(典禮論爭)[11] ②격물설 및 인심도심설[12] ③경세론 및 현실 대책[13] 등 세 분야에 걸쳐 이루어졌다. 이밖에 문인 그룹[14]에 대한 연구도 시작 단계에 있다. 1990년에 첫 논문이 나온 이래 약 30년이 지났지만 10편가량 연구가 제출된 상태다. 크게 진척되었다고 보기는 어려울 듯하다.

---

10 정치적인 이유로 刪削했을 가능성이 없지 않다. 다른 사람의 문집에 인용된 것을 통해서 일부 엿볼 수는 있다.

11 李迎春, 「잠야 박지계의 예학과 원종추숭론」, 『淸溪史學』 7, 청계사학회, 1990; 박종천, 「인조대 전례논쟁(1623~1635)에 대한 종교학적 재평가」, 『종교학연구』 17, 서울대학교 종교학연구회, 1998; 李賢珍, 「17세기 전반 啓運宮 服制論 – 김장생·박지계의 예론을 중심으로」, 『韓國史論』 49, 서울대학교 인문대학 국사학과, 2003; 신항수, 「박지계 사상의 역사적 성격」, 『조선시대 아산지역의 유학자들』, 지영사, 2007.

12 이선열, 「잠야 박지계의 人心道心說」, 『한국철학논집』 33, 한국철학사연구회, 2012; 전병욱, 「잠야 박지계의 格物說」, 『민족문화연구』 61, 고려대 민족문화연구원, 2013.

13 柳初夏, 「잠야 박지계의 사상과 현실 대책」, 『道山學報』 9, 道山學術研究院, 2003; 김용흠, 「잠야 박지계의 孝治論과 변통론」, 『역사와 현실』 61, 한국역사연구회 2006.

14 김학수, 「조극선의 일기를 통해 본 17세기 지식인의 師弟觀, '숨김과 드러냄'」, 『藏書閣』 38 한국학중앙연구원, 2017; 이은주, 「忍齋日錄에 나타난 趙克善의 공부와 수학 양상」, 『全北史學』 56, 전북사학회, 2019; 김학수, 「17세기 사대부의 지식문화 기반의 구축과 활용 – 趙克善의 忍齋日錄·冶谷日錄에 나타난 지식정보의 획득 및 활용양상」, 『嶺南學』 76, 경북대학교 영남문화연구원, 2021.

필자가 보건대, 박지계는 그만의 독특한 사상을 소유한 학자는 아니었던 것 같다. 그의 언설을 통해 보면 주자학에 충실했던 학자였음이 분명하다. 그러나 또 다른 측면에서 보면 '진리 앞에서 편견은 금물'이라는 사고를 하는 학자이기도 하다. 그는 주자학의 관점에서 '주자의 가르침을 고치는 것을 좋아하는(好變朱訓)' 학자들을 공격하면서도, 때로는 그 자신이 주자와 다른 견해를 내기도 하였다. 필자는 이를 상호 모순이라고 생각하지는 않는다. 오직 진리와 진실만을 추구한다는 '유시시구(唯是是求)'의 정신이 바로 박지계의 학문 기저에 깔려 있다.[15] 필자는 이를 '구시정신(求是精神)'으로 명명하려 한다. 이 구시정신에 주자학에 대한 견해와 탈주자학적 견해를 한 데 아우르고 있다. 한편으로 예설에서 잘 드러난 바와 같이 현실[實]에 바탕을 두고 그에 맞는 명칭[名]을 끌어냈다는 점에서, '본실정신(本實精神)' 역시 주목해야 할 바라고 생각한다.

이에 이 글에서는 구시정신과 본실정신을 핵심주제어 삼아 박지계의 삶과 학문을 조명하고자 한다.

2. 성덕(成德) 과정과 학문의 특성

박지계는 인조 때 손꼽히는 산림학자였다. 임금의 부름을 받고

---

15 이것은 다산 정약용이 "양쪽의 견해를 공변되게 듣고 오직 진실만을 추구한다(公聽並觀, 唯是是求)"고 하는 정신과 통한다고 본다. 정약용, 『여유당전집』文集 권13, 「喪禮四箋序」 참조.

도성에 들어갈 때 가마를 탔다고 한다. 이것은 보통의 학자라면 생각하기 어려운 특별한 예우다. 인조의 사친(私親)과 관련 있는 복제시비(服制是非), 추숭논쟁(追崇論爭) 등 이른바 '인조대 전례논쟁(1623~1635)'에서 그는 한복판에 섰다. 논쟁의 중심인물인 그가 세상을 떠남으로써 논쟁은 자연스럽게 종결되었다. 논쟁의 한 가운데 선 것은 박지계 자신이 바라던 결과는 아니었을 것이다.

박지계는 전례논쟁에서 인조나 최명길·이귀 등 일부 반정원훈(反正元勳)의 전폭적인 지지 속에 자신의 주장을 관철하였다. 그의 위상이 크게 높아졌다. 그렇지만, 기실 얻은 것보다 잃은 것이 더 많았다. 당시 서인은 물론 남인까지도 그를 공격하였다.[16] 사면수풍(四面受風), 사방에서 칼바람을 맞는 형국이었다. 박지계에 대한 좋지 않은 시각과 평가는 후대에도 이어졌다.

『잠야집』을 보면, 박지계에게 바치는 제문·만장·비문 등 그 흔한 글 하나가 없다. 이것은 그에 대한 사림의 평가와도 관련이 없지는 않을 것이다. 다소 형편이 나아진, 영조 때 시호를 내리기에 앞서 여호(黎湖) 박필주(朴弼周, 1680~1748)가 찬한 「시장(諡狀)」 한 편이 외롭게 부록으로 실려 있다. 이것은 박지계에 대한 사림의 인식, 평판이 어떠했는지를 시사하는 것이라 하겠다. 이제 「시장」을 바탕으로 그의 일생, 특히 사람됨과 학문에서의 특징적인 면들을 살펴보

---

16 성균관 유생까지 가세하였다. 1631년(인조 9) 성균관 유생 許穆은 박지계에 대해 '曲學阿世, 首唱異論'이라고 하면서 강하게 비판하였다. 이 문제로 허목은 과거에 응시할 수 없는 停擧 처분을 받았고, 이에 일부 유생이 반발하여 空館 사태가 발생하였다. 『잠야선생연보』, 〈辛未, 先生五十九歲〉조.

기로 한다.[17]

박지계는 『동몽선습(童蒙先習)』의 저자 박세무(朴世茂, 1487~1554)의 손자다. 아버지 박응립(朴應立, 1517~1582)이 56세 때 얻은 여섯째 막내아들이다. 10세 때 부친을 여의고 잇달아 3년 동안 백부 소립(素立), 숙부 대립(大立)의 상을 당하였다. 효자로 이름을 날렸다. 이후 여러 형들의 보살핌으로 학문 연마하였을 것으로 짐작된다.

어렸을 적부터 비범하였던 것 같다. 7세 때 아버지가 "네가 만약 글을 읽는다면 너보다 나을 사람은 없을 것이다"라고 격려하자 "제 위에 한 분이 계시니 바로 공자이십니다"[18]라고 하였다 한다. 또 글방 선생이 여러 과목과 함께 당시(唐詩)를 가르치려 하자 "무엇 하러 이를 배운단 말입니까"라고 거부하였다 한다. 보기에 따라서는 당돌하다는 지적도 있을 법하다. 그의 기본 취지는 심지(心志)가 아직 굳지 않은 아동에게 당시를 가르칠 수 있느냐[19]는 생각이었던 것 같다. 문집에 시와 부(賦) 등 문학 관련 저술이 단 한 편도 실려 있지 않은 점 역시 범상하지 않다. 어렸을 적의 사고와 무관하지는 않은 것 같다.

학문에 독실하였음은 그가 스스로 독서일과(讀書日課)를 정하여 그대로 실천하였던 사실을 통해 짐작할 수 있다. 10세에서 15세까

---

17 「시장」과 「연보」에는 다소 과장된 서술이 있겠지만 다른 기록이 없는 현실에서는 불가피한 측면이 있다.

18 『잠야집』 권10, 「諡狀」 "至七八歲時, 遂安公撫而語之曰: 汝若讀書, 恐無上於汝者! 先生對曰: 吾上有人, 孔子是也."

19 『잠야집』 권10, 「諡狀」 "其始學也, 師欲兼授唐詩, 則不肯學而曰: 何用此爲? 自讀論語之後, 益奮發大志."; 『잠야선생연보』 〈乙酉, 先生十三歲〉조 참조.

지 6년 동안의 독서일과에서 빠뜨린 날이 겨우 4일이었으며, 그것
도 가까운 친척이 죽었기 때문이라 한다(「諡狀」). 역시 보통 사람과
달랐음이 분명하다. 한 마디로 독특한 사고와 이력의 소유자가 아닐
수 없다.

박지계는 뚜렷한 스승이 없이 일가를 이룬 학자다. 굳이 스승을
말하라면 '공자와 주자' 두 사람이 있을 뿐이었다. 십대에 이미 여러
사람이 그를 '대인기상(大人氣像)의 소유자'로 평가하였다. 그가 기
리는 대인기상의 가장 가까운 본보기는 중봉(重峯) 조헌(趙憲, 1544~
1592)이었다. 그는 조헌이야말로 이욕을 탐하는 사람을 청렴하게 만
들고 나약한 선비를 벌떡 일어서게 하는 대인이라고 하면서, 한 편
의 '송(頌)'을 지은 바 있다.[20] 그의 나이 20세 때의 일이다. 완렴나립
(頑廉懦立)은 『맹자』에서 말한 백이(伯夷)의 풍도다. 맹자는 대장부
의 기상을 말하기도 하였는데, 그에 들어맞는 사람이 박지계였다는
평가도 있다.

박지계는 어린 나이에 엄연히 대유(大儒)의 기상, 성덕군자(成德君
子)의 모습을 갖추었으므로 본보기로 삼으려는 사람들이 많았다. 수
업을 청하는 이들도 있었다. 한두 사례를 들어보자. 성격이 호방하
기로 이름났던 석주(石洲) 권필(權韠, 1569~1612)은 만년에 박지계를
만나 경외하며 심복하였는데, 단 몇 마디를 나누고는 사표(師表)로
인정하였다고 한다.[21] 권필은 박지계보다 4살 연상이다. 한편, 평소

---

20 『잠야집』 권6, 14b-15a, 「趙立懦先生(憲)頌」 참조.
21 尹拯, 『明齋遺稿』 권43, 45b-46a, 「童蒙敎官贈司憲府持平權公行狀」 "晚與朴

성격이 매우 거친 것으로 알려진 이해(李澥)·원두표(元斗杓) 같은 이들도 박지계를 만나 본 뒤에 그 기질을 변화하여 평소의 행실을 바꾸었다고 한다.[22] 인격적, 학문적 감화가 어느 정도 파급 효과가 있었는지를 잘 보여주는 사례다.

이와 관련하여 박지계의 문인 권시(權諰, 1604~1672)를 빼놓을 수 없다. 권시를 잘 아는 사람의 증언에 따르면, 권시는 성장한 뒤 박지계에게 수업을 하였는데, 이때 박지계는 '예는 반드시 실에 근본을 두는 것[本實]을 귀하게 여겼고, 도는 반드시 효제(孝悌)로부터 미루어 나갔다'고 한다. 이에 권시가 기꺼이 사모하였는데, 그가 학문을 하면서 전적으로 내면에 마음을 쓰고 조금이라도 외면에 힘쓰려는 뜻이 없었음은 박지계의 영향이라고 하였다.[23] 권시는 일생을 '지성(至誠)' 두 글자에 담긴 정신으로 살았다. 진실무망(眞實無妄)을 의미하는 '지성' 두 글자는 권시의 학행의 근본이라 하겠다. 그런데 이 지성정신이 기실 박지계 학문의 뿌리[24]라는 점에서 눈여겨볼 만하다. 당시 사람들이 안자(顏子)에 비유하였다는 권시이기에 그의 학

潛冶先生遇, 悚然心服, 片言許以師表. 潛冶亦甚敬重, 及先生歿, 悼惜之不已曰: 汝章有曾點之志, 捨己從學, 將成破竹之勢, 曾未半歲, 天降慘禍, 吾道之不幸也."

22 『승정원일기』, 인조 10년 임신(1632) 4월 18일 乙酉條 "鳴吉曰: 其行, 以孝友敬長爲本, 故其門徒觀感而化之. 如李澥·元斗杓, 素稱豪勒, 而往見朴知誡之後, 變化其質, 折節爲行."

23 尹拯, 『명재유고』 권44, 21a, 「漢城府左尹贈議政府左參贊炭翁先生權公行狀」 "稍長, 受業於朴潛冶先生. 先生禮必以本實爲貴, 道必自孝悌而推, 公悅而慕之. 是以公之爲學, 專用心於內, 無一毫務外之意."; 權諰, 『炭翁集』 권10, 「祭潛冶先生文」 "禮貴本實, 道篤孝慈."

24 金克亨, 「祭潛冶先生文」 "先生之學, 本於至誠."(『잠야선생연보』 부록)

문에 끼친 박지계의 영향이 심상하지 않는 것이다.

　이 밖에도 영남의 유학자로 한강(寒岡) 정구(鄭逑)의 고제(高弟)인 서사원(徐思遠, 1550~1615)이 박지계의 실력을 확인한 뒤 자신의 아들에게 박지계를 어른으로 섬기도록 했다는 사실, 퇴계의 문인 월천(月川) 조목(趙穆, 1524~1606)이 박지계의 서한을 보고 그 실력에 감탄하여 "선생의 소견이 퇴계보다 월등히 뛰어났다"고 평한 사실 등(「諡狀」)은 박지계의 명성이 어떠했는가를 넉넉히 짐작하게 한다. 조목은 박지계보다 50년 가량 선배다.

　박지계는 삼십대에 이미 전국적인 지명도를 얻었다. 34세 때인 선조 39년(1606)에 왕자사부(王子師傅)에 천거를 받은 이래 지속적으로 벼슬이 내려졌으나 줄곧 사양하였다. 광해군 재위 기간에는 가족을 이끌고 연고가 있는 충청도 신창현(新昌縣) 수여리(현 신창면 수장리)로 내려가 독서와 사색에 힘썼다. 한편, 계축옥사(癸丑獄事, 1613) 이후 광주(廣州)로 낙향했던 포저(浦渚) 조익(趙翼, 1579~1655)이 신창 도고산 아래로 옮겨왔다. 조익은 광주가 한양과 가까워서 불편하다 하여, 신창현 도고산 아래에 집을 짓고 살면서 독서자오(讀書自娛)하였다. 이때 자연스럽게 잠야 박지계, 만회(晩悔) 권득기(權得己)와 함께 자주 만나 끊임없이 강론(講論)했다.[25] 세 사람의 절차탁마는 실로 '이택상자(麗澤相資)'라고 이를 만하다. '이택'이란 가까이에 있는 두 못이 서로 물을 윤택하게 함을 말한다. 벗이 서로 도와 학문과 덕을 닦음을 비유적으로 이르는 말이요, '상자'는 서로 도움을 준

25　宋時烈, 『宋子大全』 권162, 「浦渚趙公神道碑銘 幷序」 참조.

다는 의미다.

다음, 박지계의 학문 경향과 특성에 대해 살피기로 한다. 박지계는 본디 학파적 사승이 없었다. 정치적 성향도 뚜렷하지 않았다. 교유하는 사람들 역시 당파에 구애됨이 없었다. 그런데도 사실상 서인으로 지목된 것은 무엇 때문인가. 인조반정이 그 계기가 되었다고 본다. 반정의 원훈 원두표가 박지계의 문인이며, 최명길·이귀·장유 등 반정 주도 세력이 박지계의 예설에 적극 동조함으로써, 은연중 같은 세력으로 인식되기에 이른 것이다. 게다가 율곡 이이와 우계 성혼에게 직접 배우지 못함을 한스러워하면서 양현의 문묘 종사(從祀) 문제를 최초로 발론했다는 점[26]도 어느 정도 작용했을 것으로 본다. 문묘 종사 문제는 「시장」의 내용이 사실인지는 단언하기 어렵다. 그가 최초로 발론했는지는 「시장」 이외의 기록에서 확인할 수 없다. 필자의 관견(管見)으로는, 박지계가 전례문제 당시부터 김장생-김집-송시열로 이어지는 정통 율곡학파로부터 배척을 받은 이래, 그에 대한 인식이 나빠져 가는 상황에서 이를 타개하기 위해 후인들이 일부러 부각시킨 것으로 추정된다.

정통 율곡학파 학인들의 박지계에 대한 인식의 면모를 한두 사례를 통해 엿보기로 한다.

(A) 주자서(朱子書)를 경연에서 강론하라고 박지계가 청하자 김장생

---

26 『잠야집』 권10, 朴弼周撰, 「諡狀」 "於本朝儒賢, 甚推栗谷牛溪, 以爲東方出處之正, 莫如兩賢. 尊慕師法, 恨不及其門, 從祀之論, 亦自先生首倡之."

이 아뢰기를 "주자서는 한만(汗漫)하니 경서(經書)에 미치지 못할 듯합니다. …… 무릇 학문을 할 적에는 반드시 『소학』을 우선해야 할 것이오, 『심경(心經)』과 『근사록(近思錄)』 또한 차례대로 진강(進講)해야 할 것입니다"라 하였다.[27]

(B) 김간(金榦)이 물었다 "박잠야의 학문은 어떻습니까?"
선생(송시열)이 답했다. "모르겠다. 그러나 잠야가 '사람의 사지(四肢)와 백해(百骸)에는 각각 한 가지의 마음이 있으니 눈에는 눈의 마음이 있고 귀에는 귀의 마음이 있고 입과 코에는 입과 코의 마음이 있고 손과 발에는 손과 발의 마음이 있다. 그 손을 베면 손이 아픔을 아는 것은 곧 손의 마음이고 발을 베면 발이 아픔을 아는 것은 곧 발의 마음이다'라고 말한 바 있는데, 사계 선생이 이것으로써 그의 학술이 어긋났다고 공박한 적이 있다.[28]

(C) 송시열: 수족에 각각 마음이 있는 것이 아니다. 무릇 사지와 백해는 다 나에게 소속된 것이므로 수족을 베면 이 마음이 이미 아픔을 아는 것이지, 어찌 수족에 따로 마음이 있겠느냐. 주자(朱子)가 '마음의 허령(虛靈)한 지각(知覺)은 하나일 따름이다.' 하였으니, 대저 마음의 지각은 본디 하나일 따름이요, 사지에 각각 지각이 있는 것이 아니다. 만약 지금 수족을 베어 버린다면 하나의 죽은 고기덩이일 따름이다. 이는 이미 나의 몸에 붙어 있지 않기

---

27 『沙溪全書』 권10, 「筵席問對」; 『사계전서』 권43, 「연보」, 계해년(1623) 인조대왕 원년, 선생 76세조.

28 『宋子大全』 부록 제15권, 「語錄(二)」, 〈金榦錄〉 "榦問朴潛冶學問, 先生曰: 不知. 第其言曰, 人之四肢百骸, 各有一心. 目有目之心, 耳有耳之心, 口鼻有口鼻之心, 手足有手足之心, 故割其手則手之知痛, 此乃手之心. 割其足則足之知痛, 此乃足之心. 沙溪先生嘗以此, 攻其學術之差."

때문에 비록 백방으로 침질하여도 아픈 줄을 알지 못하는 것이다. 마음이 각각 있지 않다는 것을 여기서 알 수 있다.[29]

이를 미루어 김장생·송시열 등 정통 율곡학파 학자들이 박지계에 대한 부정적 인식을 선도했던 것으로 짐작된다.

박지계는 일생토록 사서(四書)를 중심으로 학문을 하였다. 사서 가운데서도 『대학』과 『중용』을 독실히 공부하였다.[30] 정주(程朱)의 설을 독실히 믿어 신명처럼 받들었다(「諡狀」). 이와 관련하여, 그는 23세 때인 1595년, 『대학』을 공부하다가 회재(晦齋) 이언적(李彦迪)의 『대학장구보유(大學章句補遺)』를 읽고 그 잘못된 점을 논변하였다. 이언적은 주자의 『대학장구』의 편차를 자신의 관점에서 다시 짜고 이를 '보유(補遺)'라 하였다. 주자의 설을 따르지 않은 것에 대한 후인들의 비판을 의식한 것이다. 이언적의 예상대로 후인들의 비판이 상당하였다. 박지계 역시 비판의 대열에 섰다.

박지계는 「이회재대학격치장변(李晦齋彦迪大學格致章辨)」에서 그 잘못을 전반적으로 비판하였다. 특히 격물치지 부분을 비판의 초점을 맞추었다. 주자가 『대학장구』에서 편성한 경일장(經一章)의 제2

---

29 위와 같음. "又曰: 非手足上各有心. 凡四肢百骸, 是皆屬我者. 故纔割手足. 此心已知其痛, 豈手足上別有一箇心. 朱子曰: 心之虛靈知覺, 一而已. 蓋心之知覺, 本一而已. 不是四肢各各有知覺, 如今割去手足, 便作一條死肉, 此已不屬乎我. 故雖百般針刺, 無所知痛, 此處可見."

30 『잠야집』 권5, 53b, 「答權思誠」 "凡朱書, …… 惟其爲萬世著訓者, 則朱子平生精力, 盡在其中矣. 況於四書乎. 四書中惟庸學, 則尤爲最晚之書也, 爲當熟讀精思於此也."

절과 제3절을 이언적이 하나로 묶어 '격물치지장'이라고 한 바로 그
것이다. 제2절과 제3절을 하나의 장으로 독립시킬 경우, 『대학』 장
구의 문리가 이어지지 않고 혈맥이 관통되지 않으며 두미(頭尾)가
서로 호응하지 않는다고 박지계는 비판하였다.[31] 더욱이 격물의 공
정(工程)은 말하지 않고 느닷없이 치지의 공효(功效)를 말하는 꼴이
되니, 『대학』의 전팔조목(傳八條目)마다 '공정'을 말한 것과는 다르
다고 하였다.[32] 결국, 박지계의 논리는 주자가 『대학장구』에서 제시
한 장절(章節)을 따르는 것이 옳다는 데 이르렀다.

한편, 1614년(광해군 6)부터 권득기·조익 등과 격물치지와 인심
도심 등을 분변하면서 왕복 논변을 이어갔다. 이때 박지계는 권·조
두 사람에게 주자의 설을 따를 것을 요구하였다. 특히 권득기에 대
해서는 "형께서 주훈(朱訓)을 힘써 공격하여 본받을 만한 것이 못 된
다고 여길까 두렵다", "형께서 주훈에 대해 감히 드러내놓고 공격하
지는 않았지만, 속으로는 의혹을 품고 본받지 않으려 한다"[33]고 비판
한 바 있다. 또 예설을 전개하면서도, 주자의 『가례』를 하나의 완성
된 예서로 인식하여 그 절대적 가치를 인정하려 하였다.[34] 이런 일련

---

31 『잠야집』 권6, 8a, 「李晦齋(彦迪)大學格致章辨 乙未」 "大抵首二節, 一章之頭也.
第三節, 一章之喉舌也. 四節五節, 一章之腹也. 六節七節, 一章之尾也. 如無二三
節, 則言意突然. 文理不續, 血脈不相貫, 頭尾不相應, 此豈古人之本文乎."

32 위와 같음. "若以此二節爲格物致知之章, 則尤有所不然者. 所謂知止而後有定,
知所先後則近道矣云者, 致知之功效也. 豈有不言格物工程, 而遽言致知功效也.
大學傳八條目, 皆言其工程, 何獨於此, 只言致知功效乎."

33 『잠야집』 권4, 44b-45a, 「答權重之」 "但恐兄力功朱訓, 以爲不足法也. …… 兄
於朱訓, 誰不敢顯言攻之, 意實疑惑而不欲法也."

34 『잠야집』 권10, 朴弼周撰 「諡狀」 "每日, 以家禮爲未成書者, 便見其用心不正."

의 언설만으로 보면 박지계는 '충실한 주자학도'라고 하지 않을 수
없다.

그러나 겉으로 주자를 표방한 것과는 다르게 그의 격물치지설과
인심도심설은 주자의 설과 차이가 있다. 맹목적인 충성이 아니었
다. 검증에 검증을 거듭하여 믿고 의지할 만한 점에서 '주자를 따르
라'고 한 것이지 자기 생각을 접고 무턱대고 주자를 좇으라는 것은
아니었다. 학문 연구에 대한 박지계의 기본 입장은 다음의 인용문에
서 단적으로 엿볼 수 있다.

> 선유의 논설을 마음대로 비평할 수는 없다. 그러나 마음으로 옳지 않
> 다고 여기는 바가 있다면, 어찌 그것을 당연하게 여겨서야 될 일인가.
> 어떤 하나의 설이 나오면 반드시 그에 대해 시비가 있게 마련이다. 그러
> 므로 그 설을 비평하여 그 이치를 밝히는 것은 역시 궁격(窮格)하는 방
> 법이다. …… 선유의 학문이 자신보다 높다고 할지라도 천려일실(千慮
> 一失)은 있는 법이다. 진선무결(盡善無缺)함을 어찌 알겠는가. 그러므
> 로 (타고난 바탕의) 높고 낮음과 얕고 얕지 않음을 따지지 않고 각자
> 자신의 소견을 말하는 것이다.[35]

각자 자신의 소견을 말하는 것은 '시(是)'를 구하는 구시정신(求是
精神)의 소산이라 하겠다.

---

35 『잠야집』 권6, 7a, 「李晦齋(彦迪)大學格致章辨 乙未」 "先儒之說, 雖不可率意議
　　之, 然於心有所不可者, 則豈可直以爲當然而已哉. 有說則必有是非, 故議其說而
　　明其理者, 亦窮格之方也. …… 先儒之學, 雖高於己, 而亦見其或失於千慮, 則焉
　　知其盡善也. 故不論高與不高淺與不淺, 而各言其所見也."

3. 몇 사례를 통해 본
구시정신(求是精神)과 본실정신(本實精神)

박지계는 권득기·조익과 함께 격물치지와 관련된 왕복논변을 벌인 바 있다. 유가 인식이론을 대표하는 격치론의 인식론적 의미를 밝히기 위해 자못 치열한 논변을 벌인 것[36]은 유학사에 기록되어야 할 만한 일이라 하겠다. 여기서 세 사람의 논변 내용을 자세히 살피기는 어렵다. 가장 논란이 되었던 '물격(物格)'에 대한 해석을 잠깐 살펴보자. 물격에서의 격을 주자는 '지(至: 이르다)'라고 하였다. 권득기는 "물의 이치가 나의 마음으로 다가오는 것이다(物理來到於吾心也)"라고 해석하였고,[37] 박지계는 인식주체가 인식 대상으로 향해가거나 인식 대상이 인식주체로 향해온다는 의미가 아니라, '물리의 극처에 사색의 공력이 이르는 것'으로 보았다.[38] 즉, 빈주(賓主)를 가리는 것이 아닌, 공부의 진척 정도를 가리키는 것으로 본 것이다. 그는 격물과 물격의 '격' 자를 같은 의미로 보았다. 그러므로 '격물과 물격은 단지 한 가지 일(格物物格, 只是一事)'[39]이라고 하기에 이르

---

36 이에 관해서는 유정동·전병욱 교수의 선행 연구가 있으므로, 자세한 것은 그에 미룬다.

37 『만회집』 권6, 2a-2b, 「與朴仁之格物論辨說」 "朱子所謂物理之極處無不到者, 無不到於吾心也. 吾心之所知無不盡者, 無不盡乎物理也."

38 『잠야집』 권4, 57b, 「答趙浦渚」 "但其本義, 則蓋曰於物格之也. 故章句曰, 物理之極處無不到. 或問曰, 物格者, 事物之理, 各有以詣其極云云. 若釋章句之意, 則當曰於其物理極處, 思究之工, 無不到也.或問之意則曰, 於其事事物物之理, 思索之工, 各有以詣其極也."

39 『잠야집』 권4, 39a, 「答權重之」

렀다. '청객이객래(請客而客來)' 즉 손님을 청하여 손님이 왔다는 논리와 같은 것으로 보았다. 두 '격' 자 사이에 다른 뜻이 없음은 많은 사람이 말하는 바이지만, 공부(工夫)와 공효(功效)의 차이는 인정하는 것이 큰 흐름이었다. 포저 조익은 이 점에 주목, "요씨(饒氏)가 언급한 '공부'와 '공효'의 설은 요씨가 처음 제창한 것이 아니고, 바로 주자의 설이요 고금의 여러 사람의 설이다. 형처럼 학문의 조예가 깊은 분이 그만 이처럼 잘못 해석할 줄 생각이나 했겠는가"[40]라고 비판하였다. 권득기의 잘못을 바로잡으려다가 교왕과직(矯枉過直)의 잘못을 범했다는 것이다. 이 대목에서 세 학자의 설에 대한 잘잘못을 논할 필요는 없을 것 같다. 다만 박지계 설의 경우, 그 자신이 그토록 '주자의 설'에 따를 것을 강조하였지만, 위 격치설은 주자의 설과 거리가 있다는 것이 대체적인 지적이었다. 이 점은 간과하기 어려운 대목이다. 박지계의 경설(經說) 이면에서 앞서 말한 구시정신을 엿볼 수 있기 때문이다.

박지계가 '존숭주자(尊崇朱子)'를 외치면서도, 진리 앞에서는 오직 '是' 한 글자만 생각했던 점은 인심도심설에서도 잘 드러났다. 인심도심설에 대한 주자의 견해는 대개 두 가지로 요약된다. 첫째, 인

---

40 『포저집』 권16, 7a-9a, 「答朴仁之論物格書」 "兄之意, 則蓋以章句之意實是於極處到也, 物格之意亦必如是, 故解爲於物格也. 而旣曰於物格, 則與格物似不異也, 故又謂格物物格只是一事. 因看物格不異於格物, 故又謂後一節與前節皆一意也, 非功效也. 其說章句, 謂於極處到則實甚是, 其言格物物格爲一事, 後一節非功效也, 則其失亦所謂百千萬里之遠也. …… 夫以兄之積學深造, 豈意錯解如是無乃因力排權兄來到之說, 而矯枉過直, 不知其誤之至此耶. 所謂差之毫釐, 謬以千里者, 其此之謂乎."

심과 도심은 '한 마음의 두 양태(樣態)'다. 둘째, 인심과 도심은 이발시(已發時)의 마음이다. '한 마음'은 존재론적 일원성을 말하는 것이고, '두 양태'는 가치론적 이원성을 가리키는 것으로 볼 수 있다. 이에 대해 박지계는 가치론적 이원성을 중시, 철저할 정도로 이분법적 입장에서 주자와 다른 견해를 밝히었다.[41] 즉, 인심과 도심은 서로 다른 두 개의 마음이며,[42] 미발과 이발에 걸쳐 있다고 하였다. 양자를 군신 관계에 비하면서, 인심은 도심에 의해 교정되고 길들여져야 한다고도 하였다. 인심과 도심을 대립적 관점에서 본 것은 주자와도 다르고 율곡 이이나 그 계열과도 다르다. 퇴계 이황 쪽에 가깝다. 이것은 무엇을 말함인가. 진리 앞에서는 궁극적으로 어떤 권위도 인정할 수 없다는 생각이 아니겠는가. 그가 주자를 따를 것을 강조한 것은 결국 진리를 탐구하는 주자의 태도를 배우라는 것으로 이해할 수 있겠다.

구시정신과 함께 볼 수 있는 것이 본실정신(本實精神)이다. '본실'이란 '실'에 근본을 둔다는 의미다. '실'은 '명(名)'의 상대 개념이다. 명칭과 실상(實相), 이 '명'과 '실'을 놓고 역대의 수많은 학자들이 논의를 전개하였다. 장자(莊子)의 경우 "'명'이란 '실'의 손님이다"[43]라고 한 것에서 볼 수 있듯이 '명'과 '실'의 위상을 말하는 문제가 있었

---

41 압축적인 논의는 『잠야집』 권5, 54b-56a, 「答權思誠」 및 이선열의 논문 참조.

42 『잠야집』 권5, 56a, 「答權思誠」 "旣曰, 或原於性命之正, 或生於形氣之私, 而所以爲知覺者不同. 又曰, 精則察夫二者而不雜也, 二者本如天地懸隔, 不必強說心一而已也."

43 『장자』, 「逍遙遊」 "名者, 實之賓也, 吾將爲賓乎."

고, '명'과 '실'이 부합하는지를 따지는 문제가 있었다. 후자의 경우 정명론(正名論)과 명실론(名實論)[44]에 연결되는 문제였다. 박지계는 '실'보다 '명'을 높이는 세태 속에서 상대적으로 '실'의 중요성을 강조하였다. 명칭과 실상은 하나의 맥락에서 논의되어야 하며, 실상에 근거하여 명칭이 정해져야 한다고 주장하였다. 이점은 원종추숭론(元宗追崇論)으로 대표되는 인조조 전례논쟁에서 잘 발휘되었다.

박지계는 김장생·정구 이후에 조선 예학의 대가로 손꼽히는 학자다.[45] 평생토록 예학에 힘써 높은 경지에 이르렀음에도 "예는 전공하지 않으면 제대로 행할 수 없다"라고 하여 예학 전공의 필요성을 역설하곤 했으며, 사례(四禮)에서는 한결같이 『주자가례』를 따랐고 한다.[46]

예학자 박지계의 진면목은 인조조에 있었던 일련의 전례문제에서 발휘되었다. 문제가 제기된 것은 인조 1년(1623) 5월이었다. 당시 영월군수 박지계가 '유사즉고(有事則告)'라는 가례(家禮)의 원칙에 따라 인조가 생부인 정원군의 사묘(私廟)에 친제(親祭)할 것을 건의하였다. 그런데 인조가 축사(祝辭)에서 사친에 대하여 어떠한 칭호를 써야 하는지가 문제의 발단이었다. 이것은 유교의 정명론적(正名論的) 명분론에 귀결되는 문제였지만, 반정으로 왕위에 오른 인조의

---

44 '명실론'의 경우, 孟子는 물론 정통 유가가 아닌 墨家·名家 등에서도 논의가 활발했던 문제이고, 나중에는 法家의 形名學에서도 중시되었던 것이기도 하다. 여기서는 복잡한 서술을 피한다.
45 『잠야집』에서도 예설에 관한 저술, 서한이 다수를 이룬다.
46 『잠야집』 권10, 11b, 「潛冶先生諡狀」 참조.

정통성, 즉 종통의 확립과도 관계되는 문제였으므로 정치적으로 큰
의미가 있었다.

박지계는 인조의 생부인 정원군에 대한 칭호와 복상문제, 추숭입
묘의 문제에서, 인조가 정원군에 대해 '고(考)'라 칭하고 삼년 복상
할 것을 시종일관 주장하였다. 그의 주장은 인조 4년(1626) 임금의
생모인 계운궁의 상사(喪事) 때도 일관되었으니, 계운궁의 복상 역
시 삼년으로 할 것을 힘써 건의하였다. 참고로 정원군에 대한 칭호
와 복상 기간을 놓고 갈등을 빚었던 당시 주요 학자들의 예론을 도
표로 나타내면 다음과 같다.[47]

禮學者	李廷龜鄭經世	金長生	朴知誡	張 維	崔鳴吉	趙 翼
稱 號	考	伯叔父	考	考	考	考
服 喪	不杖朞	不杖朞	三年	杖朞	三年	不杖朞
廟 享	綾原主祀	綾原主祀	禰廟	別廟	別廟	綾原主祀
所 據	稱禰位闕服廟爲人後	稱服廟皆主春秋綱目說	稱服廟皆主儀禮論註說	稱爲祖後服廟爲宗統	稱服爲祖後廟爲宗統	稱服廟皆主爲人後

인조는 선조의 서자(庶子)인 정원군의 장자로서, 선조의 후사가
되어 왕통을 계승하였다. 손자가 조부의 대를 이은 셈이다. 그러므
로 생부인 정원군에 대한 칭호와 복상이 문제로 제기되었던 것이다.
당시 조정의 중론은 인조가 정원군에 대해 '고'라 칭해도 '고'를 둘로

 『남계집』 권64, 22b,「章陵稱號尊崇考證」참조. 이긍익, 『연려실기술』 권22,
「元宗故事本末」에도 이와 같은 도표가 있다. 『남계집』의 것을 인용한 것으로
보인다.

하는 혐의가 없다는 것이었다. 인조가 비록 선조의 후사로서 왕통을 이었으나 엄연히 손자였기 때문이다. 그러나 복상문제에서는 기년(朞年)과 삼년으로 대립하였다.

당시 정원군에 대해 '숙부'라 칭하고 기년복을 입을 것을 주장한 측의 대표는 김장생이었고, '고'라 칭하고 삼년복을 입을 것을 주장한 측의 대표는 박지계였다.[48] 둘 다 산림 출신이었으나 박지계의 경우 조정 대신들의 지지를 받고 있었다. 박지계가 주장한 논거는 다음과 같이 요약된다. 즉, 남의 후사가 된 사람이 본생부모(本生父母)의 복을 기년으로 강등함은 고금을 통한 예문(禮文)이다. 그렇지만 손자가 조부를 이어 고위(考位)가 없어지게 되면 정통이 문란해지고 천륜도 궐하게 된다. 그리고 입후(入後)한 뒤 고위로 일컬을 만한 곳이 없음에도 소생(所生)에게 백숙부라고 칭함은 정리(情理)에 어긋나는 것이요, 오늘의 일(爲祖後者)은 전한의 선제(宣帝)가 종조(從祖)인 소제(昭帝)의 뒤를 이은 것(爲人後者)과는 다르다. 또 정원군과 인조가 명목상 부자 관계에 있을 뿐만 아니라, 종통상으로도 부자 관계에 있다.

이와 같은 박지계의 주장은 정원군을 선조의 왕통을 이은 인조의 선왕으로 추숭하자는 데까지 계속되었다. 당시 사림으로부터 임금의 뜻에 영합하는 간인(奸人)이라는 비판과 공격을 받았지만 끝내 소신을 굽히지 않았다. 이 추숭론은 인조 10년(1632)에 실현되었다.

---

48 『남계집』 권64, 35a-35b, 「章陵稱號尊崇考證」 "總而論之, 沙溪之議, 主於宗統, 潛冶之見, 主於父子."

추숭론의 논거를 요약하면 다음과 같다.

　①『의례』에서 말한, 방지(旁支)로서 왕위를 받아 계통을 이은 것과
　　조부에게 왕위를 받아 계통을 이은 것은 현격히 다르다.
　② 부친이 조부의 중자(衆子)라 하더라도, 그 아들이 조부에게 승중
　　(承重)하게 되면 부친도 대종(大宗) 고위(考位)의 감실(龕室)에 모
　　셔야 하고, 조부의 장자는 증조부의 부위(祔位)가 되어야 하며,
　　아들이 정통의 손자가 되면 그 부친도 정통의 아들이 되어야 한다.
　③ 남의 후사가 된 사람이 본생부모의 상에 기년복을 입는 것은 아들
　　로서 두 아비가 있을 수 없다는 이유에서다. 그러나 금상(인조)께
　　서는 소생(所生) 부친 이외에 부친이 없으니 참최복(斬衰服)을 강
　　등할 어떤 이유도 없다.
　④ 중국 역대의 종묘도(宗廟圖)에 고위 없는 소목(昭穆)이 있지 않다.[49]

　박지계의 정원군 추숭의 논리는 조정에서 전례문제의 학술적 근
거로 활용되었다. 그는 왕실의 예와 사대부의 예를 구분하지 않고,
주자가례를 중심으로 하나의 보편적인 원리를 강조하였다. 신분상
의 특수한 지위가 천륜에 우선할 수 없다고 보았다.[50] 예의 보편성을
중시하는 그의 예론은 보편론적 예론이 점차 왕실의 전례에서도 비
중을 높여가는 예학 조류의 변동기에 선구적 의의가 있다.
　특히 이 전례문제는 예학사에서 왕가례와 사대부례에 차별을 두

---

49 『잠야집』 권7, 「章陵追崇疑禮辨(一·二)」 참조.

50 『잠야집』 권7, 5a-6a, 「章陵追崇疑禮辨(二)」 "朱子家禮曰: 父雖祖之衆子, 而子
　　若承重於祖, 則父亦入居大宗禰龕室之正位. …… 或曰: 帝王之禮, 與士大夫不同,
　　不可引家禮爲證. 大抵堯舜禹湯之治, 天子諸侯之禮, 與士大夫, 無以異焉."

지 않으려는 보편론적 예론이 '제왕가 자유별례(帝王家自有別禮)'라
고 하는 분별론적 예론을 압도하는 계기가 되었다. 이후로 예론 시
비에서 왕가례의 특수성에 대한 인식이 점차 퇴조하는 경향을 보였
다. 16세기 중엽 이후 조선 사회에 풍미한 '가례 중심의 보편성'에
대한 강조가 왕실의 전례에도 반영되어 점차 비중을 높여가게 되었
다.[51] 기호학파의 예학이 변모한 데서도 시대 조류를 엿볼 수 있다.
김장생의 전통적 분별주의 예론은 고례에 기반을 둔 것이고, 송시
열·송준길 등의 보편론적 예론은 주자가례에 기반한 것이다. 어찌
보면 2차에 걸친 예송(禮訟)에서 보여준 송시열 등의 보편론적 관점
은 박지계에 가까운 것이다. 실로 역사적 아이러니다. 그러나 이것
은 시대의 흐름에 따른 자연스러운 차이로 이해하여야 할 것이다.

　'예'에서 명(名)보다 더 큰 것은 없다. 그런데 이 '명'은 '실(實)'에
기초하는 것이다. 명과 실이 다른 것은 있을 수 없다. 인조조 전례
문제에서 보여준 박지계의 예설은 '실'에 중점을 둔 것으로 볼 수
있다. 그러기에 문인 권시가 '예귀본실(禮貴本實)'이라 하였던 것이
다. 그런데 문인 조극선은 '명호를 바로잡아 부자 관계가 아름답게
되었다(必也正名, 父子之懿)'[52]고 하였다. 명실이 서로 부합한다는 것
이다. '유실정명(由實正名)'의 의미이니, 권시와 조극선의 말이 다른
것은 아니라고 본다.

51　이영춘, 「잠야 박지계의 예학과 원종추숭론」, 264쪽.
52　趙克善, 『冶谷集』 권6, 20b, 「祭潛冶朴先生文」 "爲國以禮, 古今通誼. 必也正名,
　　父子之懿."

위에서 소개한 일련의 전례논쟁에서, 논리적으로 일관성을 갖추기는 박지계나 김장생이 다를 바 없었다. 고례에 기반을 둔 김장생의 예설은 전거(典據)가 타에 비해 확실하다는 점이 큰 강점이었다. 그러나 소목(昭穆)의 차서(次序)에 문제가 있고 자칫 멸정주의(滅情主義)로 흐르기 쉽다는 것이 약점이었다. 이에 비해 주자가례를 중시하는 박지계의 경우, 논리적 근거 확보에서 견강부회한 점이 적지 않다는 지적이 있었지만, 명과 실이 어긋나지 않았다는 큰 강점이 있었다. 그럼에도 당시 사림은 김장생의 주장을 정론(正論)으로, 박지계·이정구 등의 주장을 왕에게 영합, 아부하는 것으로 여겼다. 청의(淸議)와 청론(淸論)을 주장하는 조선의 사림이 어떤 존재인가를 잘 보여준 역사적 사건이었다고 할 수 있겠다.

4. 맺음말

이상에서 서술한 것을 요약함으로써 맺음말에 대신하기로 한다.

① 박지계는 사승(師承)이 없이 사실상 독학으로 일가를 이룬 학자다. 자신만의 독특한 사상을 수립하지는 않았지만, 40년 동안 산림으로 있으면서 독행(篤行)으로 칭송받았으며 마침내 김장생·장현광과 거의 동급의 유현(儒賢)으로 등용되었다.

② 박지계는 이론을 세우는 것보다 실천에 힘쓴 학자였다. 그의 학문은 지성(至誠)에 근본을 두었고, 독행의 기초는 효제자(孝悌慈)였다. 대인의 기상으로, 또는 지성 정신과 독행으로 많은 인사를 감

화시켰다. 호협(豪俠)한 기질을 지닌 사람들을 학자의 기질로 바꾸었으며, 독행에 뜻을 둔 사람들을 그 길로 인도하였다.

③ 박지계는 정주(程朱)의 학설을 준수(遵守)하였으며, 주자의 학설에 일부 이의를 보였던 권득기·조익 등을 비판하였다. 그러나 이런 기본 입장과는 달리 격물치지설, 인심도심설 등에서 정주의 설과 차이가 나는 부분이 있다. 자신의 견해[己見]를 두드러지게 내세운 경우, 또는 새로운 견해를 제기한 경우가 있다. 논변을 좋아하지 않는다고 하면서도 자신의 견해에 강한 자신감을 보임으로써, 권득기·조익과 끝내 견해차를 좁히지 못하였다.

④ 박지계는 정치적으로 서인계(西人界) 인물로 인정을 받는다. 그러나 그는 정파적 색채를 강하게 띠지 않았다. 동인 권득기와 친교를 맺은 데 이어 그의 아들 권시를 제자로 받아들였으며, 김장생·김집 부자로 대표되는 율곡계 서인과는 거리를 두었다. 윤선거·윤증 부자 등 우계 성혼 계열의 서인들과 가까웠으며 이런 경향은 나중에 박세채의 추종을 이끌어냈다. 원종추숭론을 입론한 중요한 인사로 지목받은 뒤부터는 김장생·김집 계열과는 점점 거리가 멀어졌다. 인조의 뜻에 영합한 사람으로 공격받으면서 청의(淸議)를 저버린 인사란 인식이 그에게 씌워졌다.

⑤ 박지계의 학자적 존재감은 예론, 특히 원종추숭론에서 절정에 달하였다. 인조가 반정이라는 비정상적 방법으로 왕위를 계승한 데서 빚어진 이 전례논쟁은 정치적 문제로 비화하였다. 당시 학계의 지도적 위치에 있었던 김장생은 고례(古禮)에 근거하여, '제왕가(帝王家)의 자유별례(自有別禮)'를 주장하였다. 선조와 인조가 실제

로는 조손(祖孫)의 관계에 있지만 왕통상으로는 부자(父子)의 관계에 있다는 것이다. 이에 대해 박지계는 실제의 관계가 중요함을 강조하여 선조를 조(祖), 인조를 손(孫)으로 일컬어야 한다고 주장하였다. 그리고 이를 정명론(正名論)으로 연결시켜, '이름을 바로 해야 부자 관계가 아름답게 된다(必也正名, 父子之懿)'는 취지의 논리를 폈다. 김장생의 주장은 학계와 정계 대다수의 공감대를 이루었으나 인조의 뜻과는 배치되었다. 박지계의 주장은 이귀·최명길 등 조정의 실권자와 박지계의 문인 등 소수가 지지하였지만, 인조의 의중과 합치되는 것이었다. 결국 박지계의 주장이 관철되었고, 선조와 인조의 관계를 더 분명히 하기 위해 인조의 생부인 정원군을 원종으로 추숭함으로써 논란에 종지부를 찍었다. 그러나 "청의(淸議)가 율령보다 냉혹하다(淸議酷於律令)"는 말이 생길 정도로 명분을 중시했던 조선 후기의 학계·정계 분위기상 원종추숭론은 비판을 받을 수밖에 없었고, 박지계 역시 사면수풍(四面受風)의 위치에 처했던 것이 사실이다.

⑥ 인조대의 전례문제는 사실상 고례와 주자가례 간의 논쟁의 전조(前兆)를 보이는 것이었다. 뒷날 현종 때의 양대 복제문제(服制問題)에서는 어디에 논리적 근거를 두느냐의 문제가 초미의 관심사로 등장하였고 논쟁이 치열해졌다. 그런데 입각점(立脚點)에서는 학파·정파에 따라 입장이 전후가 상반되는 현상이 빚어졌다. 양대 논쟁에서 주도적 위치에 있었던 김장생-김집-송시열 일파는 고례를 중시하던 본래의 입장에서 주자가례를 중시하는 쪽으로 선회하여 주자가례를 중시하던 박지계 일파의 입장에 서게 되고, 서인 세력과

반대쪽에 섰던 남인들이 고례를 소의처(所依處)로 삼았다. 역사의 아이러니라 하겠다. 다만 17세기에 들어 조정의 전례에서도 주자가례를 중시하는 분위기가 일기 시작하였다는 사실, 그 선도자가 박지계라는 사실은 예학사에 서술될 만한 점이다.

⑦ 모든 일에서 옳음을 추구하는 구시정신(求是精神), 어떤 일에서도 현실(실제)에 근본을 둔다는 본실정신(本實精神)은 박지계의 삶과 학문을 관통하는 기본 정신이었다. 인조 대의 전례문제에서 박지계가 과감히 제 목소리를 냈던 것은 그 자신으로서는 용기 있는 행동이었을 것이다. 인조반정 이후 청의(淸議)와 청론(淸論)을 표방하고, 산림의 학자를 숭용(崇用)했던 일련의 분위기를 생각할 때, 원종추숭을 앞장서서 제기하는 일은 비판을 자초하는 일이었다. 그런데도 나섰던 것은 용기와 소신 때문이었을 것이다.

⑧ 박지계는 원종추숭론 때문에 명성이 높아졌지만, 이 때문에 두고두고 비판받아야만 했다. 그 비판의 근거는 '임금의 뜻에 영합했다'라는 것이 대다수다. 한 학자의 인격과 관련된 일방적인 비판이 오래도록 이어져 내려왔다. 이제는 박지계에 대한 공정한 평가가 이루어져야 한다. 오늘의 학술대회가 그 실마리를 놓기를 기대한다.

잠야 박지계의 도학정신과 학문관

김문준

1. 머리말

잠야(潛冶) 박지계(朴知誡, 1573~1635; 자는 仁之)는 17세기 조선 예학의 한 부분을 이룬 학자로서 일찍이 과거를 단념하고 학문과 실천 궁행에 전념했던 산림처사였다. 박지계는 예학(禮學)에 뛰어난 학자로 알려져 있는데, 성리학에도 거경(居敬)에 입각한 체험적 수양과 경학(經學)과 성리서에 기반한 궁리(窮理)를 통해 일가를 이룬 성리학자였다.

그는 인조 당시의 원종추숭(元宗追崇) 등 왕실 전례(典禮)에 관하여 사계(沙溪) 김장생(金長生, 1548~1631)의 예론에 강력하게 맞섰기 때문에 학계에서 주자학 비판자, 율곡학파의 아웃사이더라는 오인도 있지만 그는 누구보다 강력한 주자학자이며 율곡을 추숭한 율곡학 계승자였다. 양란 이후 국가 재건 과정에서 조선 지성계에 주자학과 예(禮) 질서를 강력하게 재건하려는 노력이 심화되었으며, 박지계의 성리학과 예학 역시 이러한 사상계의 동향에 선두에 있는 것이었다.

박지계는 평생 도학군자의 삶을 살았다. 그는 어려서부터 독신(獨愼) 호학(好學)하였고 효가 남달랐다. 그는 잠야(潛冶)라는 자호에 세상에 드러나지 않고 숨어서 수양하는 삶을 담아, 내면의 수양과 진정한 학문을 추구하는 의지를 표현했다. 그는 초야(草野)에 은거하며 독서와 사색에 몰두했고, 자연 이치와 인간 본성을 연계한 도덕(道德)과 예행(禮行)을 추구했다. 이런 학행을 바탕으로 수기와 치인을 인생의 사명으로 삼았던 일세의 선비로서 인조반정 이후 세상에 나아가 자신의 학문을 세상에 시행하고자 출사했다. 이러한 그의 학문과 행도는 『잠야집』에 그가 경전의 중요 부분에 자신의 해설을 추가한 〈차록(箚錄)〉, 그리고 그의 서신(書信)이나 예변(禮辨), 상소 등에서 그 학문의 깊이와 시사(時事)에 대한 간절한 노력을 확인할 수 있다. 그의 저서는 『사서근사록의의(四書近思錄疑義)』·『주역건곤괘설(周易乾坤卦說)』·『잠야집』 등이 있으며, 『잠야집』(문진, 2021)이 번역 출판되어 박지계 학문 연구에 큰 바탕이 되고 있다.

박지계는 만회(晚悔) 권득기(權得己, 1570~1622), 포저(浦渚) 조익(趙翼, 1579~1655) 등과 격물(格物)과 예론에 관하여 논하였고, 훗날 산림으로 인정받았던 야곡(冶谷) 조극선(趙克善, 1595~1658)과 예 논의, 양곡(亮谷) 이의길(李義吉, 1596~1633)과는 경공부와 인심도심, 제례, 상장례 등 성리론과 예론에 관한 논의를 남겼다. 그 밖에 조광선(趙光善), 김극형(金克亨)과는 상장례, 탄옹 권시(權諰, 1604~1672)

와는 도심인심에 관하여 논의한 서신을 남겼다.

　박지계에 관한 연구는 여러 편이 나왔다. 박지계 관련 연구는 초기에 원종추숭론과 예론 연구가 5편 나왔으며, 격물설과 인심도심설에 관한 연구도 나왔고[1], 그의 삶의 역정에 대한 연구도 있다.[2] 이러한 연구에도 불구하고 박지계가 당대의 대표적인 도학자로서 지녔던 위상과 학문에 대한 조명이 미흡한 듯하다. 박지계의 성리학에서 중심 문제였던 격물치지론과 인심도심론에 대한 연구는 이미 선행연구가 있기에, 여기에서는 박지계가 출사하여 경세에 참여한 내용과 평생 노력한 학문을 통하여 그의 도학정신과 학문관을 중심으로 기술하고자 한다.

2. 출사와 산림으로서의 경세 참여

　박지계는 당시대를 대표하는 산림으로서 학문뿐 아니라 적극적인 현실 참여 정신을 보여주었다. 박지계의 출사는 두 시기로 나누어 볼 수 있다.

　첫째, 학행(學行)으로 천거되어 출사한 시기이다. 박지계는 33세

1　이선열, 「잠야 박지계의 인심도심설」, 『한국철학논집』 33, 한국철학사연구회, 2012; 전병욱, 「잠야 박지계의 격물설」, 『민족문화연구』 61, 민족문화연구원, 2013; 신항수, 「잠야 박지계 사상의 역사적 성격」, 『조선시대 아산지역의 유학자들』, 지영사, 2007.

2　김일환, 「잠야 박지계의 삶과 행적 연구」, 『지방사와 지방문화』 24-2, 역사문화학회, 2021.

인 1606년(선조 39) 당시 이조판서 허성(許筬, 1548~1612, 허균의 형)이 그를 왕자(王子) 사부(師傅)로 천거하였고, 36세인 1609년(광해군 1) 홍문관 부제학 최현(崔晛, 1563~1640)이 동궁(東宮)을 보도(輔導)하는 익위사(翊衛司) 좌세마(左洗馬) 겸 서연관(書筵官)으로 천거하고 이어 동몽교관(童蒙敎官)에 천거하여 임명되었으니 학행으로 이름났음을 알 수 있다. 그러나 부름에 일체 나아가지 않고 충청도 신창현[현재 충청남도 아산시 신창면]으로 옮겨 살면서 권득기(權得己, 1570~1622), 권필(權韠, 1569~1612), 조익(趙翼, 1579~1655) 등과 교유하면서 성리학을 변론하였다. 이후 연산의 김장생(金長生, 1548~1631), 김집(金集, 1574~1656), 연기(회덕)의 강학년(姜鶴年, 1585~1647) 등과 더불어 당대의 충청 출신 산림학자로 명망이 있었다. 박지계는 광해군(光海君, 재위 1508~1623) 시기에는 줄곧 조정에 나가지 않았으며, 1620년(광해군 12)에 호우와 기근이 들자 잠시 남양(南陽; 현재 경기도 화성시 남양읍)으로 옮겨 살았다.

둘째, 인조반정 후 산림으로 출사한 시기이다. 박지계는 51세인 1623년(인조 1)에 인조반정이 일어난 후, 조정에 학문이 독실한 재야에 묻힌 '노성숙유(老成宿儒)' '임하숙덕지사(林下宿德之士)'로 추천되어 산림으로 조정에 나아가 경세(經世)의 도를 펼칠 수 있는 기회를 얻었다. 그해 5월에 박지계는 김장생(金長生, 1548~1631)[3], 장현광(張

---

3 박지계는 김장생을 김장(金丈; 아무개 어른)이라고 칭했다(『잠야선생집』 권7, 禮辨, 〈金沙溪 長生 書辨〉, 〈又辨金沙溪書〉 참조). 박지계는 김장생의 문인이자 자신의 처남인 이경직(李景稷, 1577~1640)과 이경석(李景奭, 1595~1671) 등 김장생 문인과 교류하였다. 김장생의 아들 김집(金集, 1574~1656)과는 한 살

顯光, 1554~1637)과 더불어 당대의 산림으로 조정에 초빙되었다. 김
장생보다 25세, 장현광보다는 19세 적은 나이니 그의 학행에 대한
기대가 대단하였음을 알 수 있다. 이때 조정은 새로 성균관 사업(司
業; 정원은 3인, 종4품) 직을 만들어 이들을 임명하였다. 그 해 7월에
박지계는 부름에 나아가 사헌부 관직에 발탁되었는데, 인조의 사묘
(私廟)의 칭호에 대해 의논하게 되자 인조의 생부 정원군을 대원군
(大院君)으로 추존하여 종묘에 배향하여야 한다고 건의하여 물의가
일어나자 사직했다. 그는 다시 사포(司圃)을 거쳐 사헌부 지평(持平)
에 제수되었다. 박지계는 당시의 과거 제도의 폐단을 논하고 이를
개선하는 방법으로, 주자의 덕행과(德行科), 조광조(趙光祖)의 현량
과(賢良科), 이이(李珥)의 선사법(選士法) 등을 건의했다.

박지계는 1624년(인조 2) 1월에 이괄(李适)의 난이 일어나자 공주
로 내려가 왕을 호종했다. 난을 평정한 후에 김장생과 같이 한양으
로 올라가서 인조에게 '양민치병(養民治兵)'의 계책을 상소했다. 그
해 2월에 영월 군수(寧越郡守)가 되어 성균관 사업 김장생과 함께 인
조를 만나 맥도(貊道; 북쪽 오랑캐의 조세 제도로 20분의 1 조세)를 행하
더라도 오직 백성을 편안하게 하고 무사(武事)를 강습하게 하는 것
이 급무라고 건의했다. 이 해에 인조가 자신의 생부 정원군(定遠君;
원종, 1580~1619)[4]을 원종으로 추숭(追崇)하려 하자, 이에 찬성하는

많은데, 박지계와 김집과의 교유는 확인할 수 없다.
4 인조반정 후 대원군이 되었다. 사후 1632년(인조 10) 원종경덕인헌정목장효대왕
   (元宗敬德仁憲靖穆章孝大王, 약칭 원종)이라 묘호를 정하였으며 부인은 경의정
   정인헌왕후(敬毅貞靖仁獻王后, 약칭 인헌왕후)로 추존되었다. 1635년(인조 13)

상소를 올려 당시 25세 연상의 김장생(金長生)의 의견과 달라 조야
에 갈등이 일어났다. 4월에 남양에서 신창현의 옛집으로 돌아왔다.
인조반정 후 조정 대신들은 선왕인 광해군을 임금으로 인정하지 않
았기에, 인조가 선조의 손자이지만 선조의 왕위를 이어 받았다고 보
았으며, 따라서 선조와 인조를 조손(祖孫)이 아닌 부자(父子) 관계로
보고, 생부인 정원대원군과 인조를 숙질 관계로 보아야 한다는 것이
중론이었다. 11월에 청풍 군수(淸風郡守)에 임명되었으나 부임하지
않았다.

박지계가 53세인 인조 4년(1626) 1월에 인조의 생모 계운궁 구씨
가 사망했다. 인조는 계운궁의 상을 3년상으로 치르고자 했고, 자신
의 생부 정원대원군을 덕종으로 추숭하고자 했다. 그런데 박지계는
정원대원군을 임금의 아버지로 대해야 한다고 주장하고, 이귀(李貴,
1557~1633) 등과 함께 원종 추숭에 찬성했다. 인조는 박지계의 지원
을 받아 계운궁의 상을 3년상으로 치루었다.

박지계가 54세인 1627년에 후금이 침입(정묘호란)하여 인조는 강
화도로 피난하고 화의를 논할 때, 박지계는 4,430자에 달하는 〈척
화소(斥和疏)〉를 올려, 우리나라는 동쪽 번국의 신하[東藩之臣]이며
천조의 재조(再造) 은혜를 입었으므로, '척화(斥和)는 천조(天朝; 明
朝)를 위한 신도(臣道)'라고 하고, 이때 원수인 오랑캐가 직접 쳐들어
왔으니 끝까지 싸워 이적(夷狄)을 물리쳐야 한다고 주장했다.

박지계는 57세인 1630년(인조 8)에 다시 아산현[현재 아산시 염치읍·

종묘에 부묘되었다.

음봉면·둔포면·영인면·인주면 일대]으로 이주했다. 그후에도 관직에 수 차례 징소(徵召)되었으나 그는 대부분 사양하고 '산림처사(山林處士)'로 살았다. 60세인 1633년(인조 11) 사헌부 집의(執義)에 임명되어 〈만언소(萬言疏)〉를 올렸다.[5] 이 상소는 무려 16,447자에 달하는 상소로서, 국가의 정치·군사·경제·교육 체제 전체를 성리학 원리로 재편하는 개혁안이었다. 그의 주장은 첫째, 국가의 흥망은 외침보다 국가 도덕과 기강의 붕괴에 달려 있으니, 성리학적 질서(삼강오륜)을 강화하고 사대부의 의리정신을 강화해야 한다. 둘째, 대의(大義) 없는 화친(和親)은 국망(國亡)이며 명에 대한 사대(事大)의 의리는 신하국의 도리이다. 셋째, 국가의 각종 폐단을 없애고 부국강병을 이루는 정책을 시행해야 한다.[6] 넷째, 과거제 선발을 폐지하고 덕행 중심으로 인재를 뽑아야 한다고 주장했다. 1634년 동부승지(同副承旨)에 임명되었으나 사임했다. 그 다음해 1635년(인조 13) 7월에 아산에서 사망했다. 그 다음해인 1636년(인조 14년) 12월에 병자호란이 일어났다. 서산에 장사 지냈다가, 충청북도 청주시 서원구 남이면 사동리에 이장했다. 충청남도 아산의 인산서원(仁山書院)에 배향되었다.

---

5 『潛冶先生集』 권3, 疏, 斥和疏 丁卯

6 그 내용은 백성의 요역(徭役)과 부세(賦稅)를 가볍게 하여[輕徭薄賦] 백성의 고통을 덜어주고, 백성들이 근본에 힘써 농사에 힘쓰게 하여[務本力農] 부강한 업[富強之業]을 이루어야 국방력을 높일 수 있다. 조선 사회의 병폐는 세 가지 구조적 부패로 요약된다. 중앙 관청[京各司]의 색리(胥吏)들이 공납을 명목으로 민간에 과중한 부담을 지우고 그 이익을 차지함, 지방 수령(守令)이 이전의 악습을 관례로 포장하며 부세를 반복적으로 증징함, 아전(衙吏)이 실무를 독점함 등이며 이 삼폐(三幣)를 척결하고, 군역 개혁과 조세제도 정비를 병행해야 한다.

3. 학문의 연원과 학문관

1) 학문의 연원과 목적

박지계의 학문과 사상은 당시 사림들의 정신 지향과 시대 과제를 반영하고 있으며, 임진왜란 이후 조선 사회의 혼란 시기에 도학을 굳건히 지키고 후대에 전하려 했다. 박지계는 조선 후기의 전형적인 성리학자이자 예학자로서 유학 경전으로 학문의 바탕을 삼아 충효(忠孝)의 윤리관을 담은 예학(禮學)에 일가를 이루어 자신을 수양하고 사회를 구제하고자 했다. 박지계는 경학과 주자학 탐구를 통해 자신의 학문 기반을 다졌으며, 경전의 근본 뜻을 탐구하고 심학을 심화하면서, 예(禮)로서 자신의 도덕 수양과 사회 문제 해결에 적용하려 했다. 이러한 박지계 학문의 연원과 목적을 다음과 같이 정리할 수 있다.

첫째, 박지계는 충효(忠孝)와 인의(仁義)의 윤리관을 실현할 최선의 방도는 주자의 학문이라고 보았고, 주자가 제시한 바와 같이, 개인의 내면 수양[修己]을 하는 방법으로 자신의 마음을 바르게 하고(正心), 성(誠)을 다하며(誠意), 지(知)를 밝히는(致知) 과정을 통해 도덕 본성을 자각하고 회복하여, 이를 바탕으로 세계에 대한 올바른 인식과 실천을 행할 수 있다고 여겼다. 따라서 학문 방법에 있어서 주자의 공부방법인 '거경궁리(居敬窮理)'를 핵심으로 삼았다. 박지계는 특히 '격물치지(格物致知)'의 공부가 필요한 이유를 다음과 같이 말했다.

"요즘은 『대학』에서 말한 '격물치지(格物致知)'의 공부가 폐해졌고, 유학자들조차 바르게 앎에 이르지 못해 지식이 가려지고 있다. 한쪽만 보고 다른 한쪽은 알지 못한다. 묵자(墨子)는 인(仁)만을 보고 의(義)를 몰라 아비 없는 세상으로 이끌었고, 양주(楊朱)는 의만 보고 인을 몰라 임금 없는 세상을 주장하였다."[7]

박지계가 '격물치지'를 학문의 근간으로 삼은 이유는 인간으로서 살아가는 이유가 인의(仁義)와 충효(忠孝)를 행하는 존군부(尊君父)에 있다는 것을 알고자 함이며, 주체적으로 인의(仁義)와 충효(忠孝)를 행하는 도덕적 앎(知)의 근거를 확보하고 지속적인 실천(行)을 강화하기 위해서이다. 주자는 인간의 본성(性)에 우주자연의 본편적 원리인 '리(理)'가 내재해 있으며 완전한 인생(성인의 인생, 도덕적 인생)은 그 내면의 리를 실현하는 것이다. 그러자면 내면의 리[仁義]를 실현하는 것만으로는 부족하고 세상사물의 이치를 제대로 이해해야 한다고 생각했다. 사물(物)에 내재한 리(理)를 탐구하여야 인의와 충효를 행하는 참된 앎에 도달[致知]하고 적절한 인생(人生)이 가능하다고 보았으므로, 격물 공부는 성현들이 증험해간 역사적 경험적 지식을 통해 검증하며 자신이 처한 상황에 적절한 인식과 대응을 하기 위해 필수적이라고 보았다. 자기 내면에 내재하는 '천리(天理)'를 알아차리고 세상에 바른 도리[忠孝]를 깨달아야 도덕적으로 사리에 맞

---

7 『潛冶先生集』 권6, 雜著, 堂箚辨說, "蓋自大學格物窮理之工廢。世之儒者。不能致知。知有所蔽。但見一邊。不知一邊。如墨者但見仁一邊。而不知有義。其差至於無父。楊朱但見義一邊。而不知其仁。其差至於無君

는 삶이 가능하다는 뜻이다. 그리하여 주자는 『대학』에 "격물치지" 보망장(補亡章)을 보완하고 심성 수양과 사회적 실천을 위한 실제적 도덕수양 공부법으로 체계화하여 제시했다. 주자는 '치지(致知)'를 독서(讀書)로는 그 뜻을 구하고, 처사(處事)에는 그 당연함을 구하며, 외물을 접하거나 마음을 보존함[接物 存心]에 그 시비·사정[是非·邪正]을 깊이 살피고 연구하는 것이라고 했다.[8]

둘째, 박지계의 학문관은 주자와 율곡의 학문관을 따라 '존덕성(尊德性)' '도문학(道問學)'을 아울러 중시하여 '거경궁리'를 학문 방법의 근간으로 삼았으며, '하학이상달(下學而上達)'하는 학문 태도를 권장하였다고 요약할 수 있다. 주자와 율곡의 학문은 '존덕성 도문학'의 양 측면을 모두 증진하고자 하는 데 중점이 있으며, 선현(先賢)을 본받아 학덕(學德)을 모두 겸비하여 인식사고 능력과 감성공감 능력, 실천 능력을 모두 향상하고자 했다.

박지계의 학문 연원은 젊은 시절에 사승(師承) 관계가 분명하지 않기에 잘 알 수 없다. 그러나 그의 〈연보〉에 박지계는 29세 무렵에 우계 성혼과 율곡 이이를 존모(尊慕)하며 이들 문하에 나가 배우지 못한 것을 한스러워 했다는 기록이 있고[9], 59세인 1632년(인조 10)에 사업(司業)·장령(掌令)·집의(執義)를 역임하면서 적극 나서서 이이(李珥)와 성혼(成渾)의 문묘종사(文廟從祀)를 수창(首唱: 두목이 되어 주

---

8 『주자어류』, 15:3 "問, 致知莫只是致察否? 曰, 如讀書而求其義, 處事而求其當, 接物存心察其是非·邪正, 皆是也."
9 『潛冶先生年譜』.

창함)하여 요청 상소를 올린 것을 보면 그의 학문 연원과 방향이 우율(牛栗)로부터 이어지는 조선의 정통도학을 이었다고 보여진다.

성리학 또는 도학은 사람이 인의(仁義)를 지니고 있기에 천지인(天地人) 삼재(三才)에 참여하는 것이며, 천지인의 도를 담은 문(文)으로서 성인이 전수해간 마음의 부신[傳心之符]과 선왕(先王)들이 덕교(德敎)를 행한 도를 알게 된다고 보았다. 또한 이를 바탕으로 후현(後賢)들이 성리(性理)의 학을 전수하여, 인의(仁義)에 입각하여 마음을 궁구하고, 덕을 높이고 의를 즐기며[尊德樂義] 충(忠)과 효(孝)와 의(義)를 행하게 하고자 하는 것이다.

이처럼 박지계의 학문은 효제(孝悌)에 근본을 두고, 예 실천을 중시하였으며, 정주(程朱) 학설을 철저히 독신(篤信) 존숭(尊崇)하고, 이이와 성혼을 동방의 모범으로 삼아서, 이론적인 성리학 탐구를 현실 생활에서의 도덕 실천에 적용하는 실천성을 강화했으며, 경전의 가르침을 자신의 삶 속에서 구현하여 올바른 인격과 사회적 책임을 다하려 했다.

이처럼 선비가 도학자로서 성리학과 심학을 하는 이유는 무엇보다 자신이 인의(仁義)를 행하여 사람답게 살고자 하는 인간적인 노력이다. 선비가 사람답게 산다는 것은 자기 마음의 양심을 알아차리고 자신의 양심대로 살아가는 의지와 힘을 키우고자 하기 때문이다. 조선 선비들은 도학(道學)을 숭상하여 일생동안 인(仁)을 이루고 의(義)를 취하여 마음에 부끄러움이 없이 살고자 하였고, 이를 위해 '수기치인(修己治人)'을 자신의 평생 과제로 삼았다. 그리하여 선비들은 자신은 일상의 삶을 조석(朝夕)으로 수양하는 장으로 삼았고,

세상에 나아가서는 국가 사회에서 인의와 충효의 도를 바탕으로 사람들이 인간답게 살아갈 수 있는 세상을 만들고자 경세(經世)하는 일을 자기의 사명으로 여겼다.

이로서 보면 공부하는 까닭은 무엇보다도 반드시 경(敬)으로 마음을 온전하게 유지하면서 흐트러트리지 않게 하고, 이치를 궁구[窮理]하여 선을 밝혀서 마땅히 실천해야 할 도리를 분명하게 알게 되어, 내 마음이 외부 사물에게 좌우되지 않고 흔들리지 않는 곧은 마음으로 실천하여 나갈 바가 있게 되는 것이다. 따라서 학문을 하여 도에 들어감은 마음을 오로지 하고 이치를 궁구하는 것을 우선할 것이며, 이치를 궁구함은 독서를 우선 할 것이라고 하였다. 독서는 '성현들이 마음을 쓴 자취'[用心之迹]와 '선과 악 중에서 본받고 경계해야 할 것'[可效可戒]을 알기 위해서라고 했다. 그리고 학우들 간에 이에 관한 논변을 하는 것이다.

따라서 사제와 학우가 성리와 예 논변이 자신과 다르거나 자신의 주장을 비판한다고 해도 그를 미워할 것이 아니다. 서로 자신의 생각을 주장하고 상대방 이론에 대해 논변하고 비판한다고 해도 서로 자신의 생각을 더욱 갈고 닦는 일로 삼았다. 이러한 선비들의 논변은 박지계가 권득기, 조익 등과의 격물 논쟁에서 볼 수 있다. 권득기는 그와 학우이자 사돈이지만, 격물설 논변에 있어서 서로 한 치도 물러서지 않았다.

2) 주자학은 학문의 중심

박지계의 학문 중심은 주자학이었다. 주자 존신은 그의 학문태도를 시종일관했다. 박지계는 주자의 학문을 절대 기준으로 삼아야 한다고 주장하면서, '주자의 한 글자라도 어기면 천리에서 한 걸음 어긋난다.' '여러 유학자의 견해를 섞어 보려 하는 것은 위험하다.'고 했다. 박지계의 학문태도는 창신(昌新)보다는 신중함과 근신(謹愼)을 바탕으로 의양(依樣)의 태도를 중시했다. 선현의 글에 대해서는 그 뜻을 이해하기를 위주로 하였고, 권득기와 조익 등과 학술 토론 서신에서 그들에게 "단 한 걸음만 어긋나도 그릇됨이 이와 같다."고 비판하면서 주자학을 옹호하면서도, "나는 다투려는 것이 아니라, 후학을 위해 내 견해를 남기려는 것이다."라는 태도로 학문적 예의를 보이면서, 상대를 비판하되 존경을 잃지 않으며 겸손하게 대했다.

가장 가까운 학우였던 권득기[10]와는 학문을 통하여 도에 이르는 것이 공동의 목표였지만, 공부 방법이 달랐다. 격물에 관한 서신은 박지계는 3통 남겼고, 권득기는 5통 남겼다. 두 사람이 주고 받은 편지를 통하여 서로간에 주장한 격물설을 알 수 있다. 권득기는 독서는 박람과 창의의 방법을 중시하고 박지계는 독서는 숙독과 의양

---

10 권득기와 박지계 가문은 중첩된 혼인 관계이다. 권득기 가문과 박지계 가문은 학문적으로 사제 관계이며 사돈 관계를 이루고 있다. 권득기의 아들 권시는 박지계의 문인이고, 박지계의 아들 박유근은 권득기의 문인이다. 권득기의 장남 권적은 박지계의 맏형인 박지양(朴知讓)의 딸과 혼인하고, 다섯째 아들 권시는 박지계의 중형 박지경(朴知警)의 딸과 혼인하고, 권득기의 손자는 박지계의 아들 박유근의 딸과 혼인했다.(손자며느리)

의 태도를 중시했다. 박지계가 권득기에게 말했다.

"이제 형의 편지를 받아 보니, 나를 꾸짖어 말하시기를, '그대는 주자의 가르침(朱訓)을 따름에 있어서 너무 모양만 본떠 그대로 따를[依樣] 뿐이다.' 또 '안자(顔子)처럼 어긋남이 없이 따르지 못하면서 그저 억지로 남과 같은 말을 반복한다면 발전이 있을 수 없을 것이다.' 또 말하시기를, '나는 어리석어서 주자의 가르침에 의혹을 품지 않을 수 없다.'고 하셨습니다. 이 세 말씀을 살펴보건대, 형께서는 비록 겉으로는 감히 주자의 가르침을 공격하지 않으시지만, 실제 마음속으로는 그것을 의심하고 본받으려 하지 않으심이 분명합니다. 내가 이전에 형께 드린 규계의 말씀(충언)이 결코 헛된 것이 아님이 이제 드러났습니다.

율곡 선생이 말씀하시기를, '차라리 퇴계(退溪)의 가르침을 그대로 따르는[依樣] 사람이 될지언정, 화담(花潭)처럼 자기 스스로 깨달았다[自得]고 하는 사람은 되지 말라.'고 하셨습니다. 이 말씀은 역대 모든 유학자들의 논의 가운데에서도 가장 탁월한 말입니다. 화담 서경덕의 높은 식견이 주자의 설을 따르지 않은 것은 아니었습니다. 『화담집(花潭集)』에 이르기를, '무엇을 생각하고 무엇을 의심하겠는가? 성인의 법을 따르고 성인의 가르침을 좇을 뿐이다.'라고 하였습니다. 그가 비록 스스로 깨달음을 말했다 하더라도, 그 깨달음 또한 먼저 그대로 본받음[依樣]에서 비롯된 것입니다. 그런데도 율곡이 오히려 이처럼 ('차라리 퇴계처럼 본받는 사람이 되라'고) 말한 것입니다."[11]

---

11 『潛冶先生集』권4, 書, 答權重之 得己, "今承來書。責鄙人曰。其於朱訓。多作依樣。又曰。不能如顔子之不違。而苟爲雷同。則無長進之時。又曰。不肖不能無惑於朱訓。觀此三言。則兄於朱訓。雖不敢顯言攻之。意實疑惑而不欲法也。前日鄙人奉規之說。果非誣矣。栗谷先生曰。寧爲退溪之依樣。不爲花潭之自得。此說乃卓越於歷代諸儒處也。花潭先生之高識 非不爲依樣朱說者 花潭集曰 何思何慮 遵聖法從聖訓 如斯而已云云。則其爲自得 先從依樣而入也. 然而栗谷猶且云爾者."

박지계는 권득기에게 주자학을 존숭하고 그대로 따르는 의양의 태도로 학문하라고 비판한 것이다. 배움의 초기 단계에서는 그대로 따름(依樣)이 반드시 필요하다고 주장하면서 권득기가 '주자를 무비판적으로 따르는 것은 발전이 없다', '그저 형식적으로 뇌동(雷同)하는 것이다.'라고 비판한 것에 대해 다시 반박했다. 박지계는 공자 제자들의 사례(宰我, 子路)를 들어 '모방'이라도 옳은 길을 따르는 것이 진보의 첫걸음이라고 하고, 주자의 뜻을 다 알 수는 없지만, 그 가르침을 따라 실천하는 것 자체가 이미 도리를 따르는 길이라고 다음과 같이 주장했다.

"이는 주자의 가르침을 그대로 따르는 공부(依樣之工夫)를 귀하게 여긴 것이니, 형께서 비판하신 바와는 전혀 다른 뜻입니다. 배움이 아직 안자(顔子)처럼 마음이 성인의 마음과 통하는 경지에 이르지 못했을 때에는, 그대로 본받되 어기지 않음(依樣而不違)이야말로 안자의 학문에 오르는 사다리요, 입문 단계인 것입니다."

박지계가 주자학을 준수한 이유는 유학의 공부 방법은 '하학이상달(下學而上達)'의 방법이며, 그 방법이야 말로 도에 다다르는 가장 빠르고 바른길이라고 여겼기 때문이었다. 박지계는 다음과 같이 말했다.

"우리는 마땅히 주자의 확립된 가르침(著訓)을 옛날 재아(宰我)가 옛 선왕들의 제정한 예(禮)를 믿고 따랐던 것처럼 따르고 믿어야 합니다. 그리하면 도리에 순응하고 바른 규범을 지키는 사람이 되는 데에는 조금도 어긋남이 없습니다. 그러나 학자(學者)라면 일반 백성처럼 ‘단지 따르기만 하는 자’로 머물러서는 안 됩니다. 반드시 그 까닭을 알아야(知之) 합니다.

그러나 그 앎 또한, 결코 도리(理)를 벗어나서 존재하지 않습니다. 다만 그 도리 속에서 ‘왜 그렇게 되는가(所以然之故)’를 깨닫는 것, 이것이 바로 공자께서 말씀하신 ‘아래에서 배우되 위로 통달하는(下學上達)’ 것입니다. 공자께서 ‘상달(上達)’의 뜻을 말씀하시기를, “나를 알아주는 이가 없구나, 나를 아는 자는 오직 하늘뿐일 것이다.” 하셨습니다. 이에 대해 주자께서 풀이하시길, “나는 다른 사람들과 크게 다르지 않게 배워서 깨달았으므로, 사람들은 나를 알지 못하나 하늘은 홀로 나를 아는 것이다.”라고 하셨습니다. 오늘날 비록 상달의 경지에 이른 학자가 있다 하더라도, 그가 위로 통달한 부분은 다른 사람들이 알지 못하지만, 그의 하학(下學)은 그저 ‘이치를 몰라도 따르는 사람들’과 크게 다르지 않습니다. 그렇다면 그의 행적이 소위 ‘남과 같음(雷同)’이라 불리는 것과 무엇이 그리 다르겠습니까?

그런데 어떤 이는 남과 다름을 세워 억지로 높은 곳에 이르렀다고 여기시만[立異以爲高], 이를 높다고 여긴다면, 이미 ‘아래에서 배우는 도(下學之道)’를 잃은 것입니다. 하물며 위로 통달하기를 바라겠습니까? 만약 위로 통달하려 하지 않고, 주자의 가르침을 그저 형식적으로 모방(苟爲雷同)만 한다면, 과연 형께서 말씀하신 대로 그는 평생토록 지금과 다를 바 없이 아무런 진보도 없을 것입니다. 이것이 바로 맹자께서 말씀하신, “습관은 있으나 살피지 못하고, 행함은 있으나 드러나지 않는다.” 즉 평생토록 도(道)를 알지 못하는 사람을 가리킨 것입니다. 그러나, 비록 살피지 못하고 드러나지 않아 도를 모른다 하더라도, 그럴수록 더욱 알지 못하는 부분은 삼가고, 성현이 이미 세운 법도[成法]를 공경히 지켜야 합니다.”[12]

박지계는 후학으로서 공부하는 가장 좋은 방법은 '하학상달'이므로, 스스로 겸허하게 하학하는 태도로 선현을 따르는 것이 옳은 학문 방법이라고 여겼다. 그리하여 권득기에게 다음과 같이 경계했다.

"오늘날 학문하는 이들 가운데 아직 도를 알지 못한 선비라 하더라도, 스스로 제멋대로 하지 않고 주자의 가르침을 따르고 믿는다면, 어찌 지금 시대의 양주와 묵자와 같은 사설들에 대하여 반드시 공격하고 토벌하는 설이 필요하다고 주장하겠는가? …… 이러한 큰 법도 앞에서 주자의 가르침을 따르지 않는다면, 사악한 학설이 바른 도리를 해치고 큰 인륜이 사라지게 될 것이다. 역대 성인들이 세상을 구제하려 한 뜻이 사라지고 다시는 일어서지 못하게 된다. 형께서 세운 이론이 이렇게 엄중하지 못하니, 이것이 어찌 성인을 모욕하는 가장 심한 일이 아니겠습니까? 바라건대 삼가 깊이 헤아려 보시기 바랍니다."[13]

12　『潛冶先生集』 권4, 書, 答權重之 得己, "但當遵信朱子之著訓。有若宰我之遵信先王之制禮。則不失爲順理守常之人矣。至於學者則非如凡民之但可由之。必使有以知之。然其所以知之者。亦未嘗離夫所由之理。但於是理之中。悟其所以然之故。是所謂下學上達也。孔子言上達之意曰。人莫我知也。知我者其天乎。朱子釋之曰。無以甚異於人而致其知。故自有人不及知而 天獨知之妙。今雖有上達之士。其所上達處。人不及知。而其所下學處。則亦與不知而由之者。無甚異焉。則其爲事跡。與所謂雷同者。有何分別乎。厭爲雷同。而必欲立異以爲高。則已失下學之道。況望上達乎。不務上達。而其於朱訓。苟爲雷同而已。則誠如兄言終身猶夫今。而無長進之時矣。此正孟子所謂習不察行不著者也。終身不知道也。雖然。不察不著而不知道。則尤當闕其所不知。而謹守聖賢成法。"

13　『潛冶先生集』 권4, 書, 答權重之 得己, "今之學未知道之士 苟不自用 而遵信朱訓。則其於今之楊墨。何可倡爲不必攻討之說乎。…… 於此大法。不遵朱訓。則邪說害正。大經將滅。列聖救世之意。淪沒而不振。兄之立說之不嚴。豈非侮聖之甚者。幸願量之."

이에 대해 권득기는 병중에 있으면서도 다음과 같이 반론했다.

"…… 제가 이제 곧 죽게 되니, 부득불 극언하지 않을 수 없어 감히 이 어리석음[愚]를 바칩니다. 바라옵건대 형께서 부디 한 번 마음을 내려 두시기 바랍니다. 또 형께서는 늘 주자설을 높여 믿고자 하지만, 실제로는 주자설을 모방하기만 급급하고, 그 본뜻을 탐구하지 않습니다. 앞서 말한 '아홉 조목'의 일도 그러합니다. 그러므로 글자와 문장을 논하심에 있어 주자의 본뜻을 제대로 얻지 못하신 경우가 많습니다. 저 같은 사람은 주자의 말씀에 미혹(迷惑)하지 않을 수 없습니다."[14]

"형께서는 주자의 말씀에 대해 조금도 의심이 없다고 하시니, 이는 과연 안연(顔淵)처럼 '어김이 없는' 경지에 이른 것입니까, 아니면 단지 우매하여 의심조차 하지 못하는 것입니까? 저는 아직 반드시 믿을 수는 없습니다. 혹시 의심을 떨쳐버릴 수 없다면, 그렇다고 억지로 따르기만 한다면 종신토록 지금과 다르지 못하여 진보하는 때가 없을 것입니다."[15]

이러한 두 사람의 학문태도 차이는 그들의 격물설에서 잘 드러난다. 박지계는 거경궁리를 불가분의 관계로 보고 다음과 같이 학문하

14　『晚悔集』 권5, 雜著, 書, 與朴仁之書, "…… 故將死 不得不極言之 以獻其愚. 願兄 試留意焉. 且兄每欲尊信朱說 而其於朱說 多作依樣葫蘆 而不尋究主意之所在. 如 上所陳九條之云者. 故其論文字 多有不得朱子本意者. 如不肖者 不能無惑於朱子 之言."

15　『晚悔集』 권5, 雜著, 書, 與朴仁之書, "…… 兄於朱子之言無所疑. 是果顔子之不 違如愚耶. 愚未能必信也. 如或不能無疑. 而苟爲雷同. 則終身猶夫今日. 而無長 進之時矣. 程子所謂不敢自信而信其師者. 亦有其意. 非謂不思義理而苟爲雷同 也. 如此等處. 是皆觀書誤認之所致. 竊意此亦在所當改也."

는 방법의 중심에 두었다.

"…… 정자(程子)가 말하기를, "앎을 기르는 데에는 욕심을 적게 함만한 것이 없고, 앎을 궁구함에 있어 공경(敬)하지 않고는 이를 수 있는 자는 아직 없었다."라고 했다. 그러므로 함양(涵養)에는 반드시 경(敬)을 써야 하고, 학문을 진전시키는 일(進學)은 지(知)를 이룸(致知)에 있다. 이 두 가지는 마치 새의 두 날개와 같아서, 어느 한쪽도 결핍되어서는 안 된다."[16]

이 말은 '치지는 경에 달려있다[致知在敬]', '경으로서 지를 이룬다[以敬致知]'고 정리할 수 있다. 박지계는 주자의 경(敬)에 관한 말과 독서법에 관한 논설을 모아 살펴보기 편하도록 정리하고자 했다. 스스로 자장(子張)이 『서신(書紳)』을 편찬한 뜻과 같다고 했다.

"염려되는 것은 형께서 주자의 가르침(朱訓)을 지나치게 공격하여 그것을 본받을 만하지 않다고 여기실까 두렵다는 것이다. 내가 일찍이 이 뜻으로 형께 작은 규계(規誡)를 올린 적이 있는데, 형께서는 내 말을 대낮에 남을 붙잡고 살인죄를 뒤집어 씌우는 것에 비유하였습니다.(참으로 억울한 일이다.)"[17]

---

16 『潛冶先生集』 권4, 書, 答權重之, "雖然。程子曰。養知莫過於寡欲。未有能致知而不在敬者。是故。涵養須用敬。進學在致知。二者如鳥兩翼。切欲類聚朱子言敬處及所論讀書法。以便考覽。以比子張書紳之意。而兼與二三同志後生共之。而時未暇耳。但恐兄力攻朱訓。以爲不足法也。鄙人嘗以是奉規於吾兄。而兄以鄙說。比之於白晝執人。誣以殺人之類矣。

17 위와 같은 곳.

박지계는 격물과 인심도심에 관하여 논변을 많이 했다. 그의 성리설에 관한 선행 연구도 그의 격물설과 인심도심설 연구가 있다. 박지계는 격물(格物)의 의미와 방법을 분명하게 하고자 했다. 그는 평생 인생과 학문의 동지인 권득기와 서신을 주고 받으며 이 문제를 논변하였다. 권득기는 철저한 '반신순리(反身循理)'와 '구시(求是)'의 학자로 널리 알려져 있으며, 문의(文義)·의리(義理)·사증(事證)을 바탕으로 다각적으로 경전을 해석하여 의리적 해석으로 일관한 주자학적 해석방법과는 변별되는 것이다.[18]

박지계와 격물론 등을 논변한 권득기는 논변하는 과정에서 경전 해석에 자기 관점을 많이 표현하는 편이었다. 권득기는 경전을 발췌하고 기록할 때 자기 견해를 만들어 붙이거나, 경문의 본뜻이나 주자(朱子)의 정설을 벗어나 새로이 의리를 덧붙인 곳이 많았다. 본인은 공부하는 데에 보탬이 되고자 했을 뿐이라고 했다.[19] 그러나 박지계는 이러한 권득기의 학문 태도를 좋지 않게 보았으며 권득기도 박지계의 격물에 대한 이해가 부족하다고 여겼다. 박지계는 권득기의 주장에 대해 '광망(狂妄)에 이르는 방법'이라든지 '선학(禪學)으로 흐르게 된다' 등의 말로 강력하게 비판했다. 그리고 다음과 같이 주

---

18 권득기의 『맹자참의(孟子僭疑)』는 주자의 주해에 얽매이지 않고 자유롭게 『맹자』를 읽어낸 것이며, 조선에서 주자학이 교조화 되기 이전 비판적인 시각을 지닌 학자에 의해 어느 정도까지 경전이 음미될 수 있는가를 보여주는 것으로, 퇴계 이황의 『맹자석의』보다 풍부하고, 사계 김장생의 『맹자변의』와 우암 송시열의 『맹자질의의의』에 비해서 자유로운 것이었다.(함영대,「만회 권득기의 학술정신과 『맹자참의(孟子僭疑)』」,『한국사상사학』 55, 한국사상사학회, 2017.)

19 『晚悔集』 권5, 잡저 ○書, 與朴仁之書.

장했다.

"경전을 풀이하는 법은 문자(文義), 의리(義理), 사실(事證) 이 세 가
지뿐입니다. 문자 뜻으로 보아서는 양쪽 모두 통하여 아무 해가 없으
나, 의리로 보아서는 '이치가 마음에 이른다'고 하는 말이 크게 해롭습
니다. 사실로 살펴보면, '마음의 사유가 사물의 이치에 이른다'는 뜻이
이처럼 분명합니다. 그러므로 저의 졸렬한 견해가 형의 말과는 합할 수
가 없는 것입니다."[20]

이처럼 두 사람이 주고 받은 서신은 한국 선비들의 치열한 학문
태도를 엿볼 수 있다. 박지계는 이러한 과정도 배움의 과정이라고
다음과 같이 말했다.

"대체로 서로 함께 토론하고 논의하면서 먹는 것도 잊을 만큼 즐거운
것은 반드시 스스로 옳다고 여기기 때문이 아니라, 각자 자기의 견해를
말하여 후일에 홀연히 깨달음을 얻기를 기다리기 때문입니다. 만약 그
깨달음을 기다리지 않고, 미리부터 서로 의견이 맞는다면, 이는 음식을
먹지 않고 배부른 것과 같습니다. 그 배부름은 병(病)이니, 참된 배부름
이 아닙니다. 형께서 여러 줄 가득히 써서 자신의 견해를 보내주셨기
에, 내가 그것을 두 세 번 읽고, 아들에게 명하여 잘 보관해 두어, 후일
을 기다리기로 하였습니다. 이제 나 또한 대략 나의 견해를 써서 형의
은혜에 보답하오니, 부디 두시고 때때로 살펴보시기를 바랍니다."[21]

---

20 『潛冶先生集』 권4, 書, 答權重之 得己, "釋經之法。文義義理事證三者而已。審其
　　文義。則既兩通而無所妨。以義言之。則物到於心云者。大有所害。以事證考之。
　　則心思之到於物理云者。若是其明白。故鄙見之不得與兄合也."

그 다음 편지에서는 서로간의 날선 비판이 비록 불편하더라도 서로 틀린 점에 대해 한 치의 어긋남도 용납하지 않되, 이기기를 좋아하는 '호승지병(好勝之病)'에 의한 것이 아니라, 미혹을 풀고 바른 도리를 밝히는 학문을 위한 것이어야 한다는 호학(好學)정신을 보여주었다.

> "(그대의) 가르침이 자세하여 사람을 감탄케 하셨습니다. 다만 아직 이해되지 않은 점이 있습니다. 대체로 서로 강론하고 토론하는 것은 서로 이익을 주고 서로 기쁘게 하고 서로 은혜롭게 하기 위한 것이지, 서로를 이기기 위한 것이 아닙니다. 그런데 형께서 '불평스럽다'고 하신 말씀은, 그 뜻을 알기 어렵습니다. 말과 얼굴빛 사이에 혹시라도 불평한 기색이 있었다면, 이는 마음가짐이 치밀하지 못하고, 한순간이라도 마음이 제자리에 있지 않았기 때문입니다. 옛사람들 중에는 임금 앞에서 얼굴빛을 바꾸며 서로 다툰 이도 있었으니, 그 정도야 괜찮다고 할 만합니다. 그러나 느긋하게 붓을 들어 글로 쓸 때에도 그 마음을 벗어나지 못한다면, 혹시 형의 변론이 사람의 미혹을 풀기보다는 스스로 이기기를 좋아하는 데서 나온 것은 아닙니까? 형의 맑고 곧은 기운이 세상에 으뜸인데, 이런 작은 일에 승부욕의 병을 면치 못함은 참으로 가소롭습니다. 그러나 형께서 이미 그것을 깨달으셨다면, 어찌 이대로 끝내고 다시 논변하지 않겠습니까?"[22]

---

21 『潛冶先生集』 권4, 書, 答權重之 得己, "凡相與講論之所以爲樂而忘食者。非必自以爲是也。但各言所見。以待後日之脫然有悟爾。若不待有悟。而先有合焉。則是不食而飽也。其飽。病也. 非眞飽也。兄旣滿紙縷縷。以惠所見。讀之再三。而命兒藏之。以待後日。生亦略言所見。以報所惠。幸留置時觀之如何。"

22 『潛冶先生集』 권4, 書, 答權重之, "誨論至詳。令人感歎。但有未曉者。凡所與講辨者。乃所以相益也相悅也相惠也。非所以相勝也。而兄今云不平。此意未可知也。

이처럼 박지계와 권득기의 학문 토론은 조선 선비들의 학문 태도를 잘 보여 주는 것이었다. 오랜 기간 동안 한 두 가지의 주제로 서로 강론하고 토론하면서 서로간의 학문과 수양에 도움을 주고 받는다는 치열한 학문정신을 보여 주었다.

4. '격물치지'의 학문 내용

1) '격물치지'로서의 독서 방법

박지계는 학문 방법으로 격물을 중시하였고, 격물은 독서를 주로 하며, 독서 대상은 경전과 주자서를 중심으로 박람(博覽)보다 숙독(熟讀)을 중시했다. 또한 사서(史書)인 『강목(綱目)』보다 『근사록(近思錄)』 읽기에 집중해야 한다고 주장했다. 이러한 독서 방법의 차이는 권득기의 아들 권시의 교육 과정에서 충돌하였다.

　"또 듣건대, 형께서 형의 아드님 시(諟; 권시)에게 『강목』을 읽게 하셨다고 하는데, 권시가 대답하길, "신상(身上) 공부로는 『근사록』 만큼 절실한 것은 없습니다."라고 하였다니. 이것이 바로 '애비가 아들을 내 마음대로 할 수 없다'는 말이니, 참으로 웃을 일입니다.
　처음 배우는 사람은 글자 공부를 서둘러야 함이 참으로 필요합니다.

辭色之間則雖或有不平。此乃出於持心不密。毫忽之間。心不在焉。古人至有君前失色相爭者。此則猶之可也。至於從容筆之於書而尙未免此。無乃兄之辨。不專於解人惑。而或出於好已勝耶。兄之淸高直氣。冠乎一世。而於此細事。未免好勝之病。誠可笑也。然兄已覺其然。忍謂終於此而不復辨耶."

그러나 만약 주나라, 진나라 이전의 글을 배우고자 한다면, 『시경』, 『서경』, 『논어』, 『맹자』면 충분합니다. 진나라, 한나라 이후의 사서는 『통감』으로 충분히 알 수 있습니다. 더 나아가 한(韓)·소(蘇)와 같은 대가들의 글에는 수많은 문체가 갖추어져 있습니다. 그런 책을 읽고도 글을 알지 못한다면, 그것은 읽기를 정밀하고 숙달되게 하지 않았기 때문이지, 책이 많지 않아서가 아닙니다.

마음이 거칠고 읽기가 정밀하지 않다면, 비록 만 권을 읽는다 해도 무엇이 되겠습니까? 오직 탐욕을 끊고, 고요히 사유하며, 마음의 거칠음을 다스리는 것이 중요할 뿐입니다. 대략 형의 뜻은 폭넓게 읽는 데 치중하고, 정밀하게 숙독하는 데에는 힘쓰지 않았다는 것입니다. 제 생각으로는 정밀하게 깊이 생각하며 숙독하는 것에 힘쓰고, 많음에는 탐하지 않는 것이 옳습니다. 사람마다 기질과 성향이 다르므로, 자신의 마음이 편한 곳에서 공부하면 됩니다.

누가 이 두 가지를 모두 잡아 후학에게 적용할 수 있겠습니까? 절중(折中)하는 논리는 오직 주자의 독서법에만 존재할 뿐입니다."[23]

이처럼 박지계는 주·진(周, 秦) 이전 문헌은 시서논맹(詩書論孟)으로 충분하고, 진·한 이후 역사서는 『통감』으로 충분하다고 보았다. 또한 여러 서적을 폭넓게 읽기 보다 정밀하고 깊이 숙독하는 것이

---

23 『潛冶先生集』권4, 書, 答權重之, "且傳聞兄令令郎諰讀綱目。諰也答曰。身上工夫。莫切於近思錄云。此正所謂父不得以子也。可笑可笑。初學之士。誠不可不急於文字之學。然欲學周, 秦以上文字。則詩, 書, 論, 孟足矣。秦, 漢以下歷代文字。則通鑑盡矣。至於韓, 蘇大家。文字之百體俱備。讀此等書而不知文字。則是乃讀之不精不熟之故也。非不多之罪也。心麤而讀不精熟。則雖萬권。亦奚以爲。唯當絕嗜欲靜思慮。以治心麤之病而已。大槩兄之意。專在務博。而不務精熟。愚之見則但務精思熟讀。而不貪乎多。各因氣質之偏而意所便安處也。誰能執此兩端。用其中於後學乎。折中之論。唯在朱書讀書法耳。"

더 바람직하다고 하였으며, 이는 주자의 독서법이라고 했다.

2) '격물치지'로서의 예학 연구

박지계는 '원종추숭론' 등 당시의 왕실의 예론에 적극 참여한 당대의 예학자이다. 그의 예론에 대한 이해는 조선 성리학자들이 예에 잠심하고 궁리하고 실천하려 한 이유를 잘 보여 준다. 박지계의 예론은 조선의 예학이 성리학에 기반해 있다는 것을 잘 보여준다. 박지계는 학문함에 독서와 궁리를 중시하였고, 궁리는 예학 연구와도 깊은 관련이 있다. 박지계는 예(禮) 연구를 격물치지의 중요한 공부로 인식했다.

박지계는 도를 구하고자 한다면 '예와 의'[禮義]를 논해야 한다고 말했다. 이것이 도불(道佛) 양묵(楊墨)을 이단(異端)으로 여기고 유학은 정학(正學)으로 삼는 이유이다. 박지계는 "선학(仙學)이나 성학(聖學)이나 기질(氣質)을 변화하려 함이며, 그 방법도 같다. 다만 천수(天壽)는 하늘의 명(命)에 달린 것이고, 성학(聖學)은 '완성은 나에게 책임 지우는'[責成於己] 것으로, 성인은 신선이 되지 않는다"[24]고 했다. 박지계가 조극선에게 보낸 글에서, 학자가 도를 구하고자 한다면 '예와 의'[禮義]를 논하여야 하며, 그렇게 하지 않는다면 불교나 도가에 빠지는 것과 다름이 없다고 다음과 같이 말했다.

---

[24] 『潛冶先生集』 권5, 書, 答李方叔, "蓋僊學聖學 皆所以變化氣質也 其法同焉. 但壽夭付命於天 聖學責成於己 故聖不爲僊也."

"…… 요즘 선비들 가운데는 세상 조류에 따르거나 권세에 기대지 않고 스스로 고상한 체하는 사람들이 있습니다. 그런데 그런 이들은 대체로 노장(老莊)이나 불교의 말을 즐겨 하고, 예의와 의리[禮義]를 가볍게 여기며, 성현이 세운 법도를 논평하여 시비하고 장단을 따지니, 다만 권세를 좇는 자들보다 더 심한 경우도 있습니다. 어찌 그대처럼 예(禮) 연구를 게을리하지 않고, 반드시 참된 앎과 실질적인 깨달음에 이른 뒤에야 그만두는 이와 같겠습니까?"[25]

다음은 박지계가 예를 중시해야 하는 이유를 적어 조익에게 보낸 서신 내용이다. 성리학을 바탕으로 예를 중시한 도학자들의 인식을 잘 나타내고 있다.

"예(禮)는 비록 하찮고 가까운 작은 절차[卑近小節]처럼 보이지만, 그 속에는 천리가 깃들어 있는 것입니다. 학문을 하고 깊이 따져 생각해 본다는 것[學問思辨]은 이른바 '간절히 묻고 가까이에서 생각한다'[切問近思]는 것이며, 그 속에 인(仁)이 깃들이 있는 것입니다. 천리에 대해 고담(高談)이나 하는 것은 피상적으로 묻고 현실에서 멀리 떠나 생각하는[泛問遠思]'일 뿐이며, 마음과 본성[心性]을 논하는 것은 허공에 매달려 자취 없는 것과 같으니, 실질적이고 근거가 있는 예를 논하는 것이 낫습니다. 천리의 운행과 마음과 본성의 발현 또한 예(禮)에서 벗어나지 않습니다. 예(禮)는 땅처럼 낮고 가까우면서도[卑近], 하늘처럼 높고 아득[高遠]합니다. 그대가 예(禮)를 강론하기를 게을리하지 않으니 어

---

25 『潛冶先生集』 권5, 書, 又答趙有諸, "…… 近者士子 或有不趨時附勢以自高者. 率多談老談佛 輕蔑禮義. 於聖賢之成法 或是非之長短之 反有甚於趨勢之士矣. 豈有如賢之講究不懈 必待眞知實悟而後已哉."

찌 깊이 가상히 여기고 거듭 감탄하지 않을 수 있겠습니까? 즐거이 그것을 변별하고 분석합니다."[26]

또한 문인 조극선(趙克善, 1595~1658)과 예론을 논하면서 김장생을 사법(師法)으로 삼을 만하다고 하면서도, 김장생 예론보다는 주자의 가르침과 학설을 따라야 한다고 다음과 같이 말했다.

"(그대가) 보내온 편지에서 말하기를, 조비경(趙飛卿; 조익)의 설을 언급하며, '사계(沙溪, 김장생)가 어찌 생각하지 않고 그것을 잘못이라고 했겠는가'라 하였으니, 이 말이 지극히 옳습니다. 사계의 독실한 뜻과 힘써 행하는 바는 후생들이 마땅히 존숭하고 사법(師法)으로 본받아야 합니다. 그러나 말이 크면 천하가 다 감당할 수 없고, 말이 작으면 천하가 다 격파할 수 없습니다. 이치를 분석하여 털끝만큼도 어긋남이 없었던 분은 오직 주자(朱子)뿐입니다. 만약 사계의 마음을 독실히 믿는 그 마음을 주자의 가르침을 높이 받드는 것으로 옮긴다면, 주자 학문의 의리의 정미한 극치[朱學義理精微之極致]에까지 통찰할 수 있음이 마치 '어른이 가지를 꺾는 것'처럼 쉬울 것입니다."[27]

---

26 『潛冶先生集』, 위와 같은 곳, "禮雖似卑近小節。實是天理之所寓也。學問之思辨之。則是所謂切問而近思。仁在其中者也。高談天理。猶爲泛問遠思。論心與性。猶爲懸空無跡。不如論禮之著實有據。而天理之流行。心性之發用。亦不外於禮。禮者卑近如地。高遠如天。賢之講禮不懈。豈不深嘉而屢歎。樂爲之辨析哉。"

27 『潛冶先生集』, 위와 같은 곳, "來書所稱趙飛卿之說曰。沙溪豈不思而非之哉。此說極當矣。沙溪之篤志力行。後生之所宜尊崇而師法者也。雖然。語大而天下莫能載。語小而天下莫能破。析理則不使有毫末之差者。惟朱子爲然。若以篤信沙溪之心。移之於崇信朱訓。則其所以能窺朱學義理精微之極致者。易若爲長者折枝之類也。"

이처럼 박지계는 사계(沙溪) 김장생을 존중하면서도, 사계 존중은 주자 존숭하는 마음에서 나오는 것이어야 한다고 보았다. 또한 주자를 높이는 마음은 주자가 선성(先聖)이 제정한 예[周禮]를 손익(損益)한 바가 가장 의리와 인정에 맞기 때문이라고 보았다. 다음은 박지계가 주자가 제정한 관례(冠禮)와 혼례(婚禮)의 이치를 제대로 궁구하고, 성현의 제도를 임의로 바꾸지 말아야 함을 논하는 내용이다.

"주자는 관례에서는 다만 부모만을 말하고, 몸(身; 本人)이나 주인(主人)은 말하지 않았습니다. 그러나 혼례에서는 다만 본인(身)과 주혼자(主婚, 혼례를 주관하는 사람)만을 말하고 부모는 언급하지 않았습니다. 또 관례에서는 "대공(大功, 9개월 상) 중에 아직 장례를 마치지 못했을 경우에는 행할 수 없다"고 하였고, 혼례에서는 "주혼이 될 수 없다"고 하였습니다. 이는 모두 지극한 이치가 담긴 것입니다. 이치를 궁구하는 사람은 먼저 마땅히 '그렇게 해야 하는 법칙[所當然之則]'을 알아야 하고, 그 뒤에 '그렇게 되는 까닭[所以然之故]'을 깊이 따져야 합니다. 주자가 제정한 예법에서 관례와 혼례가 서로 다른 것은 그 까닭이 분명히 있는 것이니, 그제야 예의 뜻을 논할 수 있습니다. …… 주자가 말하기를, "조금이라도 자기 뜻을 끼워 넣으면 곧 병폐가 된다"고 하였습니다. 이천(伊川, 정이)과 사마온공(司馬溫公, 사마광)이 정한 혼례도 모두 『의례(儀禮)』에 따랐는데, 단 한 군데를 약간 고쳤을 뿐인데도 그것이 이미 옛사람의 뜻과 달라진 것이었습니다. 이천과 사마광조차 그러하였는데, 하물며 후학들이야 말할 것이 있겠습니까? 다만 성현이 제정한 예법을 그대로 따르는 것이 옳습니다."[28]

---

[28] 『潛冶先生集』 권5, 書, 答趙有諸, "朱子冠禮則但言父母。而不言身及主人。婚則但言身及主婚。而不言父母。冠則言大功未葬。亦不可行。婚則曰不可主婚。是皆

박지계는 이처럼 예를 행하면서 '자기 뜻대로 고치면 예를 잃는 다'고 하기도 하고, '자기 뜻을 조금이라도 끼워 넣으면 곧 병폐가 된다'는 주자의 말로서 성현이 제정한 예법을 그대로 따르는 것이 옳다고 하여 예제 시행의 시의성이나 창의성 보다는 고례의 예제와 설을 그대로 쫓는 태도가 옳다고 보았다. 박지계는 이러한 취지에 따라 주자가 손익한 예법을 중시해야 한다고 보았으며, 또한 이것이 예를 궁리해야 하는 이유라고 하면서 다음과 같이 말했다.

"간절히 바라건대, 예를 행함[禮事]에 있어서는 주자의 방법(朱之道) 을 따르는 것이 마땅하며, 주나라(周) 예법을 따르는 것보다 더욱 중요 합니다. 주자의 설 가운데 없는 일은 응당 주례(周禮)를 따름이 가하나, 만일 『가례』에 명문이 있다면 어찌 따르지 아니하고 모름지기 주례만 을 따르겠습니까? 무릇 『가례』를 일컬어 미완성의 책이라 하는 자들은, 바로 세상에 스스로를 저버린[自暴] 사람으로, 마음으로 예문(禮文)을 싫어하는 자들입니다."[29]

"다만 『가례』는 주자가 사십(세) 즈음에 지은 것이고, 만년에 고쳐 정한 조목이 몇 조항 있을 뿐입니다. 주자의 글에 이르기를, 대상(大祥)

至理之所寓。從事於窮理。先知所當然之則。後究所以然之故。朱子制禮。冠婚不同所以然之故可知矣。夫然後可以論禮之意。游, 夏學不知天。故不能贊一辭。去游, 夏亦遠。而不泥文字。自入己意。則豈不失禮乎。朱子曰。自入些己意。便做病。伊川, 司馬溫公定婚禮。都依儀禮。只略改一處。便不是古人意。伊川, 司馬尙然。況後學乎。但當一從聖賢制禮可也."

29 『潛冶先生集』 권4, 書, 上仲氏 丁卯, "千萬伏望。禮事則從朱之道。尤重於從周。朱子說中所無之事。當從周禮可也。若家禮有明文。則豈可不從。而必從周禮乎。凡謂家禮爲未成書者。乃世之自暴而心惡禮文者也."

이후에는 고기를 먹는다고 하였는데, 이에 의문을 제기한 이가 있었으므로 주자가 답하기를 "한 달이 지난 뒤에는 가하니라(踰月可也)" 하였으니, 이것 또한 개정한 부류입니다. 이제는 마땅히 이 말을 따름이 가합니다. 그러나 상(祥) 뒤에 고기를 먹는 것이 또한 이치가 없는 바는 아니니, 이 한 가지로 『가례』를 미완성의 책이라 할 수는 없습니다. 지금 이를 분별하여 말하고자 하나, 바쁨이 매우 심하여 다하지 못하겠습니다."[30]

이처럼 주자학과 가례를 높이는 이유는 주자가 선성(先聖)이 제정한 예[周禮]를 손익(損益)한 바가 가장 의리와 인정에 맞기 때문이라고 다음과 같이 기술하였다.

"주자가 『가례서(家禮序)』를 지어 말하기를, "하(夏)·상(商)·주(周) 삼대의 시대에는 예경(禮經)은 이미 구비되었으나, 지금까지 전해진 것 중에는 기물[器服] 제도와 출입(出入) 절차인데, 모두 오늘날 세상에 맞지 않는다. 그래서 세상의 군사들이 고금(古今)의 마땅함을 참고하여 혹은 자세히 하고 혹은 간략히 하지만, 도무지 절충함이 없다. 혹은 근본을 버리고 말단만을 취하며, 실질(實)은 느슨히 하고 문채(文彩; 형식)만을 급히 하는 경우가 있다. 내가 어리석으나 일찍이 홀로 고금의 책을 연구하여, 그 큰 틀에서 바꿀 수 없는 것에 근거하고 그 사이에 조금 손익(損益)을 더하여 하나의 집안 예서(家書)를 삼았으니, 대체로 명분을 삼가고 사랑과 공경을 높이는 것을 근본으로 삼았다. 그 시행에

---

30 『潛冶先生集』권5, 書, 答趙有諸, "但家禮乃朱子四十時所作。而晩年改定者數條也。朱書。大祥食肉。有人疑問。答曰。踰月可也。此亦改定之類。今當從此可也。然祥後食肉。亦非無理。不可以此爲未成書也。今欲辨說。而忙甚不一."

있어서는 헛된 문장을 덜고 실질을 펴서, 스스로 공자께서 선진(先進)을 따랐다는 뜻에 부합하고자 한 것이다."라고 하였습니다. 대개 충실함과 꾸밈 없음, 그리고 문채를 바꾸어 실질을 숭상함은 모두 당시의 폐단을 교정하려 한 것이었다. 하(夏)·상(商) 시대에는 충실하고 소박함[忠質]이 지나치게 강하였으므로 주공(周公)은 문채(文)를 숭상하여 그 폐단을 바로잡고자 하였으며, 주(周) 말기에는 문채가 실질보다 지나치게 강하였으므로 공자가 선진(先進)을 따랐으니, 역시 당시의 폐단을 바로잡고자 함이었습니다. 뜻을 따르려 한 것 또한 역시 당대의 폐단을 시정하려는 뜻에서였다. 주자가 『가례』를 지은 뜻 또한 대체로 주공과 공자의 이러한 뜻에서 나온 것입니다."[31]

박지계는 이러한 주자『가례』에 대한 인식에서 당시 예학과 예론의 문제점을 다음과 같이 비판했다.

"지금 세상에 태어난 사람이 주자의 『가례』를 따르지 않고 반드시 옛 주공(周公)을 따르겠다고 한다면, 이는 곧 『중용』의 '아래에 있으면서 윗사람을 배반하지 않는(爲下不倍)' 장(章)에서 말한 '어리석으면서도 제멋대로 하려는 자'가 되는 것이며, 지금 세상에 살면서 오히려 옛날 도로 거슬러 가려는 자입니다. … 이로써 보건대, 후세 성인이 제정한

<hr>

31 『潛冶先生集』권4, 書, 上仲氏 丁卯, "朱子作家禮序曰。三代之際。禮經備矣。然其存於今者。器服之制。出入之節。皆已不宜於世。世之君子。酌以古今之宜。亦或詳或略。無所折衷。或遺本而務末。緩實而急文。某之愚嘗獨究古今之籍。因其大體之不可變者。少加損益於其間。以爲一家之書。大抵謹名分崇愛敬。以爲之本。至其施行之際。則又略浮文敷本實。以自附於孔子從先進之遺意云云。蓋忠質文之更尙。皆所以矯時弊也。夏商忠質之勝則周公尙文。以矯其弊。周末文勝質。孔子從先進。亦欲以矯時弊也。朱子作家禮之意。蓋亦出於周, 孔此意也。"

착함이 비록 한 조항에 있어서는 전대 성인에 미치지 못할 수도 있으나, 그 사이에 함부로 취사선택을 더해서는 안 되니, 이것이 바로 '위하불배(爲下不倍)'의 도리입니다."[32]

이처럼 박지계는 예행(禮行)에 주자 가례를 우선하면서, 학자는 주자가 고례(古禮; 周禮)를 의리와 인정에 맞도록 손익한 이유를 잘 이해하고, 그대로 실행하는 것이 예학을 하는 올바른 태도라고 보았다.

5. 맺는말

이상에서 살펴본 바와 같이, 박지계는 성리와 예 공부가 선비가 행하는 공부의 양면으로서, 일상에서 자신의 인간 존재의 이유를 찾고 의리와 인정에 맞도록 실행하는 능력을 기르는 일이라는 것을 잘 보여주었다. 박지계는 수기(修己)를 강조하여, 혼란한 시대일수록 개인의 내면 수양, 즉 수기(修己)가 중요하다고 보았다. 경(敬)을 바탕으로, 자신의 마음을 바르게 하고(正心) 성(誠)을 다하며(誠意) 지(知)를 밝히는 격물치지(格物致知) 과정을 통해 도덕 본성을 회복

---

[32] 『潛冶先生集』 권4, 書, 上仲氏 丁卯, "生乎今世之人。不從朱子家禮。而必欲從古周公。則是乃中庸爲下不倍章所謂愚而好自用。生乎今之世。反古之道者也。…以此觀之。後聖制作之善。或有一條不及於前聖。不可妄加取舍於其間者。爲下不倍之道也."

하고, 이를 바탕으로 외부 세계에 대한 올바른 이치를 인식하고 실천할 수 있다고 생각했다.

박지계는 이처럼 경전의 가르침을 자신의 삶 속에서 구현하고, 이를 통해 올바른 인격과 사회적 책임을 다하는 강한 실천 지향의 삶을 보여 주었다. 특히, 임진왜란 이후 사회 혼란과 민생 파탄의 시대를 살면서, 성리학이 관념학이 아니라 혼란한 시대를 살아가는 국가와 백성에게 정신적 지주가 되고 사회 안정에 기여해야 한다는 신념을 보여주었으며, 따라서 형이상학적인 성리학 이론 탐구에 그치지 않고 이를 현실 생활과 도덕 실천에 적용하는 예학으로 구체화하여 예를 바로 잡고자 했다.

그러한 노력은 일상에서 자신이 외부세계와 만나는 끊임없는 순간에서, 자신의 본성과 마음을 잘 살피고 인간과 세상을 대하는 모든 순간에 '정성스러움'과 '지적인 노력'을 다하여 의리와 인정에 맞게 살아가도록 하는 '인간의 일'이다. 성리와 거경·궁리 공부로 일상에서 온전히 자신에게 집중하여 자신을 들여다보며 자신의 욕심과 이기심 등의 기질 문제를 본연의 바름으로 변화하고, 도심과 예를 따르며 살아가기를 기대하는 것이다. 이로서 자연스럽게 나태하거나 자만하지 않고 성인의 삶을 지향하면서 자신의 삶을 정화하고 만인이 더불어 사는 세상을 지향하고자 함이었다.

따라서 박지계의 학문과 사상은 경학과 성리학과 예학으로 체계화되었으며, 당시 사회 문제의식을 반영하였다. 그는 경학과 주자서에 대해 깊이 천착하였으며, 그의 학문은 지식을 위한 학문이 아니라, 수기치인(修己治人)의 도를 행하기 위한 실천 방편이었으며,

인간의 본성인 '성(性)'의 순수한 도덕성을 드러내며, 이를 바탕으로 예행(禮行)을 통하여 사회 혼란을 극복하고 올바른 세상을 세우고자 함이었다.

이 글은 『우계학보』 49호(우계문화재단, 2025)에
수록된 것을 수정·보완한 것이다.

잠야 박지계의 인심도심설

이선열

1. 서론

이 글의 목적은 조선 중기의 학자인 잠야(潛冶) 박지계(朴知誡, 1573~1635)의 인심(人心)과 도심(道心)에 관한 학설을 검토하고 그 철학적 의미를 분석하는 것이다. 널리 알려진 바와 같이 인심도심설은 사단칠정설과 더불어 16-17세기 조선 사상계의 주요한 철학적 주제 가운데 하나였다. 무엇보다 퇴계(退溪) 이황(李滉, 1501~1570)이 『심경(心經)』에 대한 연구를 통해 인심도심의 문제에 깊은 관심을 표명한 바 있고, 비슷한 시기에 소재(蘇齋) 노수신(盧守愼, 1515~1590)과 일재(一齋) 이항(李恒, 1499~1576)이 각기 나흠순(羅欽順, 1465~1547)과 주희(朱熹, 1130~1200)의 입장을 대변하여 논쟁을 벌인 바 있다. 무엇보다 율곡(栗谷) 이이(李珥, 1536~1584)와 우계(牛溪) 성혼(成渾, 1535~1598)이 인심도심의 문제를 사칠이기론(四七理氣論)

의 논점과 연계하여 이견을 피력하였던 것은 이미 잘 알려진 사실이다. 그와 같은 일련의 논변을 통해 인심도심의 문제는 여러 측면에서 논의되었는데, 그 가운데 가장 대표적으로 문제시되었던 쟁점은 대략 다음의 세 가지로 정리될 수 있을 것 같다. 첫째, 인심과 도심의 관계 및 인심과 인욕(人欲)의 관계를 어떻게 이해해야 하는가? 둘째, 도심과 인심의 개념은 마음의 미발(未發)·이발(已發) 개념과 어떻게 연계되는가? 셋째, 인심과 도심의 발현은 일원(一源)인가 이원(二源)인가? 이처럼 인심도심설의 쟁점이 구체적으로 명료화되고 이론적 정합성에 대한 요구가 증대되었던 것은 조선에서 주자학 이해가 심화되어가던 16세기 당시의 시대적 정황과도 무관치 않은 것으로 보인다.

17세기에 활동했던 박지계의 인심도심설에도 그와 같이 선대 학자들에 의해 형성된 쟁점과 문제의식이 여전히 관류하고 있다. 이는 곧 그의 학설이 앞서 언급한 쟁점들을 염두에 두고 있었으며 그에 대한 자기 나름의 대답을 예비하고 있음을 뜻한다. 그런데 박지계의 인심도심설은 주희의 그것과 확연히 다른 차이를 지니고 있었고, 나아가 조선 성리학사에서도 다소 특이한 사유를 제시했다는 점에서 주목을 끈다. 그 구체적 내용에 대해서는 본문에서 다루겠지만, 퇴율 이후 17세기 초반의 조선 학계에 그처럼 독특한 사유가 존재했다는 사실은 자못 흥미롭다. 기실 박지계 자신은 스스로 성실한 주자학자를 자임하였으나, 적어도 인심도심설에 있어서 그의 논리는 본인의 의도 여하와 무관하게 주희의 구도를 벗어난다. 당시 사상계에서 박지계의 학설이 파급력을 갖지 못한 채 단발적으로 묻혀버리고

만 것은 그의 사유가 그만큼 주자학의 정론과 어긋나는 돌출적 성격을 지녔기 때문이었을 것이다.

본격적으로 박지계의 학설을 서술하기에 앞서 이 글에서는 주희 인심도심설의 개략적인 특징과 더불어 그 이론에 내포된 딜레마에 대해 언급하려 한다. 실제로 조선 성리학에서 인심도심설이 활발히 문제시된 데는 주희의 학설이 담지하고 있는 부분적인 모호함이 일정부분 원인으로 작용하고 있다. 박지계의 인심도심설이 주희의 구도를 벗어나게 되는 계기 역시 그 이론에 내포된 고유의 논리적 문제와 무관하지 않다. 하지만 박지계는 주희 인심도심설의 딜레마를 해결하고자 하지 않으며, 오히려 주희 학설의 논리적 전제를 일부 폐기함으로서 새로운 이론 형태를 구축하게 된다. 이 글에서는 주희의 견해와 차별화되는 쟁점을 부각시키면서 박지계의 인심도심설이 지닌 특징을 기술하는 데 초점을 두고자 한다.

2. 주희 인심도심설의 구조

1) 주희 인심도심설의 두 가지 특징

박지계의 학설에 다가가기 전에 우리가 유념해 볼 주희 인심도심설의 특징은 크게 두 가지다. 첫째는 주희가 인심과 도심을 어떤 식으로든 구분하면서도 '마음은 오로지 하나일 뿐'이라는 명제를 끝까지 관철시키고 있다는 점이고, 둘째는 그가 자신의 인심도심설을 구성할 때 미발의 측면을 배제한 채 이발의 국면 속에서만 논의하고 있다는 사실이다. 뒤에 자세히 논하겠지만, 박지계의 인심도심설이 주희의 견해와 다른 입장을 취하게 되는 계기는 이 두 측면과 연관된다. 그 점을 염두에 두면서 주희의 인심도심설을 개관해 보자.

잘 알려진 바와 같이 인심도심에 관한 주희의 최종결론은「중용장구서(中庸章句序)」에 요약되어 있다.[1] 그러나 주희의 인심도심설이 그의 전생애에 거쳐 늘 일관적이었던 것은 아니다. 인심과 도심의 관계에 대한 주희의 관점은 그의 나이 40대 이후 60대에 이르기까지 얼마간의 이론적 수정을 거쳐 완성된다. 한 선행연구의 분석에 따르면, 초기 견해에서 주희는 도심과 인심의 관계를 한 마음의 조사존망(操捨存亡)에 따른 두 양태로 파악하였으며, 정이(程頤, 1033~1107)의 견해를 일정부분 수용하여 양자를 천리(天理)·인욕(人欲)의 관계와 동일시하는 입장을 취하였다. 그러나 만년에 이르러 주희는 도심인심을 조사존망이 아닌 지각(知覺)의 결과로 파악하게 되며 또한 인심과 인욕은 같지 않다는 입장으로 선회하게 된다.[2]

주희의 초기 견해에서, 도심과 인심은 한 마음이 수렴되어 본체

---

1 「中庸章句序」, "心之虛靈知覺, 一而已矣, 而以爲有人心道心之異者, 則以其或生於形氣之私, 或原於性命之正, 而所以爲知覺者不同, 是以或危殆而不安, 或微妙而難見耳. 然人莫不有是形, 故雖上智不能無人心, 亦莫不有是性, 故雖下愚不能無道心. 二者雜於方寸之間, 而不知所以治之, 則危者愈危, 微者愈微, 而天理之公, 卒無以勝夫人欲之私矣. 精則察夫二者之間而不雜也, 一則守其本心之正而不離也. 從事於斯, 無少間斷, 必使道心常爲一身之主, 而人心每聽命焉, 則危者安, 微者著, 而動靜云爲, 自無過不及之差矣."

2 주희 인심도심설의 초년설과 만년설의 차이와 변천과정에 대해서는 전현희,「주희 인심도심설의 성립과정」,『동서철학연구』45, 한국동서철학회, 2007를 참조할 것.

를 잘 보존하느냐[操存] 아니면 제멋대로 방기된 채 본체를 보존하지 못하느냐[捨亡]에 따라 명명되는 개념이었다.[3] 다시 말해 인심과 도심은 서로 다른 별개의 마음이 아니라 하나의 마음이 어떠한 상태에 놓여 있느냐를 지칭하는 이름이었던 것이다.[4] 즉 본체의 존망 여하에 따라 한 마음의 상태는 도심 또는 인심으로 상호 전화(轉化)되며, 이 때 도심과 인심의 관계는 동시에 양립할 수 없는 것이 된다. 이처럼 도심과 인심을 상호 전화되는 것으로 파악한 주희 초년의 관점은 훗날 율곡 이이가 양자의 관계를 종시(終始)로 보았던 관점과 부분적으로 흡사해 보이기도 한다. 당시 주희는 도심에서 인심으로, 혹은 인심에서 도심으로 하나의 마음이 유동(流動)한다는 주장을 통해 '마음의 단일성'이라는 명제를 성공적으로 유지하고 있었다.

그런데 이처럼 도심과 인심이 양립 불가능한 개념으로 대치된다면, 결국 수양의 목적은 인심을 제거하고 도심만을 유지하는 것이 될 수밖에 없을 것이다. 이는 곧 도심과 천리, 인심과 인욕을 동일시하는 관점과 상응하게 되며, 따라서 '존천리멸인욕(存天理滅人欲)'이 곧바로 '존도심멸인심(存道心滅人心)'으로 귀결되는 결과를 낳게 된다. 그러나 인간의 혈기 혹은 신체적 욕구와 밀접한 연관을 맺고

---

3 『朱子大全』 권39 「答許順之」, "心一也, 操而存則義理明而謂之道心, 舍而亡則物欲肆而謂之人心. 〈亡不是無, 只是走出逐物去了〉自人心而收回便是道心, 自道心而放出便是人心."

4 『朱子大全』 권40 「答何叔京」, "存者道心也. 亡者人心也. 心一也. 非是實有此二心各爲一物不相交涉也. 但以存亡而異其名耳."

있는 인심을 이처럼 소멸시키려는 시도는 과연 바람직한가? 바람직한지의 여부를 떠나, 심지어 그것이 가능하기나 한 일인가? 이러한 문제의식 하에 주희는 인심과 인욕을 동일시하던 초년의 견해를 폐기하고 점차 양자를 구분하는 논점으로 나아가게 된다.

그 후 만년에 이르러 주희는 인심도심설을 해명하는 핵심 개념으로 '지각(知覺)'을 끌어들이며 자신의 이론을 수정한다. 그는 「중용장구서」 첫머리에 인심도심의 문제를 언급하면서 마음의 본래기능인 허령지각(虛靈知覺)은 하나일 뿐이라고 선언한다. 이는 '인심'이라는 지각과 '도심'이라는 지각이 따로 있는 것이 아니라, 마음에는 단지 하나의 지각만이 존재함을 의미한다. 다시 말해 인심과 도심은 본디 한 마음이 지닌 동일한 지각기능의 두 양태, 즉 하나의 마음이 드러나는 두 가지 발현태를 지칭한다는 것이다. 따라서 인심도심은 처음부터 마음의 두 가지 형식으로 병존하는 것이 아니라 하나의 마음이 두 양태로 발출된 것이다.[5] 여기서 하나의 마음이 둘로 갈라지는 계기로 설정된 것이 바로 지각 개념이다. 이처럼 만년의 주희는 '마음의 단일성'이라는 명제를 뒷받침하는 논거로서 초기견해에서의 '존망(存亡)'이 아닌 '지각'의 단일성을 채택하고 있다. 그렇게 볼 때, 그의 최종결론에서도 '인심과 도심은 다르지만 궁극적으로 마음은 하나일 뿐'이라는 기본명제는 여전히 관철되고 있음을 알 수 있다. 이 점이 주희의 인심도심설에서 우리가 주목해야 할 첫 번째

5　『朱子語類』(이하 『語類』) 권78-198, "且如人知饑渴寒煖, 此人心也. 惻隱羞惡, 道心也. 只是一箇心, 卻有兩樣."

특징적인 면이다.

그런데 주희 인심도심설의 두 번째 특징 또한 이 같은 '마음의 단일성'이라는 논지와 긴밀하게 연계된다. 그의 만년 주장처럼 도심과 인심이 모두 동일한 마음의 동일한 지각이라면, 양자의 차이는 과연 어디서 비롯된다고 해야 하는가? 하나의 마음, 하나의 지각이라고 해서 도심과 인심이 동일시될 수는 없다. 하지만 양자가 동일한 주체와 동일한 기능체계에 의해 현시되는 것이라면, 그들 간의 차이점은 어디서 찾아질 수 있단 말인가? 주희는 이러한 물음에 대해 다음과 같이 간결하게 설명한다.

> 누군가 인심과 도심의 구별을 묻자 다음과 같이 답하였다. "단지 하나의 마음이지만, 귀와 눈의 욕구를 좇아 지각하면 인심이 되고 의리를 좇아 지각하면 도심이 된다."[6]

이에 따르면 마음은 신체적 욕구를 불러일으키는 대상을 지각하여 반응할 때 인심이 되고, 도의를 불러일으키는 대상을 지각하여 반응할 때 도심이 된다. 양자의 차이는 근본적으로 다른 두 마음의 차이라거나 상이한 지각작용의 차이가 아닌, 한 마음이 지각한 내용[所知覺]의 차이로 설명되고 있다.[7] 이처럼 지각내용의 차이로 인심과 도심을 구분하면서 마음을 이분화하지 않으려는 주희의 의도는

---

6 『語類』 권78-189, 或問人心道心之別. 曰, "只是這一箇心, 知覺從耳目之欲上去, 便是人心. 知覺從義理上去, 便是道心."
7 『語類』 권78-193, "道心人心, 本只是一箇物事, 但所知覺不同."

여러 언급을 통해 확인된다.[8] 즉 인심·도심이 동일하지 않음에도 불구하고 양자가 발현되는 '지각'의 메커니즘이 동일하다면, 결국 양자의 차이를 야기하는 변수는 지각대상에 놓이게 되는 것이다. 그렇게 볼 때 도심과 인심의 차이는 지각주체 혹은 지각기능의 차이가 아니라 지각되는 대상(혹은 내용)의 차이에 의해 구분되는 것이 분명해 보인다. 따라서 도심과 인심은 하나의 지각주체가 어떤 대상을 만나 어떻게 반응하는가를 판별한 이후에야 명명될 수 있는 개념이다. 다시 말해 인심과 도심은 '대상과의 조우'라는 사태와 더불어 비로소 명의를 부여받게 되며, 지각의 방향을 결정짓는 대상과 조우하기 이전 시점에서의 마음은 인심 또는 도심 어느 쪽으로도 규정될 수 없다. 이는 곧 미발(未發)의 차원에서는 양자의 구분을 말할 수 없음을 의미한다. 인심과 도심은 모두 마음의 지각능력이 대상과 만난 다음에 드러나는 이발시(已發時)의 사태이다. 이처럼 주희 만년의 인심도심설은 마음의 발현 이후라는 국면 속에서만 논의되는데, 이는 만년의 견해가 초기와 달리 지각이라는 계기를 도입하면서 비롯된 것이라 할 수 있다.

그렇게 볼 때 주희의 전체 마음이론에서 미발 개념이 차지하는 위상이 매우 큼에도 불구하고, 그의 인심도심설에서는 미발이 그다지 고려사항이 되지 않음을 알 수 있다. 그가 인심도심을 '지각 이

---

8 『語類』 권78-193, "道心是知覺得道理底, 人心是知覺得聲色臭味底."; 같은 곳, "人只有一箇心, 但知覺得道理底是道心, 知覺得聲色臭味底是人心."; 『語類』 권78-194, "人心亦只是一箇. 知覺從饑食渴飲, 便是人心. 知覺從君臣父子處, 便是道心."

후'의 사태로 규정하면서부터 이미 양자를 미발과 연관시킬 수 있는 여지는 차단된다.[9] 인심과 도심의 분기는 지각대상의 차이에서 비롯되므로 필연적으로 대상과의 조우를 통해, 즉 마음의 차원에서는 이발을 조건으로 성립하게 된다.[10] 결국 주희에게서 '인심도심이 본래 한 마음'이라는 명제는 '인심도심은 모두 이발'이라는 명제와 불가분의 관계에 놓이게 된다.

2) 주희 인심도심설의 딜레마

인심도심의 맥락에서 주희가 견지하고자 하는 '마음의 단일성'은 곧 '지각의 단일성'이다. 하지만 마음의 지각이 하나일 뿐이라고 해서 인심과 도심을 동일시해서는 안 된다. 비록 동일한 지각에 의해 분기된 것이지만 인심과 도심은 엄연히 구분되어야 하며, 그렇기 때문에 '유정유일(惟精惟一)'의 공부가 요청되는 것이다. 그런데 이처럼 '인심과 도심은 본디 하나의 마음이지만 그럼에도 불구하고 양자는 같지 않다'는 주희의 이중적 메시지는 그의 후학들에게 혼란을 야기하게 된다. 주희의 근본의도가 인심도심의 차이에도 불구하고 마음의 단일성을 확보하는데 있었던 것인지, 아니면 마음의 단일성

---

9 나흠순이 도심인심체용론(道心人心體用論)을 주장하고 조선의 노수신이 나흠순의 견해를 옹호하였던 일차적인 이유도 이처럼 주희의 인심도심설이 미발을 논의에서 배제하고 있다는 것에 대한 반발이었다.

10 이이는 이러한 주희의 논점을 다음과 같이 정리한 바 있다. 『栗谷全書』 권14 「人心道心圖說」, "方寸之中, 初無二心, 只於發處, 有此二端."

보다는 양자의 엄격한 구분을 강조하는 데 있었는지가 불분명하게 여겨졌기 때문이다. 과연 주희는 인심과 도심의 분별을 강조하고자 하였을까, 아니면 인심과 도심은 본디 하나의 마음임을 강조하는 데 중점을 두었을까? 사실 주희 자신은 이 가운데 어느 한 쪽도 포기하지 않았는데, 이러한 그의 양가적 입장은 후대의 학자들에게 논란의 불씨를 남겨두는 것이었다.

이 문제는 주희가 규정한 도심인심 개념의 정의(定義)와도 관련된다. 앞서 언급한 바와 같이 만년의 주희는 도심과 인심은 천리와 인욕처럼 가치 대립적인 관계가 아니라는 입장을 세운다. 그처럼 천리·인욕과의 구분을 명확히 하는 차원에서 그는 도심을 도덕적 대상을 향한 마음의 지각, 인심을 신체적 욕구를 향한 마음의 지각으로 규정한다. 이제 이 양자를 각기 '도덕적 지각'과 '감각적 지각'이라는 용어로 환언해보자. 그런데 이에 대해 '감각적 지각'과 '도덕적 지각'이 과연 동일한가라는 근원적인 의문을 제기할 수 있다. 문제는, 두 지각이 본질적으로 동일한 지각이라는 주장이 경험상 쉽게 납득되지 않는다는 데 있다.

도심과 인심을 『맹자』에서 언급된 대체(大體)와 소체(小體)의 관계로 유비할 때 그 딜레마의 성격이 분명해진다.[11] 맹자는 소체의 성격에 대해 설명하면서 "눈·귀와 같은 신체적 감각기관은 생각하는 능력이 없어서 외물에 의해 가려지므로, 사물과 접할 때 그저 이

---

11 인심과 도심의 관계를 대체, 소체의 관계와 유비하여 분석한 논문으로 다음을 참고하라. 장원태, 「군자와 소인, 대체와 소체, 인심과 도심」, 『철학연구』 81, 철학연구회, 2008.

끌려 버릴 뿐"[12]이라고 하였다. 즉, 신체의 감각기관에서 비롯된 지각은 어떤 도덕적 판단기능도 없기 때문에 외물에 의해 수동적으로 이끌려버린다. 예를 들면, 배고플 때 음식이라는 외물을 접한다면 마음의 지각작용을 통해 '먹고 싶다'는 반응이 일어난다. 그러나 이 즉자적 반응으로서의 '먹고 싶다'는 욕구 발생에는 어떠한 도덕적 판단도 개입하지 않는다. 즉 형기(신체)에서 비롯된 지각은 '배고프면 먹고 싶고 추우면 입고 싶다'는 일차적인 반응을 산출하지만, 그러한 욕구가 정당한가에 대한 도덕적 판단에는 이르지 않는다. 주희에 따르면 인심이 위태로운 이유는 그러한 일차적 욕구만 맹목적으로 지각할 뿐 정당성에 대한 판단이 결여되어 있기 때문이다.[13] 이것은 맹자가 신체기관[耳目之官]이란 판단기능이 없기 때문에[不思] 사물과 접촉할 때 무조건적으로 반응[引之]할 뿐이라고 말한 것과 같은 맥락이다. 맹자의 '소체'와 주희의 '인심'이 지시하는 바는 실질적으로 같다고 할 수 있다.[14] 신체적 욕구로서의 인심은 도덕적 변별력과 판단능력을 결여하고 있기 때문에 어떤 도덕적 방향성도 담지하지 못하는 무정향의 지각이다.

문제는 이처럼 '감각기관에서 비롯된 비도덕적인 지각'이 '도덕적 정당성을 판단하는 지각'과 과연 동일시될 수 있는가라는 것이

---

12 『孟子』「告子上」, "耳目之官, 不思而蔽於物, 物交物則引之而已矣."

13 『語類』 권78-198, 呂德明問人心道心. 曰, "且如人知饑渴寒煖, 此人心也. 惻隱羞惡, 道心也. 只是一箇心, 卻有兩樣. 須將道心去用那人心, 方得. 且如人知饑之可食, 而不知當食與不當食. 知寒之欲衣, 而不知當衣與不當衣, 此其所以危也."

14 『語類』 권78-197, "饑食渴飮, 人心也. 如是而飮食, 如是而不飮食, 道心也. … 人心如孟子言'耳目之官不思', 道心如言'心之官則思'."

다. 분명히 감각적 지각과 도덕적 지각은 그 방식에 있어서 서로 같지 않다. 전자가 수동적이고 맹목적이며 무반성적인 이끌림의 속성을 가지고 있는 반면, 후자의 경우는 능동적이고 의식적이며 반성적인 마음의 주재활동을 그 특징으로 하고 있기 때문이다. 그런 맥락에서 보자면 인심의 지각과 도심의 지각은 서로 다른 방식의 메커니즘을 가지고 있는 것처럼 보인다. 더욱이 양자는 가치상의 위계에 있어서도 서로 같지 않다. 전자의 경우 가치상 중립적이되 악(惡)으로 흐르기 쉬운 반면, 후자의 경우 항상 선(善)을 지향하기 때문이다. 그런데 이처럼 두 지각의 표출양상과 가치위계가 상이함에도 불구하고 주희가 "마음의 지각은 하나일 뿐"이라고 말한 데서 딜레마가 발생한다. 두 지각방식의 차이를 강조할 경우 '마음의 지각이 하나'라는 명제를 정당화하기 어려워지고, 마음의 지각이 하나임을 강조할 경우 감각적 지각과 차별화되는 도덕적 지각의 변별성을 확보하기 어려워지는 것이다. 주희는 인심과 도심에 대하여 별개의 두 마음이 아닌 '한 마음의 두 양태'라고 일원화하였으나, 동시에 '마음이 하나일 뿐이라면 왜 굳이 인심과 도심이라는 두 이름이 필요한가'라는 물음에도 응답해야만 했다.

물론 주희가 이러한 문제를 의식하지 않았던 것은 아니다. 그는 「중용장구서」에서 '마음의 허령지각은 하나일 뿐'이라고 선언하였지만, 곧바로 "(인심은) 형기의 사사로움에서 생겨나고 (도심은) 성명의 바름에서 근원한다[或生於形氣之私 或原於性命之正]"고 하여 양자 간의 변별성을 분명하게 언급하였다. 한 선행연구가 밝혀낸 바에 의하면, 원래 주희는 「중용장구서」의 초고를 집필하면서 위의 구절을

"인심은 형기에서 나오고 도심은 성명에 근원한다[人心出於形氣, 道心本於性命]"라고 쓴 바 있다. 이 때 주희는 인심과 도심의 귀속처를 형기(形氣)과 성명(性命) 두 영역으로 보다 확연히 구분하는 듯한 입장을 취하고 있었다. 그런데 그는 제자인 정가학(鄭可學)과의 논변을 거치면서 이 구절을 현전하는 「중용장구서」의 구절로 개정하게 된다.[15] 이러한 개정사실은 주희가 정설의 확립 이전 인심과 도심을 발생론적으로 확연히 구별하는 사유를 경유하였다는 점, 그리고 마침내 양자의 변별성과 마음의 단일성이라는 두 마리 토끼를 잡기 위한 최선의 방안으로서 현재 알려진 최종결론을 제출했음을 보여준다. 최종적으로 그는 인심과 도심이 비록 가치위계상 다르지만 모두 단일한 마음주체에 의한 지각작용이라고 본 것이다. 「중용장구서」는 인심도심의 존재론적인 일원성과 가치론적인 이원성 사이에서 고심한 주희의 고민을 역력히 보여주고 있다.

하지만 종전의 '출어형기(出於形氣)'와 '본어성명(本於性命)'이라는 명료한 구분이 '혹생어형기(或生於形氣)'와 '혹원어성명(或原於性命)'으로 다소 완화된 수사적 변용을 거쳤다 하더라도, 감각적 지각과 도덕적 지각, 혹은 소체와 대체라는 인심도심의 본질적 차이가 해소되는 것은 아니다. 주희는 최종적으로 개정한 「중용장구서」에서도 여전히 두 마음의 발생론적 근거를 구분하고 있다. 그는 마음이 하나라고 말하면서도 '혹원(或原)'과 '혹생(或生)'의 구별을 통해 인심도

---

15 만년의 주희가 「중용장구서」를 개정하게 된 곡절은 전현희, 「주희 인심도심설의 성립과정」, 『동서철학연구』 45, 한국동서철학회, 2007, 57~60쪽에 상세히 기술되어 있다.

심의 연원과 존재양상이 서로 다름을 여전히 인정하고 있는 것이다.[16] 그렇지만 비록 양자의 발생근거가 다를지라도 모두 '지각'이라는 마음의 동일한 작용을 통해 발현된다고 말할 수는 있기 때문에, '혹원'·'혹생'의 구분은 마음을 둘로 보게 만드는 오인의 여지가 있지만 그 자체로 논리적 모순이라고까지 볼 수는 없다. 논리상 인심과 도심은 발원지가 서로 다르지만 결국엔 '지각'이라는 동일한 과정을 통해 발현된다고 말할 수 있기 때문이다. 그렇게 볼 때 '마음의 단일성'과 '혹원혹생'은 양립가능한 명제일 수 있다. 하지만 발생근원과 존재양상이 그토록 상이하다면, 도심과 인심을 굳이 하나의 지각이라고 주장해야 할 까닭은 무엇인가? 여전히 도덕적 지각과 감각적 지각이 상이한 방식으로 작동하고 있다는 사실이 해소되는 것은 아니지 않은가? 결국 '마음의 지각은 하나'라는 명제와, 우리가 경험하는 도덕 지각과 감각 지각의 실질적인 차이 사이에는 여전히 좁혀지지 않는 간극이 남아 있는 것으로 보인다.

앞서 언급했듯이 이 같은 문제는 '감각기관의 비도덕적인 지각'과 '시비의 정당성을 판단하는 도덕적 지각'이 우리의 경험상 명백히 다를 뿐더러 가치상 등가일 수도 없다는 데서 비롯된다. 주희는 지각의 주체인 마음이 하나일 뿐임을 입증하고자 하였지만, 이러한 그의 태도는 도덕적 지각과 감각적 지각이 가치위계상 동등하지 않

---

16 「중용장구서」의 이러한 언급은 앞서 주희가 인심도심의 차이를 '지각 대상의 차이'에서 찾았던 것과도 일정 부분 충돌하는 것처럼 보이기도 한다. 앞서 살펴본 논리와 달리 여기서 주희는 '지각 대상의 차이'가 아니라 '발생 연원의 차이'를 강조하고 있기 때문이다.

으며 발생근원과 존재양상에 있어서도 같지 않다는 그의 또 다른 문제의식과 긴장을 형성한다. 주희에게 마음의 분열은 경계해야할 일이었으나, 동시에 도덕적 지각을 감각적 지각과 동일시할 수 없다는 강렬한 도덕주의적 요구 또한 외면할 수 없는 문제의식이었다. 주희는 인심도심의 존재론적인 일원성과 가치론적인 이원성 사이에서 고심하였던 것이다. 인심도심의 일원성과 이원성 사이의 간극이 이후 조선의 인심도심설 전개과정에서도 문제시되었음을 상기하면, 이 문제가 주희 이론 내부에서 쉽사리 해결될 수 없는 난제였음을 알 수 있다. 특히 성혼과 이이의 인심도심 논쟁이 이러한 딜레마와 무관하지 않다. 잘 알려진 것처럼 호발설(互發說)의 문제의식을 승계한 성혼이 '혹생'과 '혹원'에 근거하여 인심과 도심의 근원과 발출경로를 이원화하는 입장을 취하였다면, 이이는 인심도심의 소종래(所從來)가 둘이 아니라 하나라고 주장하면서 양자의 발출경로를 일원화하고자 하였다. 이러한 양자 간의 대립구도는 애초에 주희 인심도심설 내부에 잠재된 두 가지 메시지의 충돌에서 기인한 바가 있는 것이다.

3. 박지계 인심도심설의 구조와 의미

1) 인심과 도심의 체용(體用)

앞서 살펴보았듯이 '마음은 본래 하나다'라는 명제와 '인심도심은 서로 같지 않다'는 명제 사이의 논리적 긴장은 쉽게 해소될 수 있는 성질의 것이 아니다. 어떤 두 명제 간의 딜레마가 끝내 만족스런 해결책을 찾지 못할 때, 그 문제를 해소하는 궁극적인 방책은 사실상 두 명제 중의 하나를 폐기하는 것이 될 수밖에 없다. 하지만 설령 인심도심의 분별을 강조하는 입장을 취하는 경우에도 16-17세기 조선의 성리학자들 가운데 마음의 일원성이라는 주희의 전제를 노골적으로 부정한 견해는 흔히 발견되지 않는다. 그런데 박지계는 인심과 도심을 전혀 다른 두 마음으로 단정하고 '마음은 본래 하나'라는 전제를 완전히 폐기하는 논점을 취한다는 점에서 주목된다. 이제 그의 인심도심설이 어떤 논리로 구성되는지 검토해 보자.

인심도심에 대한 박지계의 견해는 주로 그의 제자였던 이의길(李義吉, 1596~1633), 권시(權諰, 1604~1672)와의 논변을 통해 남아 있다.[17] 박지계의 기본입장은 '본래 하나였던 마음이 이발시 인심도심으로 갈라진다'는 주희의 종지를 거부하는 데서 시작된다. 그는 주희의 견해를 고수하는 이의길에게 다음과 같이 말한다.

---

17 박지계는 권시의 부친인 권득기(權得己, 1570~1622)와도 인심도심에 관해 토론하였다. 박지계는 권득기와 절친했던 사이로 그의 사후 묘지명을 써 주기도 했다. 그 묘지명에서 박지계는 권득기와 인심도심에 관한 의견이 달랐으나 끝내 합의에 이르지 못하였음을 애석해 하였다. (『潛冶集』 권6-25b~26a「權重之墓誌銘」"尙且長書與知誡, 以論道學之差, 及見知誡人心道心說與己不同, 極論以爲非, 欲待病間往復其論, 而遽忽承訃, 嗚呼痛哉!" 또한 송시열의 언급에 따라 추정해볼 때 박지계는 김장생과도 인심도심에 관해 토론했던 것으로 보인다. 다만 아쉽게도 그들 간의 논변은 정황만 남아 있을 뿐 구체적인 내용이 전해지지 않는다. (『宋子大全』 권90-17a~b「答李汝九」, (질문) "朴公知誡以方寸之心爲道心, 以耳之心目之心一指之心爲人心, 至曰二者本如天地懸隔, 不可強說心一也. 其所見之謬, 何至於此耶?" / (송시열 답) "潛冶此說, 沙溪老先生常非之矣. 然此先輩長者, 而左右遽斥其姓名, 恐非後學溫恭退讓之意.")

“그대는 편지에서 ‘미발에 도심이 되는 근거[所以]가 있다고 말한다면 옳다’라고 하였다. 그대의 이 말은 곧 ‘마음이란 모두 이발’이라는 뜻과 같다. 미발의 중(中)이 이미 존재하는 도심의 온전한 본체이거늘, 무엇 때문에 굳이 ‘도심이 되는 근거가 있다’고 해야 한단 말인가? 여기서 ‘……이 되는 근거[所以爲]’라는 세 글자는, 도심 자체를 직접 가리키는 것이 아니라 ‘도심이 어떻게 도심이 될 수 있는가’라는 내력을 가리키는 듯하다. 만약 도심을 직접적으로 가리켜 말한다면 반드시 이발에만 해당시켜야 하겠는가? 마음이 모두 이발이라는 설은 정자가 비판한 것이니 다시 변론할 일이 못 된다.”[18]

이 단락은 ‘미발시에 도심의 근거가 있다고 말한다면 옳다’는 이의길의 언명에 대한 반론이다.[19] 이의길의 주장은 미발시에 도심의 근거가 되는 본성만 있을 뿐 도심 자체가 미발의 영역에 속하는 것이 아니라는 것이다. 즉 이의길에게 도심이란 발현되어 드러난 마음, 즉 정(情)의 차원에 속하는 것이다.[20] 이미 밖으로 표출된 마음의 한 양상이라는 점에서 도심은 형이상의 영역에 속하는 본성과 차원을 달리 한다. 그렇지만 드러난 도심은 본래 성명에서 발원한 것이

18　『潛冶集』 권5-22b, 「答李方叔」, “來書曰, ‘若曰未發有所以爲道心者, 則可矣.’ 此則與所謂心皆已發之意同也. 未發之中, 卽已有道心之全體, 何必曰‘有所以爲道心者’乎? ‘所以爲’三字, 似非直指道心, 乃指道心之所以爲道心之來歷也. 若論直指道心之說, 則必以已發者當之乎? 心皆已發之說, 程子非之, 不足更辨.”

19　『亮谷遺稿』 권2-19b, 「上覆潛冶朴先生〈壬戌〉」, “竊嘗疑未發之前, 若曰有所以爲人心, 所以爲道心者, 則可也. … 如所謂有物有則, 物卽形氣之謂, 而所以爲人心者也, 則卽義理之謂, 而所以爲道心者也.”

20　『亮谷遺稿』 권2-20b, 「上覆潛冶朴先生〈壬戌〉」, “知覺就仁義上發而爲惻隱羞惡之心然後, 方謂之道心也.”

므로 미발시에 그 본원이 되는 근거가 있다고 할 수는 있다. 따라서 도심은 이발에 속하지만 도심의 근거는 미발에 있다고 말할 수 있다는 것이다. 이 같은 이의길의 주장은 도심과 인심을 모두 지각된 마음의 양상으로 간주하는 주희의 견해에 따른 것이다.[21]

그런데 이에 대해 박지계는 도심을 반드시 이발에만 해당시켜야 하는지 반문한다. 그러면서 그는 미발에 도심의 '근거[所以]'가 아닌 도심의 '(온전한)본체[全體]'가 있다고 주장한다. 그렇게 보면 이발시에 발현된 도심은 미발시 도심의 본체[體]가 드러난 작용의 결과[用]라 할 수 있다. 즉 박지계는 도심이 이발의 차원에 국한된 것이 아니며, 미발시의 도심과 이발시의 도심을 나누어 말할 수 있다는 입장을 취한다. 미발의 도심을 인정하지 않고 이발의 도심만을 인정한다면 이는 곧 마음이 모두 이발에 속한다고 말하는 것과 다르지 않다는 것이다. 여기서 그가 주장하는 핵심은, 이발시 도심의 발현을 가능케 하는 근거 역시 도심일 뿐 도심 바깥에 다른 근거가 있는 것이 아니라는 것이다.

"「중용장구서」에서 '천명(天命)과 솔성(率性)은 도심을 일컫는다'고 하였으니, 도심이란 중(中)과 화(和)를 말하는 것이다. 정자는 '발하기 전에 다섯 가지 본성이 갖추어져 있으니 인의예지신이라 한다'고 하였

---

21 『亮谷遺稿』 권2-20a, 「上覆潛冶朴先生〈壬戌〉」, "心於性命形氣, 固無所不管, 而其知覺則一而已. 其未發也, 此知覺湛然不昧, 渾然在中而無復際會, 何者可以人心命, 而何者可以道心耶? 只是一箇知覺, 就義理上發去, 則斯謂之道心, 就形氣上發去, 則斯謂之人心."

는데, 다섯 가지 본성이 바로 도심을 일컫는다. 주자는 '도라는 것은 중일 따름이다'[22]라고 하였는데, 주자 말씀 가운데 이와 같은 것이 한 번이 아니니 그 말한 것을 모두 열거한 후에야 밝힐 수 있는 것은 아니다. 그러한즉 도심의 전체대본(全體大本)은 모두 미발에 있는 것이요, 이미 발한 후에는 도심의 유행이고 지엽(枝葉)이다."[23]

박지계는 「중용장구서」의 말을 빌어 '천명'으로서의 성과 '솔성'으로서의 도가 모두 도심을 지칭하는 개념이라고 해석한다. 또한 도심이 각기 천명과 솔성에 부합하는 개념인 미발의 중과 이발의 화를 모두 포괄한다고 말한다. 나아가 그는 인의예지신의 본성이 곧 도심의 본체이자 대본을 의미한다고 본다. 박지계에게 있어 도심의 본체란 곧 성이며, 도심 바깥에서 도심의 근거가 되는 별도의 본체로서 성이란 없다. 즉, 미발의 성이 곧 '본체로서의 도심'이고 이발시에 발현되는 것은 '작용으로서의 도심'인 것이다. 이처럼 도심의 체용(體用)을 설정함에 따라 도심 개념의 외연은 확대되어 미발과 이발을 모두 아우르게 된다.

그렇다면 인심의 경우는 어떤가? 박지계는 도심과 마찬가지로 인심 또한 미발과 이발 양측면에 모두 적용될 수 있는 개념이라고

---

22 "子曰, 道之不行也, 我知之矣. 知者過之, 愚者不及也. 道之不明也, 我知之矣. 賢者過之, 不肖者不及也"(『중용』 4장)에 대한 주희의 해석 "道者, 天理之當然, 中而已矣."에서 인용해온 구절이다.

23 『潛冶集』 권5-22a~b, 「答李方叔」, "庸序曰, '天命率性, 道心之謂也', 道心蓋謂中和也. 程子曰, '其未發也, 五性具焉, 曰仁義禮智信', 五性, 正道心之謂也. 朱子曰, '道者, 中而已'. 朱子說中此類非一, 不待盡擧而後明也. 然則道心之全體大本, 皆在未發矣, 若其已發之後則道心之流行, 枝葉也."

본다.

"(인심의) '인(人)'이란 사람의 몸을 가리켜 말하는 것이니, 인심은 사람의 몸과 형기의 마음을 일컫는 것이다. 형기의 마음이란, 눈이 색을 욕구하고 귀가 소리를 욕구하는 마음 같은 것이다. 눈에는 볼 수 있는 본성이 있는 까닭에 '색을 욕구하는 마음'이 눈에 갖추어진 것이다. 따라서 이 눈이 있다면 곧 '색을 욕구하는 마음'이 갖추어진 것이니, 이러한 '색을 욕구하는 마음'은 사물과 접한 이후에야 있게 되는 것이 아니다. 사물과 만나 색과 접촉하되, 만약 눈을 가린 채 귀만 가지고 접촉한다고 하자. 그럴 경우 귀에는 볼 수 있는 이치가 없기 때문에 '색을 욕구하는 마음'은 귀로부터 생겨나지 못할 것이다. 그러므로 '색을 욕구하는 마음'은 눈에 달려있는 것이지 색(대상)에 달려있는 것이 아니다. 비록 아직 사물과 접하지 않은 때라도 눈과 귀는 이미 있는 것이니 어찌 소리와 색을 욕구하는 마음이 없겠는가? 미발이란 사물과 접하지 않은 때이다. 이발이란 사물과 접한 때이다. 사물과 접하지 않았을 때에도 오히려 보고 듣고 소리와 색을 욕구하는 본성은 있는 것이니, 미발의 때에는 인심이 없다고 말할 수 있겠는가?"[24]

박지계가 인심을 신체와 결부시키면서 대상을 향한 감각적 욕구

---

24 『潛冶集』 권5-23a, 「答李方叔」, "蓋人指人身而言, 人心者, 蓋謂人身形氣之心也. 形氣之心, 如目之欲色, 耳之欲聲之心也. 蓋目有能見之性, 故欲色之心具於目, 有是目則便具欲色之心, 欲色之心, 不待接於物色而後有也. 雖接於物而觸乎色, 若去目而獨以耳當之, 則耳無能見之理, 故欲色之心, 未嘗萌於耳. 然則色心在目而不在色也. 雖在未與物接之時, 而耳目尚在, 則豈無聲色之心乎? 未發云者, 未接物之時也. 已發者, 接物之時也. 未接物之時, 尙有能聞見欲聲色之性, 則其可謂未發之時無人心乎?"

로 해석한 것은 신유학의 일반적 견해와 별반 다르지 않다. 주희 역시 인심을 신체적 욕구와 동일시한다. 여기서 박지계가 독창성을 띠는 대목은 감각적 욕구인 인심이 외물과 접촉하기 이전에도 상존한다고 본 점이다. 그는 인심이란 '대상과의 조우'가 아니라 감각기관의 기능과 더불어 이미 존재하는 것이라고 주장한다. 즉 사람에게 눈과 귀가 있는 한, 색과 소리를 욕구하는 마음은 대상과의 접촉과 무관하게 언제나 존재한다는 것이다. 물론 외적대상과의 접촉은 잠재되어 있는 감각적 욕구를 드러내는 계기로 작용하는 것이 사실이다. 하지만 외적 대상과의 접촉이 없다고 해서 신체적으로 타고난 욕구 자체가 없어지는 것은 아니다. 이에 박지계는 사람의 신체가 수행하는 이발시 실제적인 지각작용[所知覺] 뿐만 아니라 미발시의 잠재적인 지각능력[能知覺] 또한 인심의 범주 안에 포함시키고자 한다.

"마음이 아직 발하기 전에는 비록 지각한 바가 없지만 지각할 수 있는 능력은 있다. 귀·눈과 같은 소체가 비록 듣고 본 것이 없더라도 듣고 볼 수 있는 능력은 있다. 모든 신체기관들이 그와 같지 않은 것이 없다. 마음이 지각할 수 있는 능력과 귀·눈이 듣고 볼 수 있는 능력이 어찌 발하기를 기다린 이후에야 있는 것이겠는가?"[25]

---

25 『潛冶集』 권5-27a, 「答李方叔」, "心之未發之前, 心雖無所知覺, 而亦有能知覺者. 小體如耳目之類, 雖無所聞見, 而亦有能聞見者, 以至百體, 莫不皆然矣. 心之能知覺, 耳目之能聞見, 豈待已發而後有哉?"

여기서 박지계는 인체의 잠재적인 지각능력과 실제적인 지각작용을 각각 인심의 체와 용으로 보는 논점을 제시한다. 즉, 도심과 마찬가지로 인심 또한 미발시에 그 고유의 본체가 갖추어져 있다는 것이다.[26] 이러한 그의 논지는 감각적 욕구를 유발하는 대상을 지각할 때 비로소 인심이 발생한다는 주희의 입장과 완전히 상반된다. 이의길의 견해가 기본적으로 주희를 답습하고 있다는 점에서, 박지계의 이의길 비판은 사실상 주희의 견해를 반박한 것이라 할 수 있다. 적어도 인심을 신체적·감각적 지각과 동일한 것으로 간주하는 한, 위와 같은 박지계의 논리는 무시할 수 없는 타당성을 지닌다. 신체적 욕구의 존속은 일차적으로 '신체'에 달려 있는 것이지 '대상'에 달린 것이 아니기 때문이다. 인간은 목전에 음식이 없어도 허기를 느낄 수 있고, 무인도에서 십년을 지내는 동안에도 이성에 대한 성욕을 가질 수 있다. 대상과의 조우 이전에 인심은 존재하지 않는 것이 아니라 다만 활성화되지 않고 있을 뿐이다. 그러니 단지 잠재되어 있는 것을 존재하지 않는 것으로 단정할 수는 없다.

2) 두 개의 마음인 도심과 인심

결국 박지계의 주장은 도심인심이 모두 미발과 이발의 양측면에 걸쳐 있다는 논리로 귀결된다.[27] 즉 인심도심은 미발시의 한 마음이

---

26 『潛冶集』 권5-23b, 「答李方叔」, "大學或問曰, '必得是理, 然後有五常之德也', 此則道心之體也. 又曰, '必得是氣, 然後有以爲魂魄五臟百體之身', 此則人心之體也."

이발시에 둘로 분기되는 것이 아니라, 미발에서부터 서로 다른 근원과 발출경로를 가지고 상대해 있는 것이다.

"도심과 인심에 관한 논설은 이미 논하였듯이, 아직 발하기 전에 이미 두 가지가 있어서 상대하여 생겨난다. 미발에서는 도심과 인심으로 말할 수 없다고 해서는 안 될 것 같다."[28]

"대개 미발의 때에 도심은 심장에 갖추어져 있고 인심은 눈, 귀 등과 같은 신체기관에 갖추어져 있다. 비유하자면 임금이 나라 중앙에 정위(正位)하고 있고 백관이 둘러싸며 열지어 있는 것과 같다. 만약 도심이 오륜과 접하고 인심이 소리·색 등에 접하여 양자가 발하여진 후에야 마음[心]이라고 말한다면, 그리고 인심이 귀·눈에 갖추어져 있지만 아직 발하지 않은 상태를 마음으로 간주하지 않는다면, 이것은 비유컨대 불을 그 자체로 불이라 하지 않고 불이 환히 빛나는 것을 불이라고 하는 것과 같다. 어찌 오류가 아니겠는가?"[29]

---

27 이러한 박지계의 논지는 나흠순과 노수신이 주창했던 도심인심체용설(道心人心體用說)과는 완전히 다르다. 도심인심체용설의 경우 도심을 미발의 본체로 간주하고 인심이란 도심이 이발시에 발현된 것이라고 본다. 이는 도심과 인심을 한 마음의 체와 용으로 규정함으로써 도심과 인심의 관계를 미발에서 이발로 전개되는 과정으로써 일원화한 것이다. 그와 달리 박지계의 견해는 도심과 인심이 별개의 마음으로 병존하며 각각 미발과 이발에 걸쳐 있다는 것으로, 이를 굳이 명명하자면 도심인심각유체용설(道心人心各有體用說)이라고 불러야 할 것이다.

28 『潛冶集』 권5-27a, 「答李方叔」, "道心人心之說則蓋嘗論之, 未發之前, 已有二者相對而生也. 其爲未發不容以道心人心說者, 恐不可也."

29 『潛冶集』 권5-23a~b, 「答李方叔」, "大槩未發之時, 道心具於心竅方寸, 人心具於耳目等百體. 譬如君正位乎國中, 而百官環列也. 若以道心之接乎五倫, 人心之接乎聲色, 二者已發之後謂之心, 不以人心之存乎耳目等而未發者爲心, 則是譬如不以火爲火, 而但以火之光照處爲火也. 豈不誤哉?"

이처럼 주희 학설에 정면으로 배치되는 견해는 당연히 주희를 옹호하는 입장으로부터 반발을 불러일으켰다. 박지계와 교유했던 권시는 편지를 내어, 인심과 도심은 모두 발하여 정(情)이 된 것을 가리키고 양자는 미발시 모두 동일한 본체를 갖는다고 주장했다.[30] 권시의 주장에 따르면, 마음과 지각은 하나일 뿐이니 도심 바깥에 인심이 따로 있거나 인심 바깥에 도심이 따로 있는 것이 아니다.[31] 양자는 모두 순선한 본체가 발현되는 과정에서 구분되는 것일 뿐 별도의 본체가 둘로 나뉘어 있는 것이 아니다. 만약 박지계의 주장대로라면 이는 미발시에 인심의 본체와 도심의 본체가 서로 무관하게 존재하다가 외물에 접촉할 때도 두 마음이 제각기 반응하는 것이 되고 말 것이다.[32] 이는 곧 두 개의 본체를 인정하는 것이고 마음의 분열을 초래하는 것에 다름 아니다.

흥미로운 것은 권시에게 오류로 인식되었던 부분이 당사자인 박지계에게는 가장 중요한 전제로 간주된다는 점이다. 애당초 박지계의 논리는 단지 '인심도심이 이발 이전에도 존재한다'는 것을 입증

---

30 『炭翁集』 권5-1a~b, 「上潛冶先生書」, "竊見先生與李方叔書, 書中有曰, '人心道心未發之前, 已有二者相對而生也.' 此於某淺衷, 竊恐未安. 竊謂書所謂人心道心, 皆指已發而爲情者. … 未發之前, 惟有道心之全體, 渾然在中而已. 豈復別有人心者相對而竝立乎?"

31 『炭翁集』 권5-1b, 「上潛冶先生書」, "心一而已也, 其知覺, 亦一而已矣. … 人心固由形氣之欲而發, 豈於此心之外, 別有所謂人心者而發形氣之欲? 豈於人心之外, 別有所謂道心者而發義理之心乎?"

32 『炭翁集』 권5-1b~2a, 「上潛冶先生書」, "若果有二者相對而生, 則是於未發之前, 道心人心, 各位乎方寸之中, 而不相須, 其感也, 各自爲名自爲用而已也. 心之體用之妙, 似不如此也."

하는 데 그치는 것이 아니었다. 보다 중요한 그의 강조점은 '인심과 도심이 미발에서든 이발에서든 서로 다른 별개의 마음으로 병존한다'는 것이다. 다시 말해 박지계는 권시가 우려하는 바 마음의 분열을 해소하려 하기보다는 오히려 이를 그 자체로 인정하는 입장에서 있다. 그런 관점에서 그는 인심과 도심이 처음부터 별도의 체용 구조를 병렬적으로 가진다고 주장했던 것이다. 그는 본디 마음은 하나가 아니라는 입장에서 다음과 같이 권시를 비판한다.

"미발의 때에 도심은 고요하게 마음 가운데 있고 귀·눈과 같은 인심 또한 각기 신체기관마다 고요히 있다. 귀(의 마음)은 고요히 귀에 있고 눈(의 마음)은 고요히 눈에 있다. 마음이 의리를 즐거이 여기는 성(性)과 귀·눈이 소리·색을 즐기고 구복(口腹)이 맛있는 음식을 즐기는 성은 아직 발하기 전에도 없었던 적이 없다. 그러므로 이미 발한 후에 그대의 말대로 불의를 행하지 않는 것은 의리의 본성에서 근원하고, 소리·색과 옷·음식을 욕구하는 정(情)은 신체기관[耳目口腹]의 본성에서 생겨나니, 성과 정은 마치 뿌리와 가지의 관계와 같다. 천하에 어찌 뿌리 없는 사물이 있을 수 있는가? 만약 그대의 말과 같이 '미발의 때에는 오직 도심(의 본체)만이 있고 그것이 감응하여 움직인 연후에야 비로소 인심과 도심이 있게 된다'면, 인심 또한 도심을 근본으로 삼는 것이 된다. 어찌 뿌리가 같은데도 그 가지가 다르게 되는 사물이 있겠는가? 만약 그렇다면 「중용장구서」에서 당연히 '도심과 인심은 모두 성명의 올바름에서 생겨난다'고 했어야지, 어째서 '인심은 형기의 사사로움에서 생겨난다'고 했겠는가? 이미 '혹은 성명의 바름에서 근원하고 혹은 형기의 사사로움에서 생겨나니 그 지각하는 근거[所以]가 같지 않다'고 하였고, 또 '정밀하게 함[精]은 두 가지를 잘 살펴 뒤섞이지 않게 하는 것'

이라고 하였으니, 두 가지는 본래 하늘과 땅처럼 격차가 큰 것인만큼 마음은 하나일 뿐이라고 억지스레 말할 필요가 없다.”[33]

이 글에서 박지계는 마음의 일원성이라는 주희의 대전제를 명시적으로 폐기한다. 도심은 미발시 천명지성으로 존재하다가 도덕적 사태를 만나 의리를 기뻐하는 마음으로 발출된다. 인심은 미발시 신체기관의 지각능력으로 존재하다가 대상과 감촉하면 감각적 욕구의 형태로 발출된다. 미발에서 이발로 이어지는 마음의 전 과정에 걸쳐 도심과 인심은 각각의 발원지, 발출경로, 존재양상에 이르기까지 완전히 다르다. 이처럼 모든 면에서 서로 다른 두 마음을 굳이 하나의 마음이라고 강변할 이유가 있는가? 박지계는 그럴 필요가 없다고 본다. 오히려 그는 ‘하나의 마음’이라는 전제를 고집할 경우 ‘인심이 도심의 명령을 들어야 한다’는 당위조차 성립될 수 없음을 지적한다.

“그대 편지의 큰 요지를 자세히 보니, ‘성명의 대체[34]와 형기의 소체

---

33 『潛冶集』 권5-54a~55a, 「答權思誠」, “未發之時, 道心寂然於中, 人心如耳目之類, 則亦各寂然於百體. 耳寂然於耳, 目寂然於目, 而心之悅義理之性與夫耳目之悅聲色, 口腹之悅芻豢之性, 則未嘗亡於未發之前. 故凡已發後, 賢所謂不爲不義者, 原於義理之性, 欲聲色與欲衣食之情, 生於耳目口腹之性, 夫性與情猶根與枝葉也. 天下豈有無根之物乎? 若如賢所謂未發之時, 惟有道心, 及其感動, 然後始有人心道心云云, 則人心亦以道心爲根本也. 凡物豈有根同而枝葉獨異者乎? 若然則序文當曰道心人心, 俱生於性命之正矣, 何以曰人心生於形氣之私也? 旣曰‘或原於性命之正, 或生於形氣之私, 而所以爲知覺者不同’, 又曰‘精則察夫二者而不雜也’, 二者本如天地懸隔, 不必強說心一而已也.”

는 각기 둘로 나눠지만, 마음이 그 둘 사이에서 때로는 대체를 좇아 도심이 되고 때로는 소체를 좇아 인심이 된다'는 것이다. 이는 곧 인심이 있으면 도심이 없어지고, 도심이 있으면 인심이 없어진다고 말하는 셈이다. 만약 인심이 없어진다면 주자가 무엇 때문에 '인심으로 하여금 도심의 명령을 듣게 한다'고 하였겠는가? 그대의 편지에서 '심은 단지 하나일 따름'이라 말한 것은 소체를 따를 때 대체에는 마음이 없고, 대체를 따를 때 소체에는 마음이 없다는 뜻인가?"[35]

주희는 「중용장구서」에서 "반드시 도심이 한 몸의 주인이 되게 하여 인심이 늘 그 명령을 듣게 한다"[36]고 말한 바 있다. 그런데 이처럼 'A가 B의 명령을 듣는다'는 것은 논리상 '명령을 내리는 A'와 '명령을 듣는 B'라는 두 주체를 전제할 때에만 성립 가능한 진술이다. A와 B가 사실상 하나의 주체라면 이 진술은 애당초 논리적으로 성립되지 않는 명제가 된다. 또 '인심이 도심의 명령을 듣는다'는 언명은 달리 말해서 '도심이 인심을 주재한다'라고 표현되기도 한다.[37]

---

34 이 부분은 원문에 '形命大體'라고 되어 있으나, 이는 '性命大體'의 오기가 명백해 보이므로 '性命의 大體'라고 번역하였다.

35 『潛冶集』 권5-26b, 「答李方叔」, "詳來書之大指, 則形命大體與形氣小體, 各居二處, 而心居二者之間, 或從大體則爲道心, 或從小體則爲人心也云爾. 則是謂有人心則無道心也, 有道心則無人心也. 若無人心, 則朱子何以曰人心聽命於道心乎? 來書旣曰'心只有一', 則從小之時, 大體無心, 從大之時, 小體無心耶?"

36 「中庸章句序」, "必使道心常爲一身之主, 而人心每聽命焉."(『語類』에도 이와 비슷한 취지의 언급이 보인다. 『語類』 권78-196, 問, "人心可以無否?" 曰, "如何無得! 但以道心爲主, 而人心每聽命焉耳.";『語類』권78-200, "飮食, 人心也. 非其道非其義, 萬鍾不取, 道心也. 若是道心爲主, 則人心聽命於道心耳."

37 『語類』 권62-41, "聖人以爲此人心, 有知覺嗜欲, 然無所主宰, 則流而忘反, 不可據以爲安, 故曰危. 道心則是義理之心, 可以爲人心之主宰, 而人心據以爲準者也."

이 경우에도, 주재자로서의 마음과 주재대상으로서의 마음이 동일
하다고 할 수 있겠는가? 'A가 B를 주재한다'고 한다면 A는 주재하
는 주체가 되고 B는 주재되는 대상이 된다. 이러한 논리 자체가 이
미 마음의 이원화라는 전제를 피할 수 없는 것이다. 또한 '인심을
따르지 말고 도심을 따르라'고 말하는 경우도 마찬가지다.[38] 이러한
표현은 마치 인심과 도심을 두 개의 병렬적인 선택지로 간주하는
인상을 준다. 그 밖에도 이와 유사하게 주희가 양자를 별개의 두 마
음처럼 말하는 경우는 종종 발견된다. 인심을 배, 도심을 조종타로
비유하거나, 양자를 장수와 병졸의 관계로 비유하는 것이 그에 해당
한다.[39]

이와 같은 언사들은 마음이 하나일 뿐이라는 주희 자신의 입장과
상충되는 인상을 주기에 충분하다. 결국 주희의 궁극적인 의도가 무
엇이든, 그의 발언 중에는 인심도심을 두 개의 마음으로 볼 수 있는
해석의 틈이 열려 있는 셈이다. 박지계는 주희의 언사 가운데 이처
럼 인심도심을 두 마음으로 보는 듯한 언명을 취해 자신의 입론근거
로 삼는다. 그는 마음이 하나라는 전제를 고수할 때 '인심이 도심의
명령을 들음' 혹은 '도심이 인심을 주재함'이라는 논리 자체가 무화
되고 만다는 점을 지적한다. 이는 단순히 논리적 오류에 대한 지적
에 그치지 않고 인심도심을 판연히 구별하는 박지계 자신의 근본취

---

38 『語類』 권78-202, 問, "'人心惟危', 則當去了人心否?"曰, "從道心而不從人心."
39 『語類』 권78-190, "人心如船, 道心如柁.";『語類』 권78-206, "人心如卒徒, 道
　　心如將."

지와도 연관되는 부분이다.

3) 도심과 인심의 가치위계

그렇다면 박지계가 도심과 인심을 판연히 구분하는 논지를 주장한 의도는 무엇이었을까? 앞서 필자는 주희 인심도심설의 딜레마가 양자의 존재론적인 일원성과 가치론적인 이원성 사이의 긴장에서 비롯된다고 지적하였다. 그렇게 볼 때 인심도심의 존재론적 일원성을 과감히 포기한 박지계의 입장이 결국 가치론적 이원성을 강조하는 방향으로 기울어지는 것은 자연스런 논리적 귀결로 보인다. 즉, 박지계가 인심도심을 확연히 구분한 논리의 저변에는 '인심이란 결코 도심과 동일시될 수 없다'는 가치관이 깔려 있는 것이다. 그는 도심과 인심은 마치 군신관계와 같은 위계를 가지므로 엄격히 구분하지 않을 수 없다고 본다.

"그대의 편지에서는 주자를 인용하여 '도심과 인심은 두 곳에서 구하면 안 된다'고 하였다. 이 말은 마치 임금과 신하가 일체(一體)라는 말과 비슷하다. 임금과 신하는 함께 한 나라에 있어서 임금은 명령을 내리고 신하는 명령을 받드니, 나누어 두 가지로 볼 수 있겠는가? 사람들이 그러한 이치를 모르고 도심과 인심을 논하면서 마치 초나라와 월나라 사이만큼 현격한 것으로 여기는 경우가 있으니, 그것이 하나라는 이치를 밝혀주지 않을 수 있겠는가? 이것이 주자가 그와 같이 말했던 까닭이다. 비록 그렇다 하더라도 사람들이 만약 군신의 분별에 어두워 신하가 명령을 받드는 것을 가리켜 임금의 일이라 여긴다면, 그 나뉘어 속하는 곳을 변별해주지 않을 수 있겠는가? 그대의 편지에서는 인심의 준칙을 도심의 준칙이라고 여겼으니 이는 신하가 명령을 받드는 것을 임금의 일로 여긴 것이다."[40]

임금과 신하는 한 쪽이 명을 내리고 다른 한 쪽이 명을 받드는 주종관계로, 이는 결코 도치될 수 없는 관계다. 물론 한 나라의 일 부분이라는 점에서 군신관계는 관점에 따라 일체라고 표현될 수도 있겠지만, 궁극적으로 임금은 임금이고 신하는 신하일 뿐 각자의 역할이나 위상은 결코 동일시될 수 없다. 따라서 임금의 준칙과 신하의 준칙 또한 서로 다르다. 박지계에게 이러한 군신 간의 엄격한 위계서열은 그대로 도심과 인심의 관계로 유비된다. 도심인심은 합쳐서 하나의 인간을 이룬다는 점에서 긴밀히 연계되지만, 양자의 위상과 기능은 결코 동일시될 수 없다. 이에 박지계는 명령을 내리고 주재한다는 의미에서 도심을 심군(心君)으로 표명하고, 인심이란 그 명령에 따라야 하는 각종신체기관의 마음[百體之心]이라 부른다. 이와 관련해 흥미로운 점은 그가 인심 개념을 설명하는 대목이다. 박지계는 인심을 뭉뚱그려 그저 '감각적 지각'이라는 범범한 의미에 국한시키지 않고, 모든 신체기관 각각에 해당하는 복수(複數)의 인심들이 있다고 주장한다.

---

40 『潛冶集』 권5-25a, 「答李方叔」, "來書所引朱子曰, '道心人心, 不可於兩處求也'. 此猶言君臣一體也. 君臣同在一國, 而君則出令, 臣則奉令, 其可分兩物看耶? 人不知其然, 而其論道心人心也, 有若楚越之懸隔, 則可不明其爲一之理耶? 此朱子所以云然也. 雖然, 人若昧於君臣之分, 而指臣之奉令處爲君, 則可不辨其分屬處耶? 來書謂以人心之則, 爲道心之則, 是以臣之奉令爲君也."

"무릇 사람의 한 몸을 통솔하고 주재하는 것은 심군(心君)이다. 이는 신체적인 혈육이 아니라 텅 빈 심장 한가운데 존재한다. 그 밖의 신체기관에는 각각의 주관자가 있다. 귀의 심은 귀를 주관하고 눈의 심은 눈을 주관하며 손 하나 손가락 하나에 이르기까지 모두 각각 주관하는 심이 있다. 예컨대 한 손가락으로 얼음을 만졌을 때 차가움을 지각하고 불을 만졌을 때 뜨거움을 지각하는 것은 그 한 손가락의 심이다. 주자가 '추위와 따뜻함, 배고픔과 배부름을 지각한다'고 한 것은 또한 각 신체기관의 지각을 말한 것이다. 색과 접촉하여 색이 있음을 지각하고 소리와 접촉하여 소리가 있음을 지각하는 것은 귀·눈의 지각이다. 귀의 지각을 이름하여 '들림'이라고 하고 눈의 지각을 이름하여 '보임'이라고 한다. …… 주재자로서의 마음[心君]과 감각기관의 지각주체[百體之心]은 하나이면서 둘이고, 둘이면서 하나다. 변위여(邊威如)가 말하기를 '눈귀에 병이 없더라도 심군에 병이 있으면 귀에 들리는 것이 없고 눈에 보이는 것이 없어지니, 이는 양자가 서로 관통하는 것이다'라 하였다. 이는 바로 양자가 하나가 되는 이치를 말한 것이다. 반면 심군에 병이 없더라도 눈을 가리면 볼 수가 없고 손발이 마비되면 얼음이나 불을 만져도 차갑거나 뜨거움을 느끼지 못하니, 이는 심군과 각 신체기관이 나뉘어져 서로 같지 않은 것이다. 비유컨대 임금이 그 직분을 잃지 않더라도 한 고을의 지방관이 직분을 잃는다면 임금의 정령(政令)이 그 고을에 미치지 못하는 것과 같다."[41]

---

41 『潛冶集』 권5-23b~24b, 「答李方叔」, "凡人之統主一身者, 心君也. 存乎心竅, 無肉血而虛空方寸中. 其餘百體上各有所主, 耳之心主乎耳, 目之心主乎目, 以至於一手一指, 皆各有主者是心也. 如以一指觸氷則知寒, 觸火則覺熱者, 是一指之心也. 朱子曰, '知寒溫覺飢飽', 亦言百體之知覺也. 觸色則知有色, 觸聲則覺有聲者, 耳目之知覺也. 命耳之知覺曰聞, 命目之知覺曰見. … 心君與百體之心, 一而二, 二而一也. 邊威如曰, '耳目無病, 而心君有病, 則耳無聞目無見, 是相爲貫通也', 此言正得爲一之理也. 心君無病而去目則不能見, 手足不仁則觸氷火不覺冷熱, 是心君百體分屬之不同處也. 譬如君不失其職, 而一州之主失職, 則政令不及

　　이처럼 감각적 지각인 인심의 하위범주로 '눈의 심', '귀의 심', '손가락의 심' 등을 구분한 것은 유래를 찾아볼 수 없는 박지계의 독창적 사유다. 그의 논리에 따르면 눈의 심은 시각에만 관여할 뿐 청각·촉각과 무관하며, 귀의 심은 청각에만 관여할 뿐 시각·미각과는 무관하다. 즉 감각기관이라고 해서 모두 같은 역할을 수행하는 것이 아니다. 인체를 구성하는 수많은 신체기관들은 제각기 자신에게 합당하게 부여된 기능만을 수행한다. 도심은 심군의 위치에서 한 몸의 전체를 주관하고, 각각의 인심들은 자신이 속한 부위의 감각적 지각을 위해 복무한다.

　　이러한 설명 또한 박지계가 도심인심의 관계를 군신의 관계로 파악하고 있음을 명확히 보여준다. 전체 나라를 이끄는 임금은 오로지 한 사람일 뿐이며, 그 휘하에는 중앙관료부터 말단 지방관에 이르기까지 다수의 신하군(群)이 있다. 각각의 신하들이 담당하는 역할은 제가기 나뉘어져 있고 서로 일치하지 않는다. 하지만 그들은 모두 임금의 명령이라는 공동의 책무에 복무하며, 또한 그래야만 한다. 만약 임금이 어리석으면 아무리 신하들이 뛰어나더라도 제 역할을 다할 수 없고, 거꾸로 임금이 훌륭하더라도 각각의 신하들이 제 역할을 제대로 수행하지 않으면 나라가 다스려지지 못한다. 이처럼 군신 간의 관계는 긴밀하게 유기적이며 각각의 직분을 가진다. 도심과 인심의 관계도 이와 같다. 양자 간에 어느 한 쪽이 제 역할을 수행하지 않으면 선을 실현할 수 없는 것이다. 바로 그런 의미에서 박지계

　於其地也."

는 도심과 인심이 '하나이면서 둘이고 둘이면서 하나'라고 말한다. 여기서 '하나'라는 표현이 등장하지만, 이는 양자가 실제로 동일하다는 의미가 아니다. 도심인심은 단지 긴밀하게 연관되어 떨어질 수 없다는 점에서만 하나라고 말해질 뿐이다. 오히려 그의 주안점은 임금이 신하가 될 수 없고 신하가 임금이 될 수 없듯이, 도심은 인심이 될 수 없고 인심은 도심이 될 수 없다는 쪽에 기울어 있다. 박지계가 도심인심을 별개의 두 마음으로 구분하는 데는 이러한 상하위계적 전제가 짙게 깔려 있는 것이다.[42]

그렇게 볼 때 박지계의 관점에서 '인심 또한 선에 부합하면 도심이 될 수 있다'는 명제는 애당초 성립될 수 없다. 이 점 또한 그의 인심도심설이 주희의 그것과 일치하지 않는 면이다. 주희는 인심이 합당한 방식으로 충족될 경우 그것은 인심이 아니라 도심이라고 말한 바 있다. 그에 따르면 신체적 욕구라도 정당하게 충족되는 것은 도심과 같다. 주희는 그럴 경우 인심과 도심이 하나가 되어 마치 인심이 없는 것과 마찬가지라고까지 말한다.[43] 하지만 박지계는 이런

42　『潛冶集』 권5-27b~28a, 「答李方叔」, "道心人心, 判然爲二物, 比如君臣將卒之分也."

43　『語類』 권78-199, "饑欲食, 渴欲飮者, 人心也; 得飮食之正者, 道心也. 須是一心只在道上, 少間那人心自降伏得不見了. 人心與道心爲一, 恰似無了那人心相似. 只是要得道心純一, 道心都發見在那人心上." 주희의 논리에서 볼 때 인심의 충족은 크게 두 가지 경우, 즉 절도에 합당하게 충족되는 경우와 그렇지 못한 경우로 나눌 수 있다. 전자의 경우는 도심이 되고, 후자의 경우는 인욕이 된다. 그렇게 보면 인심의 발현은 결국 도심이냐 인욕이냐 둘 중 하나로 귀결될 수밖에 없으며, 이는 곧 '인심'이라는 범주의 독자적 의미가 없어짐을 함축한다. 인심이란 결국 도심 아니면 인욕이며, 도심도 아니고 인욕도 아닌 그 자체로서 독자적

논리에 동의하지 않는다. 그의 입장에서 볼 때 '인심이 선해지면 도심과 같다'는 명제는 곧 '신하가 임금의 명령을 잘 수행한다면 임금과 같다'는 말과 마찬가지다. 양자의 역할과 직분이 엄연히 다르다고 보는 박지계의 입장에서 이것은 수용될 수 없는 논리임이 명백하다. 신하는 최선의 경우 '훌륭한 신하'가 될 수 있을 뿐 임금이 될 수 없다. 인심에게 있어서도 최선의 경우는 '선한 인심'이 되는 것일 뿐 인심 그 자체로 도심이 될 수는 없다. 선한 인심과 도심 사이에는 넘어설 수 없는 존재론적 층위가 있기 때문이다.[44] 그렇다면 박지계가 생각하는 '선한 인심'은 어떤 것일까? 이와 관련해 그는 도심과

의의를 가지는 인심이란 사실상 없는 것과 마찬가지가 되기 때문이다. 정당함을 얻은 인심은 곧 도심이기 때문에 마치 인심이 없는 것과 마찬가지라는 주희의 언명은 그와 같은 맥락에서 이해될 수 있다.

[44] 인심과 도심의 관계를 선악의 가치판단 문제로 파악하는 것과 양자를 존재형식의 메커니즘으로 파악하는 것은 서로 다른 차원의 문제다. 선악 판단에 있어서는 인심 또한 도심이 될 수 있다는 식의 언명이 가능할 수노 있다. 왜냐하면 도덕기준에 부합하는 인심은 악이 아니라 선의 영역에 속하므로 처음부터 선이었던 도심과 가치상 등가의 위치에 놓일 수 있기 때문이다. 그러나 존재형식의 문제에 있어서 인심 또한 도심이 될 수 있다는 언명은 경우가 다르다. 인심은 애당초 '감각적 지각'의 형식 안에 갇혀 있으며, 그것이 도덕적 기준에 부합하게 유도되는 경우에도 감각적 지각이라는 형식으로부터 질적으로 비약하여 도덕적 지각의 형식을 취하게 되는 것은 아니다. 인심은 설령 도심에 부합하는 경우에 있어서도 여전히 수동적이며 무반성적인 존재형식을 벗어나지 못한다. 즉, 인심이 도덕기준에 맞게 추구된다고 하더라도 인심의 지각방식 자체에 어떤 도덕적 판단과 반성이 수행되는 것은 아니다. 인심이 절도에 맞는 경우 도심이 될 수 있다는 것은 가치상 선악미정의 상태에서 선의 상태가 될 수 있다는 것이지, 존재론적으로 인심의 존재형식이 도심의 존재형식으로 전화됨을 의미하는 것은 아니다. 여전히 존재론적으로 인심과 도심은 상호전화될 수 없는 길항관계에 놓인다. 즉, 가치론의 맥락에서 인심은 도심이 될 수 있지만, 존재론의 맥락에서 인심은 결코 도심이 될 수 없다.

인심에 각각의 준칙이 있다고 말한다.

"무릇 심군과 백체는 모두 사물이니, 심군의 준칙은 곧 도(道)이고
귀·눈의 준칙은 곧 총(聰)과 명(明)이다. 그러므로 주자는 '사물이 있으
면 준칙이 있다'는 구절을 해석하면서 '귀·눈이 있으면 총명한 덕이 있
고 부자(父子)가 있으면 자효(慈孝)의 마음이 있다'[45]고 하였던 것이다.
『대학혹문』에서도 '심이라는 것은 그 본체가 인(仁)이요 그 작용은 측
은지심이니, 준칙이 없을 수 없다'고 하였다. 이를 숙독하면 알 수 있을
것이다. 총명이란 귀·눈의 신묘함[神]이다. 그 소리와 색의 욕구를 따
르는 것으로부터 온 것이 아니라, 보고 듣는 것을 넓히고 여러 이치를
살펴 도심의 유행을 받드는 것이다. 그러나 이러한 총명함을 곧바로 도
심이라고 한다면 그 곡절을 정확하고 세밀하게 파악했다고 할 수 없을
것이다."[46]

주재자인 심군이 좇아야 할 준칙은 도(道)로 표상되는 선이다. 심
군은 도덕 판단을 하는 주체이기 때문에 그 준칙에 따라 선악을 판
단한다. 그에 비해 감각기관은 도덕적 판단을 할 능력을 갖추고 있
지 않으므로, 도덕적 선은 액면 그대로 감각기관이 좇아야 할 준칙
이 될 수 없다. 그렇다면 감각기관에 있어 준칙이 되는 것은 무엇인

---

45 『孟子』「告子上」 6의 주희 주에서 인용한 구절이다.
46 『潛冶集』 권5-25a~b, 「答李方叔」, "夫心君百體, 皆是物也. 心君之則, 道是也.
耳目之則, 聰明是也. 故朱子釋有物有則曰, '有耳目則有聰明之德, 有父子則有孝
慈之心.' 大學或問曰, '心之爲物, 其體則有仁, 其用則惻隱, 莫不有則'云云, 熟此
則可知矣. 夫聰明者, 耳目之神, 不自從其聲色之欲, 而廣其聞見, 察其衆理, 以奉
道心之流行處也. 若以是直爲道心, 則恐未盡於曲折之精微也."

가? 그것은 심군이 내리는 도덕적 명령을 가장 잘 수행할 수 있는 최적의 상태를 갖추는 것이다. 이를테면, 귀와 눈이 지닌 고유기능이 '들음[聞]'과 '봄[見]'이라고 할 때, 이들에게 있어 준칙이 되는 것은 '잘 들음[聰]'과 '잘 봄[明]'이 된다. 즉, 귀와 눈에 있어 최선의 상태란 곧 '문견(聞見)'의 기능을 '총명(聰明)'의 수준으로 끌어올리는 것을 의미한다. 이 때 '총명'이란 단지 청력과 시력이 생물학적으로 뛰어남을 의미하는 것이라기보다는 '심군의 명령을 가장 예민하게 수행할 수 있는 상태'라는 의미에 가까울 것이다. 이는 귀와 눈이 아닌 다른 감각기관에도 마찬가지로 적용될 수 있다. 이를 군신관계로 비유하면, 임금의 뜻을 가장 잘 구현해낼 수 있는 최고로 유능한 신하가 되는 것이다. 즉 신하의 이상태는 임금과 동격이 되는 것이 아니라 훌륭한 관료가 되는 것이다. 마찬가지로 가장 이상적인 인심의 준칙 또한 도심이 되는 것이 아니라 그 명령을 가장 잘 구현할 수 있는 상태, 이른바 '총명한 상태'에 도달하는 것이다. 그러니 최상에 도달한 인심이라고 해서 이를 곧 도심이라고 말하는 것은 오류일 수밖에 없게 되는 것이다. 총명함은 그 자체로 도심이 아니다. 박지계 자신의 표현을 빌면, "눈의 밝음[明]과 귀의 밝음[聰]이야말로 인심이 도심의 명령을 들을 수 있는 근거"라고 할 수 있다.[47]

이와 같이 '인심의 준칙'이란 곧 인심의 이상적 상태를 표상하지만, 도심에 의해 통제되고 교정된 이후에야 그 준칙을 제대로 수행

---

47   『潛冶集』 권5-26a, 「答李方叔」, "如曰'目之明耳之聰, 乃所以聽命於道心'云云 則可也."

할 수 있다. 인심이란 본래 맹목적이며 길들여지지 않은 것이다. 그
러한 인심이 총명함을 얻기 위해서는 그 본연의 맹목성에서 벗어나
도심의 명령에 순응할 수 있도록 하는 훈련이 필요하다. 박지계는
예(禮)가 아니면 보지도 듣지도 말하지도 움직이지도 말라는 사물(四
勿)의 가르침이 그러한 교정의 역할을 한다고 본다.[48] 즉, 극기복례
(克己復禮)는 도심이 인심을 길들이는 방법이다. 나아가 그는 도심과
인심을 사람과 가축 간의 관계로 비유하기도 한다.

"소체의 본성은 본래 소리·색·잘 차린 음식 등의 사물을 욕구하는
것이므로, 반드시 이를 교정하는 노력을 가한 연후에야 그 준칙을 다할
수 있다. 예컨대 밭을 갈거나 사람을 태우고 달리는 일은 소와 말의 본
성이 욕구하는 것이 아니다. 다만 작은 것[小體]으로 큰 것[大體]을 해
치지 않은 까닭에 밭 갈고 잘 달리는 일이 소와 말의 준칙이 된 것이다.
도심은 사람과 같고 인심은 소·말과 같다. 인심인 귀·눈의 총명함은
소가 밭 갈고 말이 잘 달리는 일과 같다. 사람이 원하는 바를 따르면
밭을 가는 소와 잘 달리는 말이 되니, 이는 대체를 따르면 대인이 되는
것과 같다. 소와 말이 원하는 바를 따르면 밭 갈지 않고 달리지 않게
되니, 이는 소체를 따르면 소인이 되는 것과 같다."[49]

---

48 『潛冶集』 권5-27b, 「答李方叔」, "心常爲主而宰制耳目, 一遵義理耳. 故曰'非禮
勿視聽', 朱子曰, '勿者, 心之所以爲主而勝私復禮之機也', 又曰, '勿字象旗脚, 如
大將指麾軍兵也.'"

49 『潛冶集』 권5-26a~b, 「答李方叔」, "小體之性, 本欲聲色芻豢等物, 必加矯揉之
工, 然後可以盡則矣. 如可耕可騎, 非牛馬之本性所欲也. 但不以小害大, 故惟耕
騎乃牛馬之則也. 蓋道心猶人也, 人心猶牛馬也. 人心耳目之聰明, 猶牛馬之耕騎
也. 從人之所欲, 則耕牛騎馬, 是猶從其大體爲大人也. 從牛馬之所欲, 則不耕不
騎, 是猶從其小體爲小人也."

군신관계에 비해 사람 vs 소·말의 관계는 전자가 후자를 '길들인다'는 면이 보다 강조되는 비유일 것이다. 박지계에 따르면, 소와 말은 자연 그대로 방치될 경우 밭을 경작하거나 사람을 태우고 달리는 일을 수행하지 않는다. 소와 말이 사람의 명령을 수행하도록 하기 위해서는 그것들이 본래 타고난 자질을 잘 살려서 인간에게 복종할 수 있게끔 훈련시켜야 한다. 그럴 경우 비로소 소와 말은 '경작'과 '수송'[50]이라는 준칙을 다할 수 있게 되는 것이다. 이러한 소와 말의 준칙은 그것들이 지닌 본성에 본래 내포된 것은 아니지만, 외적인 교정을 통해 오히려 그 본성을 최적의 상태로 개발시킨 것이다. 이러한 비유를 통해 박지계는 인심의 준칙이란 도심 그 자체가 아니라 도심을 잘 따를 수 있는 상태라고 분명하게 표명하고 있다. 이처럼 인심과 도심을 철저히 양분하며 최선의 인심조차 도심과 동일시하지 않는 그의 논리는 자못 정밀한 면모를 갖추고 있다.

4. 결론

필자는 주희의 인심도심설에서 두 가지 명제, 즉 '인심과 도심은 한 마음의 두 양태'라는 명제와 '양자는 모두 이발시의 마음'이라는 명제가 핵심을 이루고 있다고 지적하였다. 주희에게 있어 이 두 명

---

[50] 위의 사례에서 말의 준칙으로 표현된 '馳'는 그저 달린다는 의미가 아니라 사람을 태우고 이동하는 수송 수단으로서의 역할을 수행한다는 뜻이다.

제는 모두 '지각'이라는 계기와 연관되며 서로 긴밀하게 연계되어 있다. 그러나 이에 대해 박지계는 인심도심이 모두 미발·이발에 걸쳐 있으며 양자는 하나가 아니라 두 개의 마음이라고 보았다. 그에 따르면 도심과 인심은 연원에서부터 발생까지 서로 다른 별개의 메커니즘을 갖추고 있고, 전자는 후자를 주재하고 후자는 전자의 명령을 받드는 관계다. 또한 인심은 최선의 경우라 할지라도 도심의 휘하에 놓이는 것일 뿐 도심과 같은 차원에 속할 수 없다. 최선의 상태에 도달하기 위해 인심은 도심에 의해 교정되고 길들여져야 한다.

박지계의 인심도심설은 철저한 이분법에 근거하여 '마음은 하나'라는 전제를 포기함으로써 구축된다. 우리는 그의 견해에 대해 마음의 단일성을 끝내 고수하고자 했던 주희의 인심도심설과는 다른 방식의 관점을 제시했다고 평가할 수 있을 것이다. 혹은 그가 주희의 학설 안에 내포된 인심도심의 존재론적 일원성과 가치론적 이원성 간의 긴장을 감지하고 후자의 측면을 중심으로 주희의 견해를 재구성했다고 평가할 수도 있을 것이다. 이를 주희 학설에 대한 탈피로 간주하든 변형으로 간주하든, 어느 경우에도 박지계의 인심도심설이 당대의 조선 학계에서 찾아보기 어려운 독특한 성격을 담지한 것은 분명하다. 그와 같이 인심도심을 이원화하는 사유는 큰 틀에서 우계 성혼이나 당대 퇴계학파의 견해와 유사한 면모를 갖추고 있는 것처럼 보이기도 한다. 다만 박지계 자신이 성혼과 퇴계학의 영향을 직접적으로 언급한 것은 찾아보기 어렵다. 그의 견해는 도심인심의 관계를 그저 이원화하는 데 그치지 않고 철저한 주종관계로 유비하면서 보다 구체적인 함의를 명시하고 있다. 적어도 박지계의 사유는 그동안 충분히 알려지지 않았던 17세기 조선 성리학계의 다양한 일면을 보여준다는 데 그 사상사적 의미가 있다.

이 글은 『한국철학논집』 33(한국철학사연구회, 2012)에
수록된 것을 수정·보완하였다.

잠야 박지계 격물설의 사상사적 의미

김용헌

1. 들어가는 말

잠야(潛冶) 박지계(朴知誡, 1573~1635)가 오늘날 우리에게 조선 중기의 저명한 학자로 알려진 것은 두 가지 사건과 관련이 있다.[1] 하나는 인조반정 직후에 김장생(金長生, 1548~1631), 장현광(張顯光, 1554~1637)과 함께 재야 학자로서 발탁돼 잠깐이나마 중앙 정계에 진출한 것이고,[2] 다른 하나는 인조와 그의 생부·생모와의 관계를 어떻게 설정할 것인가를 둘러싼 일련의 의례논쟁에 적극 참여한 것이다.[3]

---

1 박지계의 삶과 행적 그리고 관련 인물에 관한 연구로는 김일환, 「잠야 박지계의 삶과 행적 연구」, 『지방사와 지방문화』 24-2(역사문화학회, 2021)이 상세하다.

2 『仁祖實錄』, 인조 1년 5월 29일 무오.

3 『仁祖實錄』, 인조 13년 7월 22일 경오. "知誡讀古書有操行, 而爲學頗僻, 自信太過. 癸亥以徵士拜持平, 首上追崇私廟疏, 與李貴、崔鳴吉合. 及追崇禮成, 鳴吉等交相推薦, 上亦嚮之, 擢拜承旨, 至是卒."

특히 그의 학문적 수준이 유감없이 발휘된 것은 예학 분야에서인데, 사묘친제(私廟親祭)에서 생부 정원군(定遠君)에 대한 인조의 호칭 문제, 생모 계운궁(啓運宮)의 상(喪)에서 입어야 할 인조의 상복 문제, 그리고 정원군의 추숭 문제로 이어지는 인조시대 의례논쟁에서 그가 제시한 예론은 그 시대 최고의 예학적 관심사 중의 하나였다. 이 일련의 의례 논쟁에서 박지계는 정원군을 아버지[考]로 불러야 하고 계운궁의 상에서는 삼년복을 입어야 한다고 역설했는데, 이러한 주장에는 기본적으로 정원군을 추숭해서 종묘에 모셔야 한다는 의미가 함축되어 있었고,[4] 그러한 만큼 인조의 뜻에 부합하는 것이기도 했다.[5] 박지계는 흔히 공론으로 불리는 조정신료들과 재야사림의 대체적인 예론에 맞서 인조 및 이귀(李貴)·최명길(崔鳴吉) 등과 견해를 같이했던 것이다.[6]

---

4 『仁祖實錄』, 인조 1년 7월 1일 기축. "知誠赴召之後, 擢拜憲職, 及議私廟稱號, 知誠建議, 宜追尊大院君, 配享宗廟, 物議駭之."; 『潛冶集』 권1, 「請務本疏」, 4b. "恐不可以崇高之貴, 有所降殺於事親之道也."; 『潛冶集』 권1, 「應旨疏」, 10a. "祭祀之中, 宗廟爲重, 宗廟之中, 禰廟爲重. 當今禰祭失其禮, 則恐非祈天永命之道."

5 오수창은 "인조의 기본적인 의도는 아버지인 정원대원군을 왕으로 추숭함으로써 선조로부터 원종을 거쳐 자신에게 이어지는 왕통을 확립하여 스스로의 정통성을 높이려는 것이었다."고 평가했다. 오수창, 「인조대 정치세력의 동향」, 『조선시대 정치사의 재조명』, 범조사, 1985, 98쪽.

6 박지계의 의례논쟁과 관련해서는 주로 다음의 논문들을 참고했다. 이영춘, 「잠야 박지계의 예학과 원종추숭론」, 『청계사학』 7, 한국정신문화연구원 청계사학회, 1990; 이영춘, 「사계예학과 국가전례 -「전례문답」을 중심으로 -」, 『사계사상연구』, 사계·신독재양선생기념사업회, 1991; 이현진, 「17세기 전반 계운궁 복제론 - 김장생·박지계의 예론을 중심으로 -」, 『한국사론』 49, 서울대 국사학과, 2003; 김용흠, 「잠야 박지계의 효치론과 변통론」, 『역사와 현실』 61, 한국역

　박지계는 예학에 대한 깊은 연구와 달리 주자학의 근본적인 철학이론인 리기심성론엔 별다른 관심을 두지 않았다. 리기심성론을 예학과 달리 현실적 근거가 없는 관념적인 논의라고 여겼기 때문이다.[7] 다만 격물설과 인심도심설 만큼은 동료 및 제자들과 격렬한 논쟁 내지 심도 있는 논의를 했고, 그의 학설은 후대 학자들에게 지속적인 관심의 대상이 되었다. 그럼에도 그의 학설이 일부 예외를 제외하면 당대나 후대의 대다수 학자들에게 동의를 받지 못했던 것이 사실이다.[8] 그가 의례논쟁에서 소수 의견을 제기한 것처럼 철학이론 영역에서도 주류 학자들과 사뭇 다른 견해를 제시한 셈인데, 이는 그의 예론과 철학이론 사이에 모종의 관련이 있을 것이라는 가설을 세워봄직하다는 것을 함축한다. 이 논문에서는 박지계 예설의 정치적 함의를 염두에 두고 그의 격물설이 지닌 특성과 사상사적 의미를 검토하고자 한다.

　사연구회, 2006; 이현진, 「인조대 원종추숭론의 추이와 성격」, 『북악사론』 7, 북악사학회, 2000.

7　『潛冶集』 권5, 「又答趙有諸」, 11b.

8　박지계의 인심도심설, 그중에서도 온몸에 신(神)이 관철되어 있고 그것이 곧 심이라는 인심설은 훗날 오희상과 조병덕의 우호적인 평가 내지 지지를 받았다. 박지계의 인심도심설 및 그것의 역사적 전개 과정에 대해서는 이선열, 「잠야 박지계의 인심도심설」, 『한국철학논집』 33(한국철학사연구회, 2012)과 조성산, 「박지계 이목구비유심 논의의 역사적 전개 과정과 그 정치사회적 의미」, 『한국사학보』 97(고려사학회, 2024)이 상세하다.

2. 인조시대 의례논쟁

김장생과 박지계의 의례논쟁은 인조가 선조의 왕통을 직접 계승했다는 전제 아래 인조와 생부 정원군의 관계를 어떻게 설정할 것인가 하는 문제로 모아진다. 김장생은 인조가 입승대통(入承大統) 즉 선조의 왕통을 이은 만큼 출계한 것[爲人後者]과 다르지 않으며, 따라서 이에 걸맞은 예제를 따르는 것이 마땅하다고 여겼다.[9] 선조와 인조 사이에는 당연히 부자의 의리가 있기 때문에 인조가 정원군을 아버지로 칭하는 것은 대통(大統)을 어지럽히는 것은 물론 근본이 둘이라는 혐의가 있게 된다는 것이 김장생의 생각이었다.[10] 하지만 생부를 백숙부로 부르는 것은 아무리 선조와 인조 사이에 부자의 의리가 있다고 하더라도 그들이 실제로 조부–손자 관계임을 감안하면, 인조에게 아버지가 없다는 문제가 발생한다.[11] 박지계가 의례논쟁에서 집요하게 파고든 것이 바로 이 문제이다.

사실 방친(旁親)에 출계하면 그의 생부는 백숙부가 되는 것이 자연스럽다. 하지만 박지계는 '남의 후사가 된 사람(爲人後者)'과 '조부의

---

9 『沙溪全書』 권1, 「論私廟親祭時祝文屬號疏」, 2b~3a. "臣謹按禮, 爲人後者爲之子, 至於人君, 則雖兄之繼弟, 叔父之繼姪者, 皆有父子之道焉."; 『沙溪全書』 권21, 『典禮問答』, 「答崔子謙兼示張持國鄭子容書」, 14b "大抵受國之恩重, 承統之義嚴, 所繼之君, 卽爲考位, 所生天倫, 有不當顧也."

10 『沙溪全書』 권1, 「論私廟親祭時祝文屬號疏」, 2b~3a. "蓋聖上之於宣廟, 雖是親孫, 而旣昇大位, 上接宣廟之統, 則名號倫序更無可議. 若如議者之說, 而旣繼大統, 又考私親, 則是不專於正統, 而爲二本之嫌, 其爲害禮亂倫, 不亦甚乎."

11 『沙溪全書』 권48, 「行狀」(宋時烈), 6b. "議者, 又以考位之闕爲辭. 然帝王之家, 只以承統爲主."

후사가 된 사람(爲祖後者)'을 구별하고 전자를 방친의 후사가 된 사람
으로 한정했다.[12] 인조가 광해군의 뒤를 이었다면 당연히 광해군이
그의 아버지가 되지만, 인조는 조부의 뒤를 이었기 때문에 정원군을
아버지로 인정하지 않으면 아버지가 없게 된다. 결국 그의 주장은
정원군을 아버지로 인정하고 왕으로 추숭하여, 선조에서 인조로 이
어지는 대통을 분명히 해야 한다는 것으로 귀착된다. 이 지점에서
박지계가 강조한 것이 부자 사이의 천륜이다. 모든 사람들은 부모로
부터 태어나므로 귀천에 관계없이 부모에게 자식 된 도리를 다하려
는 마음이 있다는 것이 그것이다.[13] 이러한 관점에서 보면 인조 역시
정원군의 자식이고 그러한 만큼 인조는 정원군에게 자식 된 도리를
다해야 마땅하고, 그 도리의 최고 실천은 정원군에게 왕으로 추존되
는 영예를 선사하는 것이 아닐 수 없다. 이는 효를 인륜의 근본으로
여기는 유교 윤리에 충실한 견해라는 평가가 가능하다.[14]

　예제를 둘러싼 김장생과 박지계의 견해 차이는 대체로 왕조례(王
朝禮)의 특수성과 사대부례(士大夫禮)의 보편성 사이의 대립이라는
관점으로 이해되어 왔다. 예를 들어 이영춘은 김장생의 견해를 "제
왕례의 특수성을 강조하여 이(추숭론)를 반대하는 고전예학의 분별

12　『潛冶集』 권1, 「擬上疏」, 22ab. "今日殿下, 正是右文所謂爲祖後者也. 凡爲祖後
　　者, 與爲人後者之禮, 大不相同. …… 乃曰, 禮經無文, 蓋以爲祖後之禮, 與爲人後
　　者, 專不干涉故也."
13　『潛冶集』 권1, 「請務本疏」, 4b. "人之生於父母, 無貴賤一也. 上自天子, 下至士
　　庶人, 其所以事親之誠, 無以異也. 恐不可以崇高之貴, 有所降殺於事親之道也."
14　김용흠은 박지계의 예론을 공맹유학의 근본 윤리에 기초한 것으로 파악하고,
　　그것을 효치론으로 개념화했다. 김용흠, 앞의 논문, 241쪽.

주의적 입장"[15]이라고 이해한 반면에, 박지계의 예학에 대해서는 "16세기 이래 대두하기 시작한 『주자가례』의 보편적주의적 예학경향을 집대성한 것이며 이후의 조선 예학에 강한 전통을 형성하게 하였다."고 파악했다.[16] 이성무는 전자를 "왕통을 중시하는 왕조례의 특수성을 강조하는 것"으로, 후자를 "왕조례와 사대부례의 구별을 인정하지 않는 예의 보편성을 강조한 이론"으로 파악했다.[17] 이와 같은 견해는 추숭반대론이 제왕과 사서(士庶)의 같지 않음을 전제로 대통의 계승에 강조점이 있었다면[18] 추숭론은 부자관계가 천륜이라는 것을 앞세워 왕조례를 가례에 포섭하고자 했다는 점에서 타당한 일면이 있다.[19]

하지만 김장생-왕조례의 특수성, 박지계-사대부례의 보편성이라는 이분법적 이해는 예의 보편성을 강조한 쪽(박지계)이 추숭을 통

---

15 이영춘, 앞의 논문, 1990, 242쪽.

16 이영춘, 앞의 논문, 1990, 224쪽.

17 이성무, 「17세기의 예론과 당쟁」, 『조선후기 당쟁의 종합적 검토』, 한국정신문화연구원, 1994, 23~24쪽.

18 『沙溪全書』 권21, 『典禮問答』, 「答崔子謙兼示張持國鄭子容書」, 16b "當今聖上之於宣祖, 雖曰親孫, 帝王承統, 異於士大夫之家."; 『沙溪全書』 권48, 「行狀」 (宋時烈), 12ab. "至有以祖繼孫, 以叔繼姪, 昭穆倒置, 而只以承統爲序者, 帝王與士庶不同故也. 父子之倫雖重, 入繼之義至嚴. 出爲人後, 與入承大統, 其事雖殊, 不得顧私親, 一也. 愚意當以禮家出後入承者爲本生父母期爲據也."

19 『潛冶集』 권1, 「請務本疏」, 4b. "或者以爲今日之事, 與古之帝王不同, 不可以人君之尊而屈於私家, 臣竊以爲不然也."; 『潛冶集』 권7, 「章陵追崇疑禮辨第二」, 5b~6a. "或曰, 帝王之禮, 與士大夫不同, 不可引家禮爲證. 大抵堯舜禹湯之治, 天子諸侯之禮, 與士大夫無以異焉. 至於周公制禮, 然後始爲天子諸侯之禮, 而與士大夫不同也. 雖然, 此禮之壞久矣."

해 인조의 왕통을 굳건히 함으로써 군주권 강화라는 정치적 포석에서 자유로울 수 없는 반면에, 왕통의 특수성을 강조한 쪽(김장생)이 오히려 사적 영역을 공적 영역에서 분리해 냄으로써 군주의 권력 행사에 제한을 가했다는 측면을 설명하는 데 한계가 있다.[20] 게다가 그 이분법적 이해는 인조시대의 의례논쟁과 현종시대의 기해·갑인 예송을 통일적으로 설명하는 데 난점이 있다. 두 예송에서 송시열 등 대다수 서인 신료들이 사대부례의 보편적인 적용을 주장한 반면에, 허목(許穆)·윤휴(尹鑴) 등 남인 이론가들은 왕가례의 특수성을 강조했다는 것이 학계의 일반적인 인식이다. 따라서 김장생-특수성, 박지계-보편성이라는 틀을 고수할 경우에 김장생의 예론을 윤휴 등 남인의 예론에 연계시켜야 한다는 문제가 있다.[21]

여기에서 주목되는 것은 이현진과 김용흠의 견해이다. 이현진은 "김장생은 오히려 이와 반대로 천하동례(天下同禮)의 입장에서 왕례(王禮)와 사례(士禮)를 일치시키고자 한 모습을 볼 수 있었고, 박지계

---

20 추숭반대론자들은 원종추숭을 사적 관계와 공적 관계의 구분을 흐트러뜨리는, 다시 말해 인조와 그의 측근들이 우월적 지위를 이용해 보편적인 예제를 침해하는 것으로 인식했다. 『沙溪全書』권48, 「行狀」(宋時烈), 6ab. "今聖上繼承宣祖之統, 而又以私親上繼祖廟, 則正所謂以小宗合大宗, 亂倫失禮者也."

21 이영춘은 김장생의 예론에 대해 "제왕가의 예를 사대부의 예와 분리하여 이해하려는 이러한 분별주의적 전통은 훗날 복제예송에서 남인들의 삼년설에 기초적인 논리가 되기도 하였다."고 평가했다.(이영춘, 앞의 논문, 1991, 174쪽.) 이성무는 "송시열이 사대부례의 일반론을 주장한 데 비하여 윤휴는 왕조례의 특수성을 강조했다."면서, "17세기 예학논쟁에 있어서 왕조례가 강조된 예론은 김장생의 조통직승론과 기해예송에서의 윤휴의 참최삼년설 등을 들 수 있다."고 했다. 이성무, 앞의 논문, 78~80쪽.

가 오히려 한강 정구의 영향을 받아 왕자례부동사서(王者禮不同士庶)의 입장을 견지했음을 볼 수 있었다."고 하여, 전혀 다른 견해를 제기했다.[22] 박지계가 "사가에서는 『주자가례』를 따라 행하고, 왕실 전례 논쟁에서는 왕실의 특수성을 고려해 사가와 차별적인 예를 적용시켰"으며, 여기에는 이 논쟁을 통해 왕권 강화를 뒷받침하고자 한 의도가 있었다는 것이 그 요점이다.[23] 김용흠은 김장생과 박지계의 대립을 주자학적 명분론과 공맹유학의 근본 윤리의 충돌로 파악했다는 특징이 있다.[24] 그의 주장에 따르면, 추숭반대론은 주자학 정치론에 입각한 것으로 "군주의 전제가 주자학의 의리론과 명분론에 의해 일정하게 제한되어야 한다는 신권 중심 정치론의 반영"인 반면에,[25] 박지계의 주장은 "원시유교의 정신에 입각하여 신료 일반의 신권 중심 정치론과는 다른 왕권 중심 정치론의 한 형태"이다.[26] 이현진과 김용흠의 설명은 김장생의 예론과 그를 계승한 송시열의 예론을 사대부례의 보편화라는 맥락에서 일관되게 설명할 수 있다는 장점이 있다.[27]

---

22 이현진, 앞의 논문, 2003, 119쪽.

23 이현진, 앞의 논문, 2003, 117~119쪽.

24 김용흠, 앞의 논문, 216~218쪽.

25 김용흠, 앞의 논문, 217쪽.

26 김용흠, 앞의 논문, 220쪽.

27 김용흠은 "원종추숭 논쟁에서 박지계와 김장생의 대립은 기해 경자 예송에서 남인 대 서인의 대립으로 표출된 왕권론과 신권론 대립의 선편을 이루었다고 볼 수 있다."고 평가했다. 김용흠, 앞의 논문, 224쪽.

3. 박지계의 격물·물격설

1) 권득기와의 논쟁

박지계의 격물설이 구체화된 것은 1621년부터 1622년 사이에 있었던 만회(晩晦) 권득기(權得己, 1570~1622) 및 포저(浦渚) 조익(趙翼, 1579~1655)과의 논쟁을 통해서이다.[28] 이 논쟁의 쟁점은 기본적으로 『대학』의 '치지재격물(致知在格物)'의 '격물'과 '물격이후지지(物格而后知至)'의 '물격'에 어떻게 토를 달 것인가에서 출발한다는 점에서 16세기 학자들 사이에 있었던 '격물'과 '물격'의 현토 논쟁의 연장선 상에 있다. 이 문제와 관련해 박지계는 '격물'과 '물격' 모두에서 '물' 아래에 부사격 조사 '**에**'를 달아야 한다고 여긴 반면에 권득기는 '격물'의 '물'에는 '**을**'로, '물격'의 '물'에는 '**이**'로 토씨를 달아야 한다고 주장했다. 두 사람의 논쟁을 접한[29] 조익(趙翼)은 양비론적인 견해를 제시했는데, 그의 분석대로 박지계와 권득기의 논쟁은 기본적으로 '물격'의 해석 문제에 그 초점이 있었다.[30]

권득기의 주장에 따르면, '격물'은 '나'를 위주로 한 말이고 '물격'은 '물'을 위주로 한 말이다. '격물'에서는 '격'의 주체가 '나'이고 '물격'에서는 '격'의 주체가 '물'이므로 '격물'의 '물'에는 목적격 조사인

---

28 박지계, 권득기, 조익의 격물설과 그들의 논쟁에 대해서는 전병욱의 다음 논문이 상세하다. 전병욱, 「잠야 박지계의 격물설」, 『민족문화연구』 61, 고려대학교 민족문화연구원, 2013; 전병욱, 「만회 권득기의 격물설」, 『동양철학연구』 77, 동양철학연구회, 2014.

29 『浦渚集』 권16, 「答朴仁之論物格書」, 1a.

30 『浦渚集』 권16, 「答朴仁之論物格書」, 1a.

‘을’로, ‘물격’의 ‘물’에는 주격 조사인 ‘**이**’로 토를 달아야 한다는 의미이다. 결과적으로 ‘격물’은 ‘내가 물**을** 격(格)하다’라는 뜻인 반면에 ‘물격’은 ‘물**이** 나에 의해 격(格)되다’는 뜻이 된다.[31] 이러한 관점에서 보면 ‘물격’의 주희 주석인 ‘물리지극처무부도(物理之極處無不到)’는 ‘처’ 아래에 주격 조사 ‘**가**’ 토를 다는 것이 자연스러운데, 권득기는 한 걸음 더 나아가 ‘내 마음에’[於吾心]를 덧붙여 ‘물리의 극처**가** 내 마음에 이르지 않음이 없다’는 뜻이라고 풀이해 큰 논란이 되었다.[32]

박지계의 격물설은 기본적으로 ‘격물’과 ‘물격’에서 그 ‘격’의 실질적인 주체가 ‘나’라는 것에서 출발해서 ‘격물’과 ‘물격’의 ‘물’에는 방향 내지 장소를 뜻하는 부사격 조사 ‘**에**’로 토씨를 달아야 한다는 것으로 모아진다. ‘**에**’로 토를 달면, ‘치지재격물’은 ‘치지는 물**에** 격함에 있다’로, ‘물격이후지지’는 ‘물**에** 격한 이후에 지(知)가 지극해진다’로 풀이 된다. 결과적으로 ‘물격’의 주희 주석은 ‘물리의 극처**에** (사색과 궁구의 공이) 이르지 않음이 없다’로 풀이된다.[33]

---

31 『晚悔集』 권6, 「與朴仁之格物論辨說」, 1a.

32 『晚悔集』 권6, 「與朴仁之格物論辨說」, 2ab; 『晚悔集』 권6, 「與朴仁之書」, 28b~29a. 권득기가 ‘**내 마음에** 이르지 않음이 없다.’고 했을 때 그 의미는 정로(呈露), 효해(曉解)라는 표현에서 알 수 있듯이 내 마음의 리가 드러나 밝게 인식된다는 것이지, 마음 바깥에 있는 물리가 공간적 이동을 통해 내 마음 안으로 들어온다는 의미가 아니었다. 『晚悔集』 권6, 「與朴仁之格物論辨說」, 7b. “到者, 只是言曉解之意. 物理本該於吾心, 但思則得之, 不思則不得. 故前旣不思而不得矣, 今日思而得之, 則物理入吾曉解之內, 如自外而到也.”

33 『潛冶集』 권4, 「答權重之」, 34b~35a. “章句所謂物理之極處無不到也, …… 其衆物衆理之極處, 思索窮究之功, 無所不到者, 將以致吾之知識也.”

박지계는 자신의 주장을 논증하는 과정에서 세 가지 경전 해석 방식을 제시했다. 첫째는 문의(文義)이다. 그는 '격물'과 '물격'을 동일한 현상의 다른 측면으로 파악했는데,[34] 이를 식육(食肉)과 육식(肉食)의 관계, 행륙(行陸)과 육행(陸行) 등의 관계에 비유해 설명했다.[35] '식육'은 글자그대로 '고기를 먹는다'는 말이고, 생략된 주어를 감안하면 기본적으로 '내가(또는 나의 입이) 고기를 먹는다'는 의미가 함축되어 있다. 반면에 '고기'는 무생물이므로 '먹는다'는 행위의 주체가 될 수 없으므로 '육식'을 '고기가 먹는다'로 풀이하면 뜻이 통하지 않는다. '육식'은 '식육'과 동일한 사태 즉 '내가 고기를 먹는다'는 사태를 달리 표현한 것일 뿐이다. 여기에서 박지계가 강조한 것은 '물격'에서 '물'은 단지 '격'이라는 행위의 목적어 내지 대상일 뿐 주체가 될 수 없다는 점이다. 그의 주장대로라면 그 주석인 '물리지극처무부도' 역시 '물리지극처'가 '무부도'의 주체일 수 없다.[36] 그가 상정한 '무부도'의 주체는 나의 인식 행위, 즉 사색과 궁구이다.[37] 따라서 위 문장은 '**가**'가 아니라 '**에**' 또는 '**를**'로 토를 달아야 하는데,

---

34 『潛冶集』 권4, 「答權重之」, 39a. "格物物格, 只是一事, 而互言之, 以致反覆丁寧之意耳." 이는 격물과 물격을 공부와 공효로 분리해서 이해하는 학설을 겨냥한 비판이다.

35 『潛冶集』 권4, 「答權重之」, 34b. "格物物格之文義, 比諸物, 則格物, 猶言食肉也, 物格, 猶言肉食也草食也粒食也. 格物, 猶言行路也行陸也, 物格, 猶言陸行也山行也野行也."

36 『潛冶集』 권4, 「答權重之」, 34b~35a. "章句所謂物理之極處無不到也, 猶言道路之遠處無不到也, 遐方之異味無不食也."

37 『潛冶集』 권4, 「答權重之」, 35a. "於其衆物衆理之極處, 思索窮究之功, 無所不到者, 將以致吾之知識也."

이는 '길의 먼 곳에 이르지 않음이 없다', '먼 지방의 이색적인 음식을 먹지 않음이 없다'라고 말하는 것과 같다. 결국 위 문장은 "물리의 극처에(또는 를) 나의 사색과 궁구 행위가 이르지 않음이 없다."는 뜻이 된다. 이렇게 해야 '격'의 주체가 '나의 인식 행위'라는 것이 분명해질 수 있다는 것이 박지계의 생각이다.

둘째는 의리(義理)의 관점이다. 박지계의 주장에 따르면, '격물'과 '물격'은 동일한 공부이고 그 공부의 효과는 '치지(致知)'와 '지지(知至)'이다. 따라서 '격물'과 '물격'을 공부와 공효의 관계로 파악해서는 안 된다.[38] 공부와 그것의 효과를 혼동해서는 안 되며, 효과를 얻기 위해서는 반드시 공부 과정이 선행되어야 한다는 의미이다. 사색하고 궁구하는 행위 없이 사물의 리가 내 마음에 이르게 하고자 한다면 그것은 음식을 먹지 않으면서 음식이 저절로 배에 들어오게 하려는 것과 같이 이치에 맞지 않는다.[39] 이에 대해 그는 "그것은 하학을 통해 상달하는 성인의 공부와 다르고 이단의 돈오의 학문에 흘러들어 간 것이다."라고 비판했다.[40] '물리지극처무부도' 역시 공부를 뜻하는 '물리의 극처에 이르지 않음이 없다'로 풀이해야지 공부의 효과를 뜻하는 '물리의 극처가 내 마음에 이르지 않음이 없다'

---

38 『潛冶集』 권4, 「答權重之」, 41a. "八條皆倣此, 亦不分格物與物格二者爲工夫功效也. 蓋以格物爲致知之工夫, 以物格之功效爲知至也."

39 『潛冶集』 권4, 「答權重之」, 35a. "又以義理考之, 則於其遐方衆味, 無所不食者, 將以肥吾之一身也, 於其衆物衆理之極處, 思索窮究之功, 無所不到者, 將以致吾之知識也."

40 『潛冶集』 권4, 「答權重之」, 35b. "此與聖人下學而上達者異, 而流於異說頓悟之學也. 其於理義, 大有所害, 此眞千里之謬也."

라고 풀이해서는 안 된다. 요약하면, 그 공부의 주체는 '나' 또는 '나의 탐구 행위'이고, 결국 '물격'은 '(내가) 물에 격하다', 그 주석은 '물리의 극처에 (나의 사색과 궁구가) 이르지 않음이 없다'로 해석하는 것이 이치에 맞다.

　셋째는 사증(事證) 즉 전거이다. 그는 자신의 주장을 입증하기 위해 몇 가지 전거를 제시했는데, 그 중에 하나가 『혹문』의 "물격자, 사물지리, 각유이예기극야."(物格者, 事物之理, 各有以詣其極也.)라는 구절이다. 그의 주장에 따르면 이 문장은 '사물의 리에 각기 그 극처까지 이르렀다'는 말이지 '사물의 리가 내 마음의 극처에 이르렀다'는 말이 아니다.[41] 그는 또 "본문의 '예(詣)'자로 살펴보면 '마음이 사물의 리에 이른다'는 것이지 '사물의 리가 내 마음에 이른다'는 말이 아님을 알 수 있다"고도 했다.[42] 주희가 맹자의 이른바 '그 성을 안다'를 '물격'으로 풀이한 것도 그가 든 전거 중의 하나이다.[43] "'그 성을 안다'는 말은 '물리의 극처를 안다'는 뜻이며 '물리지극처무부도'라는 말은 '그 성에 앎이 이르지 않음이 없다'는 뜻"이라는 것이 그 요점이다.[44]

41　『潛冶集』 권4, 「答權重之」, 35b. "或問曰, 物格者, 事物之理, 各有以詣其極也. 此言於事物之理, 各有以詣其極處也. 豈謂事物之理到於心之極處也."

42　『潛冶集』 권4, 「答權重之」, 35b. "以本文詣字觀之, 可知心詣於物理, 非謂物理到於吾心也."

43　『潛冶集』 권4, 「答權重之」, 35b. "朱子曰, 孟子所謂知其性者, 物格也. 物字對性字, 蓋性卽理, 於其物理, 知無不到, 卽所謂知性也."

44　『潛冶集』 권4, 「答權重之」, 35b~36a. "故朱子又曰, 物理之極處, 無不到, 知性也. 詳釋此言, 則性卽物理之極處也, 知卽無不到也. 知其性云者, 知其物理之極處也, 物理之極處無不到云者, 於其性, 知無不到也."

박지계의 견해가 더 분명한 형태로 정리된 것은 두 번째 편지에 서이다. 그는 먼저 지난 번 편지에서 자신이 제시한 견해를 "'격물' 은 '물에 궁구하여 이르다[窮至於物]'는 말이고 '물격'은 '물에 격하다 [於物格之]'라는 말이다."라고 명확히 하고,[45] 이를 '행륙(行陸)'과 '육 행(陸行)'의 관계에 비유할 수 있다고 밝혔다.[46] 한마디로 '격물'이든 '물격'이든 '에'로 토를 달아야 한다는 의미이다. 요컨대 박지계는 '물격'의 '물' 아래에 주격 조사가 아니라 처소격 조사 '에' 내지 목적 격 조사 '을'/'를'을 달아야 한다고 여겼다. 이는 자연스럽게 "물리지 극처무부도"의 '처' 자 아래에 '에'로 토를 달아야 한다는 주장으로 이어진다.[47] '길의 먼 곳에 이르지 않음이 없다'는 것에 비유한 것과 마찬가지로 '물리의 극처에 이르지 않음이 없다'로 읽어야 한다는 뜻이다. 물론 '먼 지방의 음식을 먹지 않음이 없다'는 말처럼 '을'로 토를 달아 '물리의 극처를 이르지 않음이 없다'라고 읽을 수도 있다. 여기서 중요한 것은 나의 공부 행위가 '이르지 않음이 없다'의 주어 라는 점이다.[48]

---

45 『潛冶集』권4,「答權重之」, 36b. "格物, 謂窮至於物也, 物格, 謂於物格之也."

46 『潛冶集』권4,「答權重之」, 36b. "此則比之於行陸陸行, 不亦宜乎."

47 『潛冶集』권4,「答權重之」, 36b~37a. "章句所謂物理之極處無不到也云者, 比之 於道路之遠處無不到也, 與右所謂於物格之, 一意也. 處字下當懸吐 厓, 比之於退 方之異味無不食者, 與右或說, 一意也. 處字下當懸吐 乙."

48 『潛冶集』권4,「答權重之」, 37a. "兄嘗以物字上無於字之故, 疑其 厓 吐之不當, 此則恐不必疑也."

2) 조익과의 논쟁

조익이 박지계와 권득기의 논쟁에 개입하면서 격물설 논쟁은 그 쟁점이 더 명확하게 부각되었다. 조익의 분석에 따르면, 권득기는 '물격'을 '물리가 나의 마음에 왔다'[物理來到於吾心也]는 뜻으로 이해한 반면에, 박지계는 '물격'을 '물에 격했다'[於物格也]는 뜻으로 풀이하고 '격물'과 '물격'을 공부와 공효의 관계가 아니라 하나의 일로 파악했다.[49] 조익은 두 사람 사이에 있었던 논란의 쟁점을 이와 같이 분석한 후 일종의 양비론적 접근을 했다.

그는 권득기가 '물격'의 '물' 아래에 '이'로 토를 단 것은 옳지만 '격(格)'을 '내도(來到)'로 풀이한 것은 옳지 않다고 여겼다. 문리(文理)의 측면에서 볼 때 '물격'은 '물이 이에 격되었다'[物乃格也]는 것이므로 '물'이 '격'의 주어이므로 주격 조사 '이'로 토를 다는 것이 당연하지만, 그렇다고 '(마음 바깥에 있던 물리가) 내 마음에 왔다'는 식으로까지 의미를 확장해 이해한 것은 잘못이라는 뜻이다.[50] 박지

---

49 『浦渚集』 권16, 「答朴仁之論物格書」, 1a. "蓋權兄之說, 物格謂物理來到於吾心也. 兄則謂於物格也, 又謂格物物格只是一事, 下一卽非功效也, 至譏饒氏功效之說. 兩兄所論, 其要不過如此."

50 『浦渚集』 권16, 「答朴仁之論物格書」, 1b. "權兄之意, 蓋以物格云者, 以文理言之, 是謂物乃格也, 若解爲於物格, 則非文理也, 故爲來到之說. 以文理觀之, 此固然矣. 然其以格爲來到, 則決不然也." 조익의 비판은 권득기의 취지를 오해한 측면이 있다. 이는 권득기의 아들 권시(權諰)가 "항상 선군 만회공이 매번 '격물은 궁리를 말하는 것이고 물격은 리가 밝아짐을 말하는 것'이라고 여겼으니 잠야와 끝내 합치되지 않았다."고 한 것에서도 확인된다. 이에 대해 송시열은 조익의 비판이 온당하지 않다고 지적했다. 『宋子大全』 권94, 「書答李同甫 甲寅二月十二日」, 8b. "格物物格之說, 愚一生聞權友之說, 此友常說其先君晚悔公每謂格物, 窮理之謂也, 物格, 理明之謂也, 與潛冶終不相合云云. 到字, 謂來到於心者, 是愚

계의 경우에는 '물리지극처무부도'는 '에'로 토를 단 것은 옳지만 그
렇다고 '물격'에도 '에' 토를 단 것은 잘못이다.[51] 이에 대해 조익은
'격물'이 공부인 반면에 '물격'은 공효이므로 주격 조사 '이'로 토를
달아 '물이 격되었다'로 풀어야 한다고 역설했다.[52]

이렇듯이 조익은 권득기와 박지계의 학설을 비판적으로 검토한
후, "'물격'은 '물리가 나에 의해 격되었다'[物理爲吾所格也]고 풀이하
는 것이 아마도 옳을 듯하다."고 자신의 견해를 제시했다.[53] '나에
의해 격되었다'는 것은 '사람이 추구함에 따라 이르렀다'는 의미이
며, 이는 '물' 내지 '물리'를 '격'이나 '무부도'의 주어로 보면서도 리
자도설(理自到說) 즉 '물리가 극처에 스스로 이르렀다'는 견해를 부
정하는 것이기도 하다.[54] 다만 그 설이 만족스럽지 않다면 '물리가
이미 격되었다'[物理已格得]고 해석하는 것이 좋겠다는 대안을 제시

伏說, 權友守其先訓, 而攻愚伏說甚力, 豈有如浦相之云乎. 可怪可怪."

51 『浦渚集』 권16, 「答朴仁之論物格書」, 7a. "兄之意, 則蓋以章句之意, 實是於極處
到也, 物格之意, 亦必如是, 故解爲於物格也. 而旣曰於物格, 則與格物似不異也,
故又謂格物物格只是一事, 因看物格不異於格物, 故又謂後一節與前節皆一意也,
非功效也. 其說章句, 謂於極處到則實甚是, 其言格物物格爲一事, 後一節非功效
也, 則其失亦所謂百千萬里之遠也."

52 『浦渚集』 권16, 「答朴仁之論物格書」. 1b~2a. "章句釋格物曰, 窮至事物之理, 釋
物格曰, 物理之極處無不到也. 窮至者, 未至而求至之事, 無不到者, 已至之辭也.
求至者, 工夫, 已至者, 效驗也. 此其意義甚明, 無毫髮可疑也."

53 『浦渚集』 권16, 「答朴仁之論物格書」, 10a. "蓋權兄之說, 謂物格不可解爲於物格
者, 於文理亦近矣. 兄之謂格字不可訓來到者, 於義理實得之. 然則當何爲而可.
僕於此嘗竊推之, 敢私爲之說曰, 物格者, 物理爲吾所格也. 竊恐如此爲是也."

54 『浦渚集』 권16, 「答朴仁之論物格書」, 11b. "蓋所謂極處無不到者, 豈物理自到極
處. 乃由人推求而到也, 故與愚所謂爲吾所格, 其意實一也."

하기도 했다.[55] 조익이 자신의 견해를 밑받침하기 위해 제기한 것이 '치병(治病)'과 '병유(病愈)'의 비유이다. 여기서 '치병'은 '치'에 주안점이 있으므로 '(내가) 병을 치료한다'는 뜻이고, '병유'는 '병'을 주체로 삼았으니 '병이 이에 나았다'[病乃愈]는 뜻이다. 그렇다면 '물격'의 경우에는 당연히 '물'이 '격'의 주어이므로 '물이 이에 격되었다'[物乃格]로 풀이하는 것이 옳다는 것인데, 한마디로 내가 '물'을 격한 주체이지만 '물격'의 경우에는 '물'이 주어이므로 '물이 (나에 의해서) 격되었다'는 식으로 풀이해야 한다는 의미이다.[56]

조익의 물격설에 대한 박지계의 반박은 두 가지로 모아진다. 하나는 조익이 '격물'과 '물격'을 하나의 일로 파악한 자신의 견해를 비판한 것에 대한 재비판이다. 그는 조익의 견해를 접하고 '격물'과 '물격'의 관계를 공부의 처음과 끝의 관계로 재정의 하긴 했지만 공부와 공효의 관계라는 것은 끝내 받아들이지 않았다.[57] 그의 주장에 따르면 "공부와 공효는 피차의 구별이 있다."[58] 공부와 공효는 한 사

---

55 『浦渚集』 권16, 「答朴仁之論物格書」, 11b. "如或以此說爲未可, 當釋云物理已格得."

56 『浦渚集』 권16, 「答朴仁之論物格書」, 10ab. "何者? 凡文字言語, 各有所主. …… 以治病言之, 如云治病, 則是以治爲主也, 如云病愈, 則是以病爲主也. 若訓釋之, 則釋病愈, 當云病乃愈也, 不可釋爲愈其病也. 釋物格亦如病愈, 故當釋云物乃格, 是也. …… 故說物格, 當以物爲主, 而云物乃格也, 其格也乃物之格也. 如曰於物格, 則是以格爲主, 而與下文文勢不類矣."

57 『潛冶集』 권4, 「答趙浦渚」, 50a. "格物云者, 方做工夫之謂也, 物格云者, 工夫到極之謂也, 二者略有終始之別. 其謂一意者, 雖出或問之說, 然此則語未及細分者也. 因兄論而思及於詳細, 朋友辨論之益, 爲如何哉."

58 『潛冶集』 권4, 「答趙浦渚」, 50a. "但其功效, 則不在此焉. 工夫之於功效, 顯有彼此之別, 做工夫於此, 而效驗應於彼者, 謂之功效也."

태의 두 측면 내지 한 사태의 시작과 끝이 아니라 별개의 사태라는 의미이다. 이러한 관점에서 보면 '물격'은 '격물'의 공효가 아니라 '격물'의 끝일 뿐이다. 이에 대해 그는 "격물이라는 것은 바야흐로 공부를 한다는 뜻이고 물격이라는 것은 공부가 지극한 곳에 이르렀다는 뜻이다."라고 정의했다.[59] '물격' 역시 공부이고 그 공부의 결과가 '지지(知至)'라는 뜻이다.[60]

다른 하나는 '물격'의 해석 문제이다. 박지계는 조익이 '물격'을 '병유'에 빗대면서 '격'의 주어가 '물'이라고 주장한 것에 대해 반론을 폈다. 이 지점에서 그는 문자가 가리키는 대상을 두 가지로 나누는 전략을 취했는데, "문자의 경우에는 사물에 사람의 행위가 가해진 것을 가리키는 경우가 있고 그 사물 자체가 작동하는 것을 가리키는 경우가 있다."는 것이 그것이다. 예를 들어 "'질병을 치료했다'[疾病治之]는 말은 질병에 사람의 행위가 가해진 것을 가리키고, '병이 나았다'[病愈]는 말은 병 자체가 자동한 것을 가리킨다." 여기서 중요한 것은 '병이 나았다'는 것도 사람의 치료 행위가 가해진 결과라는 점이다. 이에 대해 그는 "무릇 사물은 반드시 인위가 가해져야 그 자체가 작동하는 것이지 인위 없이 그 자체가 저절로 작동하는 이치는 없다."면서, "다만 사물을 기준으로 말하면 마치 그 자체가 저절로 작동하는 것 같은 경우가 있다."고 주장했다.[61]

---

59 『潛冶集』 권4, 「答趙浦渚」, 50a. "格物云者, 方做工夫之謂也, 物格云者, 工夫到極之謂也,

60 『潛冶集』 권4, 「答趙浦渚」, 50b. "若言功效, 則物格於外, 而知明於內, 知至云者, 卽爲物格之功效也."

이러한 관점에 따르면 '물격'은 '물'이라는 대상에 사람의 행위가 더해진 것이다.[62] 이는 '물격'의 격은 타동사이고, 따라서 '질병을 치료했다'[疾病治之], '약물을 삼켰다'[藥物呑之]는 것과 마찬가지로 '물리를 격했다'[物理格之]로 풀이해야 한다는 것을 의미한다.[63] 다만 박지계는 목적격 조사 '를'로 토를 다는 것도 뜻이 통하지만, '에' 토를 달아 '물(리)**에** 격했다'라는 것이 본래 뜻이라고 주장했는데, 이는 '격'을 '궁지(窮至)' 즉 '궁구하여 이르다'로 보았기 때문에 '물**에** 궁구하여 **이르다**'라고 하는 것이 자연스럽기 때문이다. '물리지극처무부도'는 당연히 '물리의 극처**에** 생각과 탐구의 공이 이르지 않음이 없다'고 풀이해야 한다는 것이 그의 본뜻인 셈이다.[64]

이처럼 박지계는 '물격'의 실질적인 뜻을 '물**에** 격했다'[於物格之]로 파악했다. 이 과정에서 그는 '병유'가 '물격'이 아니라 '지지(知至)'에 대응된다는 것을 지속적으로 강조했다. 약물을 복용한 이후

---

61 『潛冶集』권4, 「答趙浦渚」, 56ab. "凡文字間, 有指其物件上加人爲之事者, 有指其物件之所自爲者. 如言疾病治之者, 病上加人爲也, 如言病愈者, 病之所自爲也. 如言藥物呑下, 則藥物上加人爲者也, 如言藥物入口, 則藥物所自爲而入口也. 凡物必待人爲, 而後有自爲也, 無自爲之理矣. 但據物而言之, 則有若有自爲矣."

62 『潛冶集』권4, 「答趙浦渚」, 56b. "八條之中, 物格也國治也二者, 蓋其物上加人爲者也, 其餘知之至也意之誠也等類, 則皆其物之所自爲也."

63 『潛冶集』권4, 「答趙浦渚」, 57a. "愚謂物格云者, 乃謂物理格之也, 與所謂疾病治之也, 藥物呑之也, 一例之文勢也.

64 『潛冶集』권4, 「答趙浦渚」, 57b. "釋格物曰物理格之者, 其意亦固通矣. 但其本義, 則蓋曰於物格之也. 故章句曰, 物理之極處無不到, 或問曰, 物格者, 事物之理, 各有以詣其極云云. 若釋章句之意, 則當曰於其物理極處, 思究之工, 無不到也, 或問之意則曰, 於其事事物物之理, 思索之工, 各有以詣其極也. 然則經文章句或問三者之文字, 雖無於字, 於字之意, 則亦甚分明矣."

에 병이 나았듯이 물리를 격한 이후에 '지(知)'가 지극해진다는 것인데,[65] '병유'의 주어가 '병'이듯이 '지지'의 주어는 '지(知)'이지만 '물격'의 경우에는 '물'이 주어가 될 수 없다는 뜻이다. '물격'은 사물에 인위가 가해지는 공부 행위를 지칭하는 것이지 그 공부 행위의 효과를 가리키는 것이 아니기 때문이다. 요컨대 그 효과는 '지지(知至)'이고, 따라서 '지지'는 '지(知)'가 주어이고 '지가 지극해졌다'라는 뜻으로 풀이된다.

정리하면 박지계는 '격물' '물격'의 '물' 아래와 '물리지극처무부도'의 '처' 아래에 부사격 조사 '에'를 붙여 풀이해야 한다고 여겼다. '격물'은 말할 것도 없고 '물격'과 그 주희 주석에서 실질적인 주체는 그가 '사구(思究)의 공', '사색의 공'으로 표현한 내 마음의 탐구 활동이다.[66] 이러한 주장은 '물격'을 공효가 아니라 공부에 묶어두려는 의지의 결과인데, 그래야만 '물격이후지지'가 '물격'이라는 공부와 '지지(知至)'라는 공효로 이루어진 올바른 공부론이 된다는 것이 박지계의 생각이었다.

---

65 『潛冶集』 권4, 「答趙浦渚」, 57a. "示下病愈之比, 可以比於知至等條矣, 與物格本不同."

66 전병욱은 박지계의 격물론에 대해 "인식의 모든 과정을 인식주체가 대상을 사색하고 궁구하는 일일 뿐이라고 확정한" 것으로 파악하고, "예설에서 예를 행하는 주체를 중심에 놓으려고 한 그의 지향과 맞닿아있다고 할 수 있겠다."고 평가했다. 전병욱, 앞의 논문, 2013, 308쪽.

4. 박지계 격물·물격설의 사상사적 위치

1) 16세기 조선 유학자들의 격물·물격설

『대학』의 '치지재격물'의 '격물'과 '물격이후지지'의 '물격', 그리고 그것에 대한 주희 주석인 '욕기극처무부도', '물리지극처무부도'에 토씨를 다는 문제는 이황(李滉, 1501~1570)의 시대 이전부터 논란이 된, 조선주자학의 주요 쟁점 가운데 하나이다. 김종직(金宗直)의 문인인 이원(李黿, ?~1504)이 「격물물격설(格物物格說)」을 쓴 것,[67] 이언적(李彦迪, 1491~1553)과 박광우(朴光佑, 1495~1545)가 논쟁을 벌인 것, 그리고 이황의 문인 정유일(鄭惟一, 1533~1576)이 허엽(許曄, 1517~1580) 및 오건(吳健, 1521~1574)과 논란을 벌이다 이황에게 질의를 한 것 등이 그 방증이다. 정유일에 따르면, 정유일은 '물격'과 '물리지극처무부도'에 부사격 조사 '에'를, 허엽과 오건은 주격 조사인 '이'/'가'를 달아야 한다고 여겼다.[68] 이에 대해 정유일은 자신의 견해는 '내 마음의 지[心知]가 물에 이른다'는 말이고 허엽의 견해는 '물의 리가 나에게 이른다'는 뜻이라고 정리했다.[69]

이황의 조사에 따르면, '물격'과 그 주석에 대해 윤탁(尹倬, 1472~

---

67 『靜觀齋續集』 권6, 「答尤齋書」, 35b~36a. "略本朝再思堂李公黿, 嘗著格物物格說, 而今不傳. 不知佔畢門中所傳授者, 果如何否耳."

68 『文峯集』 권4, 「上退溪先生問目」, 1ab. "格物物格云者, 惟一則以爲兩處皆讀作物(於是), 太輝則以爲上文則當作物(乙), 下文則當作物(伊)可也. 吳子强之說亦然."

69 『文峯集』 권4, 「上退溪先生問目」, 1ab. "惟一則以爲三處皆讀作處(於是), 言我之心知到於物也, 太輝則以爲三處皆當作處(伊), 言物之理到於我也."

1534), 김식(金湜, 1482~1520), 박광우는 '이'/'가(是)'로, 이언적과 신
광한(申光漢, 1484~1555)은 '에(厓)'로 토를 다는 것이 옳다고 여겼
다.[70] 특히 박광우와 이언적 사이에는 심각한 논쟁이 있었는데, 이
에 대해 이황은 이언적의 견해를 지지해 '에' 토가 옳다고 판정했다.
다만 신광한이 설명한 것처럼 '에' 토를 달았을 때의 의미가 그 문장
의 실질적인 의미라는 것을 전제한 경우라면 '가' 토를 달아도 무방
함에도[71] 이언적이 '에' 토만을 고집했다고 지적했다.[72]

이황은 '치지재격물'의 '격물'을 '물을 격함에'로, 그 주석인 '욕기
극처무부도'를 '그 극처에 이르지 않음이 없고자 한다'로 풀이했으
며,[73] '물격이후지지'의 '물격'을 '물에 격한'으로, 그 주석인 '물리지
극처무부도'를 '물리의 극처에 이르지 않음이 없다'로 풀이했다.[74]
이황이 '물격'에서 '에'로 토를 다는 것이 옳다고 여긴 것은 결국 의
미상 '격'의 주체가 '나'라고 여겼기 때문이다.[75] 그럼에도 그는 앞에
서 거론한 것처럼 '물리의 극처가 이르지 않음이 없다'라고 해도 뜻

---

70 『退溪集』 권26, 「格物物格俗說辨疑 答鄭子中」, 38a~39b.

71 『退溪集』 권26, 「格物物格俗說辨疑 答鄭子中」, 38ab.

72 『退溪集』 권26, 「格物物格俗說辨疑 答鄭子中」, 39ab.

73 『退溪集』 권26, 「格物物格俗說辨疑 答鄭子中」, 34a. "格物(物乙格乎麻是)註,
欲其極處(厓)無不到也.

74 『退溪集』 권26, 「格物物格俗說辨疑 答鄭子中」, 34ab. "物格(物厓格爲隱)註, 物
理之極處(厓・是)無不到也. …… 物格, 重在至字, 故云物(厓)格(爲隱). 一說, 物
理之極處(是)亦通."

75 『退溪集』 권26, 「格物物格俗說辨疑 答鄭子中」, 36b~37a. "推之以釋物格, 則格
者非我, 乃物也. 釋極處, 則到者非我, 乃極處也. 此不成言語, 不成義理, 膠謬不
通之說, 不可從也."

이 통한다고 여겨 '가'로 토를 다는 것도 용인했다.[76] 물리를 탐구하는 주체가 '나'라는 것을 전제하기만 한다면 문장 구조상 '극처' 아래에 주격조사인 '가'로 토를 달아도 괜찮다는 의미이다.[77] 물론 이황이 물리 자체의 이동 즉 바깥 사물로부터 나의 마음에 이르는 공간적 이동을 인정한 것은 아니다.[78]

이처럼 이황은 기본적으로 리의 운동성을 부정한 주희의 리무조작설(理無造作說)에 근거하여 물격을 해석했다.[79] 그럼에도 잘 알려진 것처럼 그는 세상을 떠나기 얼마 전에 기대승(奇大升, 1527~1572)의 의견과 『혹문』을 검토한 후에 리의 체는 무위이지만 리의 용은 미묘하므로 리가 '이르다(到)'의 주체가 될 수 있다는 점을 인정하기에 이르렀다.[80] 이것이 이른바 리도설(理到說)이다. 이에 대해 그는 "'격물'을 말할 때 '내가 궁구하여 물리의 극처에 이른다'고 하면서도, 정작 '물격'을 말할 때 어찌 '물리의 극처가 내가 궁구한 바에 따라 이르지 않음이 없다'라고 할 수 없겠는가."라고 반문했다.[81] 한

---

76 『退溪集』 권26, 「格物物格俗說辨疑 答鄭子中」, 34b. "一說, 物理之極處(是)亦通."

77 『退溪集』 권26, 「格物物格俗說辨疑 答鄭子中」, 38ab. "癸丑年間, 滉忝爲成均日, 知館事駱峯申先生, 論此以(厓)辭爲是, 而略解其義. 又云, 苟知此意, 則功效註, 雖云極處(是), 固亦無妨."

78 『退溪集』 권26, 「格物物格俗說辨疑 答鄭子中」, 38b. "蓋雖曰極處(是), 其所謂到者, 依舊只是窮至其極處耳, 非謂極處(是)自至於我也."

79 『退溪集』 권18, 「答奇明彦」, 30b. "前此滉所以堅執誤說者, 只知守朱子理無情意, 無計度, 無造作之說, 以爲我可以窮到物理之極處, 理豈能自至於極處. 故硬把物格之格, 無不到之到, 皆作己格己到看."

80 『退溪集』 권18, 「答奇明彦」, 31ab.

81 『退溪集』 권18, 「答奇明彦」, 31b. "然則方其言格物也, 則固是言我窮至物理之極處, 及其言物格也, 則豈不可謂物理之極處, 隨吾所窮而無不到乎."

마디로 나의 격물이 지극하지 못함을 걱정해야지 리가 스스로 이를
수 없음을 걱정할 필요가 없다는 뜻이다.

이이(李珥, 1536~1584)는 『성학집요』에서 '물격'의 주석 '물리지
극처무부도'는 '지지(知止)'의 주석 '오심지소지무부진(吾心之所知無
不盡)'과 대구를 이루며 '물리가 극처에 이르지 않음이 없다'라는 뜻
이라고 밝혔다.[82] '오심지소지무부진' 즉 '내 마음의 아는 바가 다하
지 않음이 없다'와 대구라는 점을 감안하면, '물리지극처무부도'에
'가' 토를 달아야 한다는 뜻이다. 이이가 '물격'에서 '격'의 주체가
'물' 내지 '물리'라는 것을 명확히 표명했다는 것은 김장생의 증언에
서도 확인된다.[83] 물론 여기서 '이르렀다'는 것은 리의 공간적 이동
을 의미하지 않는다. 이에 대해 이이는 "리는 본래 극처에 있어서
격물을 기다려 비로소 극처에 이르는 것도 아니고 리가 스스로 극
처에 이르는 것도 아니다."라면서, "나의 지(知)에 명암이 있기 때문
에 리에 이름[至]과 이르지 않음[不至]이 있다."라고 정리했다.[84] 인
간은 격물이라는 일종의 인식 행위로 극처에 있는 물리를 인식하는

---

82 『栗谷全書』 권19, 『聖學輯要』, 17b. "朱子曰, 物格者, 物理之極處無不到也. 此
句與下句對說, 故文勢如此, 其意則物理無不到極處云爾. 知至者, 吾心之所知無
不盡也. 物格知至, 只是一事, 以物理言之, 則謂之物格, 謂事物之理各詣其極也,
以吾心言之, 則謂之知至, 謂吾心隨所詣而無不盡也."

83 『沙溪遺稿』 권10, 「語錄」, 8a. "答曰, 物理到極處也. 若吾之知到極處, 則是知
至, 非物格也. 物格知至, 只是一事, 以物理言之, 謂之物格, 以吾心言之, 謂之知
至, 非二事也.

84 『沙溪遺稿』 권10, 「語錄」, 8ab. "又問, 物理元在極處, 豈必待人格物後乃到極處
乎. 曰, 此問固然. …… 理本在極處, 非待格物始到極處也, 理非自解到極處, 吾之
知有明暗, 故理有至未至也.

데, 그 물리의 완전한 인식 상태를 '물'을 주어로 표현한 것이 '물격'
이라는 의미이다. 다시 말해 '물격'은 '물리가 여지없이 완전히 밝
아졌다(드러났다, 인식되었다)'는 뜻인데, 이를 '물리가 극처에 이르렀
다'고 하는 것이다.[85] 물론 '물격'은 나의 인식 행위 즉 '격물'의 결과
이다. 따라서 '물격'의 상태를 인식 행위를 주어로 표현하면 '지가
이르렀다'[知至]가 된다. '물격'과 '지지'는 동일한 과정의 두 측면인
셈이다.[86]

정리하면, '물격'의 현토 문제는 '물격'과 '물리지극처무부도'에
주격조사 '이'/'가'로 토를 달 것인가 아니면 처소격 조사 '에'로 토를
달 것인가의 문제이다. '이'/'가'로 토를 달아야 한다고 여긴 사람은
윤탁, 김식, 박광우, 허엽, 오건, 이이, 김장생 등이며, '에'로 토를
달아야 한다고 여긴 사람은 이언적, 신광한, 이황, 정정이, 정경세[87]
등이다. 다만 이황은 최종적으로 리도설을 제기함으로써 '이'/'가'로
토를 달아야 한다는 수정설로 전환했다. 이처럼 한문 텍스트를 우리
말로 읽고 이해하는 번역 과정을 통해 접해야 하는 조선시대 학자들
에게 '물격'의 현토 문제는 쉽게 해결되기 어려운 난제 가운데 하나

---

85 『沙溪遺稿』 권10, 「語錄」 1b. "惟栗谷之說, 通透灑落. 蓋曰, 物格者, 物理盡明, 而無有餘蘊, 是物理至於極處也, 是主物而言也. 知至者, 物之理盡明而無餘, 然後吾之知亦隨而至於極處矣, 是主知而言也. 此乃一本於朱子說也."

86 『沙溪遺稿』 권12, 「行狀」, 20a.

87 김장생에 따르면 정경세는 물의 리가 심으로 이르는 것으로 설명했는데, 이는 이황의 수정설을 자기 식으로 이해한 것이라고 할 수 있다. 『沙溪遺稿』 권12, 「行狀」, 20a. "鄭愚伏經世又謂無不到者, 謂物理來到吾心也, 譬如請客而客來云爾. 此大失朱子之意矣."

였다. 박지계가 이 문제를 두고 동료들과 논쟁을 벌인 것도 이와 같
은 논쟁의 역사 선상에서 발생한 것이다. 실제로 이 주제와 관련해
김장생이 정경세의 학설을 비판한 것이나 송시열의 질의에 이이의
학설로 답한 것 등은 박지계, 권득기, 조익 세 학자의 논쟁이 그들
세 사람만의 문제가 아니라 당대 학계의 주요한 학문적 쟁점과 연계
된 논쟁이었다는 것을 말해준다.

2) 17~18세기 격물·물격에 대한 논의

'물격'의 현토 문제는 김장생 문하의 송시열(宋時烈, 1607~1689)
계열에서 포괄적인 검토가 이루어졌다. 이는 이이-김장생-송시열
로 이어지는 율곡학파의 성리설을 정설화 하는 작업의 일환으로 보
인다. 이단상(李端相, 1628~1669)은 이황의 격물설을 검토하라는 송
시열의 권유[88]에 따라 선대 학자들의 물격설을 검토한 후 "이이의
견해가 주희의 뜻을 잘 파악했으며 간단명료하고 적실하여 의심의
여지가 없다."면서, 리와 기가 호발하지 않는다는 가르침과 똑같이
후학에 공이 있다고 결론을 내렸다.[89] 그가 "'격물'의 '격'은 인심으
로써 물리의 극을 궁구하는 것이고 '물격'의 '격'은 물리가 사람의
'격'으로 인해 각기 그 극에 이른 것이다."라고 규정하고, '격물'은

---

88 『靜觀齋續集』 권6, 「答尤齋書略·附原書」, 36a.

89 『靜觀齋集』 권9, 「答宋尤齋」, 30a. "竊嘗以退陶先生以下諸賢之說, 反復詳究,
則栗谷先生所解, 洞見朱夫子之指意, 坦然明白, 平實無疑, 殆可與理氣非互發之
訓, 同有功於後學."

그 길을 간다고 말하는 것과 같고 '물격'은 길이 그 궁극처에 이르렀다는 말하는 것과 같다."[90]고 덧붙인 것은 이이 학설의 취지를 요령 있게 정리한 것이다. 따라서 그가 퇴계처럼 "'물에 격한'으로 해석하면 진실로 리와 나를 둘로 나누는 혐의가 있다."면서 이황의 물격설을 비판한 것은 당연한 귀결이라고 할 수 있다.[91]

이러한 관점에서 보면, 이황의 구설과 유사한 박지계의 물격설이 그에게 비판을 받은 것은 이상한 일이 아니다. 실제로 이단상은 박지계의 물격설에 대해 "박잠야가 '물에 격했다'[於物格也]라고 한 것은 곧 「퇴계서」에서 풀이한 '물에(厓) 격한'의 뜻이다."라면서, 박지계가 '격물'과 '물격'을 공부와 공효의 관계가 아니라 하나의 일로 파악한 것을 이해할 수 없다고 지적했다.[92] 이렇듯이 이단상은 박지계의 물격설을 이황의 물격설과 연계해서 비판했는데, 그 요점은 '물격'에서 '격'의 주체는 '물'이어야 하므로 주격조사로 '이'/'가'로

---

90 『靜觀齋集』 권9, 「答宋尤齋」, 34a. "蓋格物之格者, 以人心而窮物理之極者也, 物格之格者, 物理因人之格而各詣其極也. 格物者, 猶言行其路也, 物格者, 猶言路到其窮處也."

91 『靜觀齋集』 권9, 「答宋尤齋」, 34b. "退溪先生答鄭子中書中, 釋物格曰物(厓)格(爲隱)云云, 若如此釋之, 則誠不無理與我爲二之嫌.";『靜觀齋集』 권9, 「答宋尤齋」, 39b~40a. 이단상은 이황의 수정설에 대해서도 비판을 했다. 『靜觀齋續集』 권6, 「與朴和叔」, 37b. "以此類語觀之, 則有若謂物理自能運用, 到其極處也. 終不若栗谷先生所解理非自解到極處, 人之知有明暗, 故理有至未至之語及聖學輯要小註之語之分明. 故將欲以此改之耳."

92 『靜觀齋集』 권9, 「答宋尤齋」, 39b~40a. "朴潛冶所謂於物格也云者, 卽退溪先生書中所釋物(厓)格之意也, 而因此又謂格物物格只是一事, 下一節非功效, 後一節與前節, 皆是一意云者, 未知何謂也. 致知格物, 則可謂只是一事, 物格知至, 亦可謂只是一事, 而豈可以格物物格, 亦謂之一事耶. 其所謂物格非效驗知至以下乃效驗云者, 尤未知其何謂也."

토를 달아야 한다는 것으로 모아진다.

박세채(朴世采, 1631~1695) 역시 송시열의 하문에 따라 물격설을 재검토한 후 이이의 물격설이 옳다고 결론지었다. 그는 일찍이 이이의 물격설이 이치가 간단하고 뜻이 바른 것에 감탄했지만, 이황이 기대승에게 보낸 편지를 보고는 이황의 리도설이 이이의 학설의 기초가 된 것이 아닐까 의심한 적이 있었다.[93] 하지만 그의 최종적인 결론은 "율곡의 이론이 본래 주자에 근본을 두고 있고, 비록 퇴계의 설과 부합하는 곳이 있긴 하지만 그 궁극적인 뜻은 실제로 거리가 멀다."는 것이었다.[94] 박세채는 주희의 '격물'과 '물격'은 "모두 물리가 사람의 힘씀으로 인해 각기 그 극처에 이른다."는 것을 말한다고 이해했다.[95] '물' 내지 '물리'가 주어이므로 '에'가 아니라 '이'/'가'로 토를 달아야 한다는 것인데, 이러한 관점에서 보면 이황의 수정설과 이이의 설 둘 다 올바른 학설이 된다. 그럼에도 그는 이황의 수정설에 대해 "리 쪽을 주장하는 것이 너무 과중해 인심(人心)과 서로 발용하는 것 같은 점이 있다."는 우려를 표명했다. 이는 이황의 리도설이 리의 실질적인 발용을 인정한 것 같은 면모가 있고, 따라서 적확한 견해가 아니며 결국 이이의 물격설이 옳다는 주장이다.[96]

---

93 『南溪集』 권25, 「答宋尤齋別紙」, 23ab. "物格之說, 曾讀大學, 略有考據, 終以輯要所論爲主, 深歎其理約而義正也. 後見退陶答奇明彦書, 又疑輯要之說, 因此推出精微之義, 蓋以物理之極處, 隨吾所窮而無不到一段相符故也."

94 『南溪集』 권25, 「答宋尤齋別紙」, 25a. "始知栗谷之論, 自本於朱子, 而其與退陶說, 雖有相符處, 究其意, 則實遠也."

95 『南溪集』 권25, 「答宋尤齋別紙」, 23b. "然皆言物理之因人用功, 各到其極處也."

96 『南溪集』 권25, 「答宋尤齋別紙」, 24b~25a. "然而退陶云然者 …… 蓋所謂物理

물격설에 대한 논의는 18세기에도 계속된다. 권상하(權尙夏, 1641~1721)의 문인인 심조(沈潮, 1694~1756)는 이단상이 송시열에게 올린 물격설을 읽고, 그 주장이 매우 명백하므로 당연히 송시열의 인정을 받았다면서 선대의 여러 학설을 다음과 같이 요약했다.

물격의 설은 퇴계가 만년에 지난날의 잘못을 자못 깨달았으나 오히려 착오를 면하지 못했다. 우복(愚伏)은 "물격은 객래(客來)와 같다."고 말했고, 권만회(權晚悔)는 "물격은 물리가 내 마음에 왔다는 말이다."라고 했고, 박잠야(朴潛冶)는 "물격은 물에 격했다라는 뜻이다."라고 했고, 조포저(趙浦渚)는 "물격은 물리가 나에 의해서 격되었다는 것이다. '사물의 리가 그 극에 이르렀다'고 운운한 것은 그 말의 뜻이 또한 소략함을 면하지 못한다."라고 했다. 퇴계 이후 여러 학자들이 혼동하고 잘못 본 것이 이와 같으니, 정관재(靜觀齋)의 말이 단연 탁월하다는 것을 확인할 수 있다.[97]

이렇듯이 심조는 이황과 정경세(鄭經世, 1563~1633)는 물론 범 율곡학파인 권득기, 박지계, 조익의 격물설까지 비판하고, 그 대신 이단상의 학설이 매우 탁월하다고 옹호했다. 이상에서 확인할 수 있는 것은 17세기 중반을 넘어서면서 기호 지역의 학자들은 대체로 이이

之極處, 隨吾所窮而無不到一段, 誠異乎已格已知之前見. 而但因此主張理邊太賺重了, 有若與人心互爲發用者, 則恐其終未爲的確."

[97] 『靜坐窩集』 권13, 「雜識 內篇」, 329쪽. "物格之說, 退溪晚年, 頗覺昨非, 而猶未免差誤. 愚伏則曰, 物格如客來, 權晚悔則曰物格, 謂物理來到於吾心, 朴潛冶則曰物格, 謂於物格也, 趙浦渚則曰物格者, 物理爲吾所格也, 事物之理, 詣其極云者, 其辭意亦未免少踈. 退溪以後諸儒, 混同錯看如是, 則靜觀之言, 尤見其超出諸儒也, 尤翁之獎許, 其亦宜哉."

의 격물설을 따르는 모습을 보였다는 점이다. 이이-김장생-송시열로 이어지는 학맥이 율곡학파의 정맥으로 자리를 잡아가는 상황에서 격물설 역시 이이의 학설이 정설로 받아들여졌던 것이다. 따라서 이들에게 이황의 구설과 유사한 것으로 비춰진 박지계의 학설이 환영받지 못한 것은 그리 이상한 일이 아니다.

그렇다고 박지계의 물격설이 퇴계학파 학자들에게 지지를 받은 것도 아니다. 박지계의 물격설을 검토한 퇴계학파의 학자로는 이상정(李象靖, 1711~1781)의 문하에서 수학한 권방(權訪, 1740~1808)이 있다. 권방은 "격물물격의 설은 우리 유학의 최초 공부처인데, 여기에서 한번 어긋나면 잘못하지 않는 것이 없다."고 전제한 후에, "잠야가 권득기에게 답한 글을 보면 그 반복된 가르침이 밝고 절실하다고 할 수 있으나 그 의리의 정밀함에서 미진한 점이 있는 것이 한스럽다."고 평가했다.[98] 그가 박지계의 물격설을 비판한 것은 이황의 리자도설[99]에 어긋난다는 것으로 귀결되는데, "지금 잠야의 말은 극처의 처 자 아래에 '에' 토를 달아야 하니 이것은 '심이 물리에 이른다'는 뜻이고 '물리가 자도(自到)한다'는 뜻이 아니다."라는 것이 그

---

[98] 『鶴林集』 권10, 「書朴潛冶知誡答權重之書後」, 2ab. "格物物格之說, 吾儒最初下手處, 於此一差, 無所不差矣. 竊觀潛冶答權重之書, 其反復誨諭可謂明切, 而獨恨其於義理精微處, 猶有未盡也."

[99] 권방은 리자도설에 대해 "'물격'은 사물의 리가 모두 그 극에 이르러 부족함이 없는 것이다. 이것이 리의 자도이다."라고 규정했다. 『鶴林集』 권10, 「書朴潛冶知誡答權重之書後」, 2b. "物格者, 事物之理, 皆有以詣其極而無餘也. 是理之自到也. 譬之行路, 求至京師, 歷險履坦而不止者, 格物之工也, 行之旣久, 京師之路已盡者, 物格之效也. 蓋格物是吾之工夫也, 物格是工夫造極而衆理自到之謂也. 其所謂到者, 非吾心之到於物也, 非物理之到於吾心也, 只是衆理自然已到也."

비판의 요지이다.[100] 잘 알려져 있는 것처럼 퇴계학파 학자들은 대체로 이황의 리기호발설을 의심의 여지없는 정론으로 인정했고, 이에 근거해서 이이의 기발일도설에 대해 리의 역할을 무력화하는 주기설이라고 비판했다. 따라서 정경세나 권방에게서 확인할 수 있듯이 격물물격설의 경우에도 이황의 수정설인 리자도설 역시 그들에게 당연한 것으로 받아들여졌다. 이러한 상황에서 박지계의 격물설이 아무리 이황의 구설과 유사했다고 하더라도 그것이 퇴계학파의 이론적 지형에서 자리할 수 있는 공간은 매우 협소했다고 할 수 있다.

5. 박지계 사상의 특징과 그 의미

1) 하학상달 공부론과 엄격한 주자주의

박지계와 동료들의 격물·물격 논쟁은 기본적으로 현토의 문제로 촉발된 것이지만, 그 논쟁에서 박지계는 격물과 물격을 동일한 사태의 다른 표현으로 인식했다는 특징이 있다. 이는 흔히 쌍봉(雙峯) 요씨(饒氏)로 알려진 요로(饒魯) 이래로 격물과 물격의 관계를 공부와 공효(功效)의 관계로 파악해 온 주자학의 전통적인 이해 방식과 같지 않다. 박지계는 격물과 물격 둘 다 공부이고 치지(致知)와 지지(知至)가 그 공부의 효과라는 것을 일관되게 강조했다. 물격도 공부이므로 '물에 격하다'로 읽어야지, '물이 격하다'로 읽으면 안 된다는

---

100 『鶴林集』 권10, 「書朴潛冶知誡答權重之書後」, 2b~3a. "今潛冶之言曰, 極處之處字下, 當懸厓吐, 是心之到於物理之義, 非物理自到之義也. 烏乎其可哉."

의미이다.[101] 당연히 '물리지극처무부도'는 '물리의 극처에 이르지 않음이 없다'로 풀이해야 한다. '에'로 토를 달아야만 나 또는 나의 마음이 물 또는 물리를 인식하는 공부가 될 수 있기 때문이다. 만약 '이'로 토를 달면, 물격은 공부가 아니라 공효가 되고, 따라서 '물격이후지지(物格以后知至)'에는 공부는 없고 공부의 효과만 있게 된다.

박지계는 '지지(知至)'라는 지적 성취가 공부 없이 가능하다고 여기지 않았다. 그것은 하학이 없는 상달이고, 선불교에서 말하는 돈오이기 때문이다. 이에 대해 그는 하학이상달(下學而上達)이라는 성인의 공부와 다르고 이단의 돈오의 방법에 빠질 우려가 있다고 비판했다.[102] 박지계가 '물격'에 '에' 토를 역설했던 데는 돈오의 방법이 아니라 성인의 공부 방법 즉 하학이상달식 공부 방법을 지키려는 의지가 작동했던 것이다. 이러한 의지는 육구연(陸九淵)의 학문에 대해 "육씨의 학문은 지경(持敬)에만 전념하고 치지의 공부를 폐하려고 한다."면서, "육씨의 학문을 하는 사람들이 늙은 농부만도 못하다."라고 비판한 것에서 극명하게 드러난다.[103]

박지계의 격물물격설에는 불교의 돈오나 육구연의 존덕성(尊德

---

101 물격과 그 주석에 '에'로 토를 달아야 그것들이 내가 또는 나의 마음이 물 또는 물리에 나아가는 공부가 된다는 의미이다.

102 『潛冶集』 권5, 「答李方叔」, 5ab. "至於格物物格, 則乃是學者初程工夫也, 遽以物理之無不到於心爲言, 則豈非或問所謂徑約而流於狂妄者乎. 此與聖人下學而上達者異, 而流於異說頓悟之學也. 其於理義, 大有所害, 此眞千里之謬也."

103 『潛冶集』 권6, 「治圃說」, 18a. "陸氏之學, 專於持敬, 而欲廢致知之工, 則與天地造化不相似矣. 余嘗因微物, 而知此理之不可易, 而造化之必如是也. 庭有種圃, 而欲其速成也, 故灌漑其根, 過於多水, 則圃旣腐死. 以此尤知陸學者, 曾老圃之不若也."

性) 편향의 공부론에 맞서 주자학 공부론의 한 축인 도문학(道問學)의 공부 즉 즉물궁리(卽物窮理)의 방법을 지키려는 의도가 있었다. 이와 관련해 그는 "함양은 모름지기 경(敬)의 실천으로써 하고 진학(進學)은 치지에 있는 것이니, 이 두 가지는 마치 새의 양 날개와 같은 것이다."라고 하여 경의 실천과 치지가 함께 해야 한다는 것을 강조했다.[104] 이는 곧 주희에 대한 존숭과 그의 학설에 대한 철저한 준수와 맞물려 있다. 박지계는 의례논변에서도 그러했지만[105] 자신의 격물물격설을 논증하는 과정에서 주희 학설의 엄격한 준수를 강조했다. 그가 주희의 가르침을 강론하고 풀이하는 것도 "평생 말 한마디 행실 하나도 한결같이 주자의 가르침을 따르고 어기기 않으려는" 의지에 따른 것이었다.[106] 엄격한 주자주의의 면모라고 할 수 있는데, 이는 주희의 학설에 대한 탄력적인 이해의 필요성을 제기한 권득기의 온건한 주자주의와 대조를 이룬다.

실제로 권득기는 "나는 주자의 가르침에 의혹이 없을 수 없다."면서, 박지계를 가리켜 "주자의 가르침에 대해 모방한 것이 많다."거나 "부화뇌동한다."고 지적했다.[107] 반면에 박지계는 권득기를 향해

---

104 『潛冶集』권4,「答權重之」, 44b. "程子曰, 養知莫過於寡欲, 未有能致知而不在敬者. 是故, 涵養須用敬, 進學在致知, 二者如鳥兩翼." 박지계가 경의 실천과 치지를 두 날개에 비견하면서 정자의 언급을 인용한 것은 책을 많이 읽는 것이 능사가 아니라 정밀하게 숙고하면서 읽는 것이 중요하다는 맥락에서 이루어진 것이다. 『潛冶集』권4,「答權重之」, 44ab. "大槩兄之意, 專在務博, 而不務精熟, 愚之見則但務精思熟讀, 而不貪乎多."

105 潛冶集』권4,「上仲氏」, 9b. "今之人, 但當從朱而已."

106 『潛冶集』권4,「答權重之」, 39a. "鄙意, 但欲講解朱訓, 而平生一言一行, 唯務一遵而不違爾."

"항상 주자의 가르침을 온전히 믿기에 부족하다고 여겨 널리 여러 유자들의 학설을 취해 주자의 가르침과 대등하게 보고 자기 마음대로 취사하려고 한다."고 비판했다.[108] 조익도 박지계의 비판을 비켜가지 못했는데, "대개 형의 평소 지향점이 오직 주자의 가르침을 고치는 데 있다."면서, "주자의 가르침을 더욱 살피지는 않고 경솔하게 흠을 잡다 보니 형이 주자의 가르침에서 흠을 잡는 것이 버릇이 되어버렸다."고 비판한 것이 그것이다.[109] 역시 주희의 학설을 의심해서는 안 된다는 엄격한 주자주의에 기초한 비판이다.[110]

박지계가 이렇게 엄격한 주자주의를 견지한 것은 이단의 학문으로부터 주희의 가르침을 지키고, 이를 통해 성인의 학문을 수호하려는 의지의 산물이라는 의미가 있다. "지금의 천하는 주자의 가르침을 버리면 도교·불교이고, 양주·묵적이고, 공리(功利)의 설이고 사장의 학문이고 백가의 지리하고 왜곡된 학문이다."[111]와 같은 언급에서 그의 시대적 고민과 주자학 수호의 의지를 읽을 수 있다. 비록

---

107 『潛冶集』 권4, 「答權重之」, 44b~45a. "今承來書, 責鄙人曰, 其於朱訓, 多作依樣. 又曰, 不能如顏子之不違, 而苟爲雷同, 則無長進之時. 又曰, 不肯不能無惑於朱訓."

108 『潛冶集』 권4, 「答權重之」, 39ab. "兄常以朱訓爲不足專信, 廣取諸儒說, 而等視朱訓, 欲以已意有所取捨, 此非舜之大知, 恐不足及之."

109 『潛冶集』 권4, 「答趙浦渚」, 58b. "蓋兄之平生志向, 惟在變改朱訓, 故其於朱訓不加察焉, 而輕易瑕疵之, 兄之瑕疵朱訓, 已成癖矣."

110 전병욱은 박지계의 격물설에 대해 "주자학을 묵수하려는 강한 의도에서 출발하여 오히려 독창적인 형태로 정립된" 학설로 평가했다. 전병욱, 앞의 논문, 2013, 308쪽.

111 『潛冶集』 권4, 「答權重之」, 48b. "當今之天下, 捨朱訓則老佛矣, 楊墨矣, 功利之說矣, 詞章之學矣, 百家支離偏曲之學矣."

정주의 서책이 집집마다 있고 그 학설이 두루 행해지고 있으나 그가 목도한 현실은 "기이한 것을 좋아하고 숭상해 온 세상이 모두 정자와 주자의 학설을 낡아빠진 주장이라고 하여 천시하고 업신여기는" 세속의 풍조였다.[112] 한마디로 오늘날 도를 실행하려고 하면서 주희의 저술에 의거하지 않으면 신불해나 한비자의 공리(功利)를 추구하는 학문을 면하지 못할 것이라는 것이 그의 우려였다.[113] 그의 관점에 따르면, "공자와 주자의 도를 알지 못하면 비록 관중과 안자가 주 왕실을 높이고 오랑캐를 물리쳤을지라도" 그것은 부정한 방법으로 목적을 달성한 것일 뿐이다.[114] 결국 "주자의 가르침을 높이는 것은 주 왕실을 높이는 것보다 중요하고 이단의 학설이 정학을 해치는 것은 오랑캐가 중화를 어지럽히는 것보다 참혹하다."는 결론이 나온다.[115]

박지계의 주희 존중 의식은 주희를 경우에 따라 문왕, 무왕, 주공보다 우위에 두는 것에서 극명하게 드러난다. 이와 관련해 그는 삼년상과 같은 유교적 예법이 우리나라에 널리 보급된 것은 주자의

---

112 『潛冶集』 권2, 「萬言疏」, 2ab. "程朱之說, 布在方册, 家家戶戶, 皆有其書, 其說之行於世, 無以異於布帛菽粟之遍滿天下也. 末俗人情, 好奇尙異, 擧世皆以程朱之說, 爲陳談腐說, 而賤侮之也."

113 『潛冶集』 권10, 「近思錄」, 48b. "今之爲道者, 不由乎朱子之著述, 則雖使三代上資質, 復生於今日, 亦不免於申韓功利之學矣."

114 『潛冶集』 권4, 「答趙浦渚」, 61a. "不知孔朱之道, 則雖有管晏尊周室攘夷狄, 磊落奇偉之功業, 皆是小人之獲禽也, 不如片言隻辭之尊信朱訓, 攘斥異論, 以一後生之趨向. 此則君子儒之事業也."

115 『潛冶集』 권4, 「答趙浦渚」, 61a. "由君子儒之事業而言之, 則朱訓之爲可尊崇, 重於尊周室, 異論害正之禍, 慘於夷狄亂夏."

가르침이 전해졌기 때문이라면서, "업적으로 말하면 공자는 요순보다 크게 낫고 주자는 문왕·무왕보다 크게 낫다."라고 평가했다.[116] 그의 주장에 따르면, "주자가 사람을 가르치는 법은 비유컨대 바다가 적셔주고 하늘이 덮어주는 것과 같아서 삼대의 다스림을 겸하고 때에 따라 조처하는 마땅함을 얻었다."[117] 주희의 가르침에 대한 더할 나위 없는 존중이라고 할 수 있는데, 이에 기초해서 그는 "지금 세상에 태어나 임금을 섬기는 자가 주자의 가르침을 인용하지 않고 반드시 주공의 예로 법을 삼는다면 때에 따라 조처하는 마땅함을 잃을 것이다."라고 단언했다.[118]

2) 이이에 대한 존경심

박지계의 학문 활동과 관련해서 꼽을 수 있는 또 하나의 특징으로 이이(李珥)에 대한 존경심을 들 수 있다. 박지계는 인조 11년(1633)에 올린 「만언소(萬言疏)」에서 다양한 개혁 방안을 논하면서 방납 폐단에 대한 해결책 등 이이가 『동호문답(東湖問答)』에서 제시한 대안을 폭넓게 인용하고 활용했다.[119] 박지계의 「만언소」는 그가

---

116 『潛冶集』 권1, 「擬上疏」, 38a. "當今吾東方之風俗, 猶知喪三年之爲常經者, 蓋以朱子尊奉聖經之力, 遠及於遐方異域也. 文武之治, 不能及於滕魯, 而朱子之敎, 遠及於吾東方, 以事功言之, 孔子賢於堯舜遠矣, 朱子賢於文武遠矣."

117 『潛冶集』 권7, 「章陵追崇疑禮辨」(第二), 6b. "朱子敎人之法, 比如海涵天覆, 而兼三代之治, 得時措之宜, 其於心身性情之德則尚文."

118 『潛冶集』 권7, 「章陵追崇疑禮辨」(第二), 6b. "生乎今之世, 事君者不引朱子之訓, 而必以周公之禮爲法, 則失時措之宜."

119 『潛冶集』 권2, 「萬言疏」, 17ab. "我國先賢臣李珥之言曰, 祖宗防納之禁甚嚴, 凡

인조 10년(1632)에 물러나기를 청하면서 제기한, "정자와 주자 같은 옛 성현의 학설로 오늘날에 약이 되는 것과 우리나라 선현으로 조광조(趙光祖)와 이이가 말한 세상 구제책을 널리 채집하여 아뢰겠다."는 다짐에 따른 것이다.[120] 권득기와 논변하는 과정에서는 "차라리 퇴계의 모방의 방법을 따를지언정 화담의 자득의 방법을 따르지 않겠다."고 한 이이의 언급을 "모방하는 공부를 숭상하고자 한 것"으로 파악하고 매우 탁월한 견해라고 극찬하기도 했다.[121] 박지계가 이이를 조광조와 나란히 할 수 있는 뛰어난 경세가로 인정한 것은 물론 이황과 서경덕의 학문을 올바로 평가할 만한 뛰어난 식견을 지닌 학자로 파악했다는 것을 알 수 있다.

박지계가 이이에 대해 가졌던 존경의 마음은 형들에게 보내는 편지 「상첨형(上僉兄)」에서 극명하게 드러난다. 그는 이 글에서 "율곡을 존숭하여 국가의 풍교(風敎)를 이끌고 도맥(道脈)을 부지하는 것이 바로 저의 평소 뜻이었다."[122]고 했고, 또 "저의 평소 뜻은 다만 율곡을 존숭하고 율곡의 세상구제책을 한 세상에 시행하여 세도를 회복하고 도학으로 나아가기를 원하는 것이다."[123]라고 했다. 박지

百貢物, 無刀鐙阻隔之患. …… 臣之請令該司, 親自造用, 實是李珥之官自備物之遺意也. …… 李珥之言又曰, 今之進上者, 未必盡合於上供也. ……"

120 『潛冶集』 권3, 「乞退疏」, 17b. "伏願聖明許令退去, 則臣當退伏調理, 休養心神, 廣採古聖賢如程子朱子之說爲當今之藥石者及我國先賢趙光祖李珥救世之策, 以陳達焉."

121 『潛冶集』 권4, 「答權重之」, 45a. "栗谷先生曰, 寧爲退溪之依樣, 不爲花潭之自得. 此說乃卓越於歷代諸儒處也.

122 『潛冶集』 권4, 「上僉兄」, 32b. "尊隆栗谷, 以導國家風敎, 扶持道脈, 乃弟之素志也."

계는 평소에 이이의 학문과 정책이 세상을 바로잡고 도를 실현하기 위해 따라야 할 대안이라고 여겼고, 그러한 만큼 이이를 존경해마지 않았다. 다만 그가 인조 13년(1635)에 이이와 성혼의 문묘종사 문제를 둘러싸고 정파적 갈등이 첨예화되는 상황에서 두 선현의 문묘종사를 지지하는 공식적인 의사 표시를 하지 않은 점은 눈여겨볼 만하다. 「상첨형」도 그의 소극적인 태도를 탓하는 형들에게 보낸 자기 변호의 편지인데,[124] 박지계는 이 편지에서 형들의 권유에도 불구하고 때를 기다렸다가 적절한 시기에 임금에게 종사의 뜻을 아뢰는 것이 좋겠다는 생각을 분명하게 표명했다.[125]

박지계가 이이를 매우 존경했음에도 불구하고 그의 문묘종사 운동에 적극 참여하지 않은 이유는 무엇일까?[126] 그가 밝힌 이유는 다

---

123 『潛冶集』 권4, 「上僉兄」, 33ab. "弟之素志, 但願尊崇栗谷, 而施栗谷救世之策於一世, 挽回世道, 趨向道學耳."

124 이 편지는 그가 세싱을 떠나기 두 딜 전인 인조 13년(1635) 5월 중순 이후에 쓴 것으로 보인다. 이 편지에 "성균관에서 이미 삭적을 하고 삼공이 이미 논변했다."(『潛冶集』 권4, 「上僉兄」, 33a. "況館中已削罰, 三公已爲論辨."는 언급이 나오는데, 이는 인조 13년 5월의 일이다. 그 해 5월 11일에 관학 유생 송시형(宋時瑩) 등 170여 명이 이이와 성혼의 문묘종사를 요청하는 상소를 하자 관학 유생들이 두 편으로 갈라져 공관(公館)과 삭적(削籍)을 거듭하는 극한 대립이 발생했는데, 영의정 윤방(尹昉)과 우의정 김상용(金尙容)이 송시형을 옹호하는 차자를 올린 것이 5월 12일이다. 『인조실록』, 인조 13년 5월 11일 ; 『인조실록』, 인조 13년 5월 12일 ; 『인조실록』, 인조 13년 5월 29일.

125 『潛冶集』 권4, 「上僉兄」, 33b. "但當待時, 而陳其從祀之意, 則辨誣亦在其中矣."

126 박필주가 쓴 「시장(諡狀)」에는 박지계가 "율곡과 우계를 매우 추앙하여 동방에서 출처의 바름이 두 현인만 한 분이 없다고 여겼으며, 존모하고 본받으면서 그 문하에서 배우지 못한 것을 한스러워했다."면서, "문묘종사 논의 또한 선생이 처음 제기했다."고 하여 이와 다른 견해를 제시했다. 朴弼周, 「通政大夫…諡文穆潛冶先生朴公諡狀」(『潛冶集』 권10), 11a. "於本朝儒賢, 甚推栗谷牛溪, 以爲東方

음 네 가지로 모아진다. 첫째, 관직에 있지 않은 사람이 그것도 삼공이 이미 논변한 것을 재차 논하는 것은 적절하지 않다.[127] 둘째, 문묘종사 문제는 정묘호란 때의 국가적 위기에 비해 (관직에 있지 않은 사람이 논해야 할 정도로) 긴급한 현안이 아니다.[128] 셋째, 현인을 존숭하는 도리를 알지 못하는 자들과 쟁송하는 것은 공자·주자를 따르는 사람으로서 바람직하지 않다.[129] 넷째, 찬반 의견이 첨예하게 대립하는 가운데 한쪽을 지지하는 의견을 개진하는 것은 공평무사한 의견이 아니라 당론으로 여겨질 것이다.[130] 여기서 특히 주목되는 것은 네 번째 이유인데, 그가 현실 정치에서 붕당의 대립을 심각한 폐단으로 여긴 것이 분명하기 때문이다. 이는 "율곡 선생은 도학으로써 이 세상을 구하려 했으나 세상에서 배척을 당했으니, 당고(黨錮)의 화(禍)와 위학(僞學)의 금(禁)이 이보다 심하지 않았을 것이다."[131]라고 안타까워한 것에서 확인된다.[132] 그러나 "종사의 뜻은 진

出處之正, 莫如兩賢, 尊慕師法, 恨不及其門, 從祀之論, 亦自先生首倡之."

127 『潛冶集』 권4, 「上僉兄」, 32b. "論語曰, 時然後言, 人不厭其言, 不待可言之時位而言, 則不如無言.";『潛冶集』 권4, 「上僉兄」, 33a. "況館中已削罰, 三公已爲論辨, 草野之人, 何必陳疏, 爲屋上加屋乎."

128 『潛冶集』 권4, 「上僉兄」, 33a. "獨於丁卯年, 則和戰之別, 關係國家夷夏君臣之分, 其爲重大, 豈可比於兩賢尊隆之道乎. 以故陳疏耳."

129 『潛冶集』 권4, 「上僉兄」, 33a. "至若栗谷事, 則彼輩但因昔年已陳之說, 而沮其從祀之請, 不知尊賢之道而已. 此乃世道之常也. 凡世之不知尊賢者何限. 此則孔朱之所不能免, 如晏嬰令尹子胥臧倉之類, 孔朱之徒, 豈可皆與之爭訟乎."

130 『潛冶集』 권4, 「上僉兄」, 33b. "今者泮儒, 其於挽回世道趨向道學之志掃如, 而但若朋黨相爭者然矣. 今若徒逐館儒朋黨相爭之語而爲繼援, 則聖明及四方後代之人, 皆以此言爲朋黨之論, 人誰知其至公無他意, 但爲國家風敎扶持道脈斷斷之誠意乎. …… 今者逐時議而辨誣, 後日又陳當爲從祀之意, 則其言皆歸於黨論矣."

실로 전하의 말씀과 같이 지극히 중대하다.”고 전제한 후, 자신은 종사 문제를 감당할 덕망과 학식이 없다면서 끝내 우·율의 문묘종사 운동에 참여하지 않은 것을 보면, 그의 선택이 인조의 뜻과 무관해 보이지는 않는다.[133]

이이의 문묘종사 운동에 적극 개입하지 않았음에도 박지계가 이이에게 존경의 마음을 가졌던 것만큼은 의심의 여지가 없다. 그는 권득기의 「묘지명」에서도 “율곡 선생은 도학으로써 이 세상을 구제하려고 했으나 세상에서 배척을 당했다.”면서, 이이에 대한 존경의 마음과 그의 실패에 대한 안타까움을 표시했다. 이이를 존중했던 권득기를 극찬한 것에서도 이이에 대한 그의 존경의 마음을 확인할 수 있다. 그의 증언에 따르면 권득기는 세상 사람들이 도학을 조롱하고 율곡 선생을 욕보였음에도 홀로 “후세의 공론은 반드시 율곡 선생을 옳다고 할 것이다.”라고 단언했는데, 박지계는 이 언급 등을 들어 “아! 훌륭하지 않은가. 권득기만 유독 지식의 명철함이 어렸을 때부터 이미 이와 같았다.”고 극찬했다.[134]

---

131 『潛冶集』 권6, 「祭延平府院君李公貴文」, 1a. “栗谷先生, 欲以斯道救斯世, 爲世所擯, 黨錮之禍, 僞學之禁, 殆無以過.”

132 『潛冶集』 권1, 「應旨疏」, 7b~8a. “蓋自東西朋黨角立之後, 朝廷之進退人物, 不論學行之優劣才德之高下, 但以黨同伐異爲務, 日漸月深, 以至四十餘年而極焉. 此皆朋黨之故也.”

133 『潛冶集』 권4, 「上僉兄」, 33b~34a. “且從祀之意, 誠如聖教, 極爲重大矣. 非有德望若栗牛, 則無以知栗牛之德學, 實合從祀. 必有後栗牛生, 然後可以擔當此擧措. 以弟之時位, 豈可不自量而擔當乎.”

134 『潛冶集』 권6, 「權重之墓誌銘」, 23b~24a. “栗谷先生, 欲以道學救斯世, 爲世所排. 自君十餘歲, 至廿餘歲時, 世皆譏斥道學, 詬罵栗谷, 而君獨曰, 後世公論, 必

3) 이황 학설과의 연계 가능성

박지계는 자신을 알아주고 뜻을 같이 하는 사람으로 서사원(徐思遠, 1550~1615), 권필(權韠, 1569~1612), 이의길(李義吉, 1596~1633) 세 사람을 꼽은 적이 있다.[135] 이 가운데 서사원에 대해 "만오(晩悟)는 위기지학에 마음을 정성스럽게 했고 외물 보기를 마치 뜬 구름처럼 여겼다."면서 "말년에 정주의 학문을 쫓아 공부했다."고 했다.[136] 박필주(朴弼周, 1680~1748)의 기록에 따르면 두 사람의 관계는 박지계가 괴산에 거주할 때[137] 정구(鄭逑, 1543~1620)의 제자 서사원에게 보낸 편지가 발단이 되었는데, 이 편지는 서사원이 정주(程朱)의 말을 인용해 전유형(全有亨, 1566~1624)의 질문에 답한 것에 약간의 착오가 있음을 지적한 것이다. 그 편지를 받고 뛰어난 식견에 감탄한 서사원은 그를 방문한 것은 물론 나이가 더 많은 아들에게도 그를 선생으로 모시도록 할 만큼 그의 학문을 높이 평가했다.[138]

以栗谷爲是. 趙重峯上疏極陳道學見斥之弊, 論當路之巨卿, 極言無諱, 擧世目以人妖, 君獨曰, 某也以趙爲是. 嗚呼, 不亦善乎. 君之前後左右, 未有此等論議, 而君獨知識之明, 自少已如此矣."

135 『潛冶集』 권6, 「祭李方叔文」, 4a. "嗚呼, 吾生於世, 踽踽涼涼, 世無立談者, 知己而志同者, 惟徐晩悟權汝章及吾方叔三人."

136 『潛冶集』 권6, 「祭李方叔文」, 5a. "晩悟, 誠心於爲己之學, 視外物如浮雲. 惟篤志而力學, 視聖賢之域以爲期向, 而但其才智不足, 不能興起斯文."

137 1597년에 제천에서 괴산으로 이사를 했고 1604년에 잠시 거주지를 인천으로 옮겼다가 얼마 지나지 않아 서울 집으로 돌아왔다. 김일환, 앞의 논문, 325쪽.

138 朴弼周, 「通政大夫…謚文穆潛冶先生朴公謚狀」(『潛冶集』 권10), 11a. "寓居槐山也, 有全有亨者, 問學於徐樂齋思遠, 徐公卽鄭寒岡先生逑之高弟也. 嘗引程朱言, 答有亨之問而有少差. 先生書辨其不然. 徐公大驚服曰, 不意今世有如許見識, 遂來訪先生. 且使其子年長於先生者, 以尊長禮事先生, 而曰吾讀書五十年, 未免昧

또한 박지계가 예학과 관련해 "의심스러운 문장이나 변절(變節)
이 있으면 반드시 서사원을 통해 한강(寒岡)에게 의논하여 실행했
다."는 박필주의 기록에 근거하면,[139] 두 사람의 관계가 박지계와 정
구의 학문적 연계라는 파급 효과를 낳는 데까지 확대되었다고 추론
할 수 있다. 한편 이황의 명망 있는 제자 조목(趙穆, 1524~1606)도
박지계가 서사원에게 보낸 그 편지를 보고 "선생의 견해가 퇴계보다
나은 데가 있다."고 극찬했으며, "이로부터 호서와 영남 사람들이
감히 선생의 이름을 부르지 못하고 박자(朴子)라고 불렀다."[140] 이에
대해 박필주는 "조월천은 퇴계를 기뻐하고 따랐으면서도 선생과 나
란히 일컫는 것을 꺼리지 않았다."라고 평했다.[141] 이처럼 박지계가
이황의 재전 제자와 지우 관계를 맺었고 더욱이 이황의 고제로부터
이황과 나란히 언급되는 칭송을 받은 것은 그의 학문적 특성과 관련
해 주목해 볼만하다.

박지계가 이황을 언급한 것은 두 차례이다. 하나는 "차라리 퇴계
의 모방의 방법을 따를지언정 화담의 자득의 방법을 따르지 않겠
다."고 한 이이의 언급을 「답권중지」에서 인용한 것이다.[142] 여기서

昧, 如公識解之透悟, 何若是早也."

139 朴弼周, 「通政大夫…諡文穆潛冶先生朴公諡狀」(『潛冶集』 권10), 11b. "用力於禮
學甚深, 而猶謂禮非專治則不能, 凡有疑文變節, 必因徐公, 議於寒岡而行之."

140 朴弼周, 「通政大夫…諡文穆潛冶先生朴公諡狀」(『潛冶集』 권10), 11ab. "趙月川
穆, 後見其書, 亦深加歎賞, 謂其所見遠過退溪. 自此湖嶺人, 不敢名先生, 而稱以
朴子."

141 朴弼周, 「通政大夫…諡文穆潛冶先生朴公諡狀」(『潛冶集』 권10), 13a. "第以趙月
川之悅服於退溪, 而乃不嫌其與先生並稱."

142 『潛冶集』 권4, 「答權重之」, 45a. "栗谷先生曰, 寧爲退溪之依樣, 不爲花潭之自

이황은 독자적인 학설을 내세우기보다는 주희의 견해에 충실한 학자, 그래서 올바른 공부 방법을 견지한 학자로 인식되고 있다. 다른 하나는 「상중씨」에서 제례를 논하면서 한 언급인데, 여기에서도 이황은 주자를 존경하고 따른 인물로 평가되고 있다.[143] "퇴계 선생이 주자가 기년을 넘겨 제사를 주관하는 일에 답한 내용을 기록하고 주해한" 것을 가리켜 "퇴계 선생께서 주자를 존신했기 때문이니 주자의 이러한 말씀을 상고하셨다."면서, "『가례』와 주자께서 손수 쓰신 것을 따르지 않고 기년에 궤연을 치우는 것은 틀림없이 퇴계 선생의 가르침이 아니다."라고 단언했다.[144] 박지계는 이황이 주해한 책[145]에 대해 "퇴계 선생께서 손수 쓰고 정한강이 처음 간행한 것"이라면서 "이것을 믿지 않고 강공(姜公)이 구전한 말씀을 믿는 것은 옳지 않은 듯하다."고 주장했다. 이렇듯이 박지계는 이황을 주희의 학설을 믿고 따른 학자일 뿐만 아니라 자신들이 믿고 따를 만한 학자로 인식했다. 한편 박지계가 이황과 정구를 동시에 언급했다는 것은

得. 此說乃卓越於歷代諸儒處也."

[143] 『潛冶集』 권4, 「上仲氏」, 17a. "退溪先生, 錄朱子答踰期主祭之說而註之曰, 此與竇文卿問答略同. …… 以退溪先生之尊信朱子, 旣考朱子此等說, 則豈有不信而不遵行之理乎."

[144] 『潛冶集』 권4, 「上仲氏」, 17ab. "姜公之說, 乃口傳之說也, 此則乃退溪先生之手筆也, 而鄭寒岡開刊者也. 不信此而信姜口傳之說, 恐不可也. …… 不從家禮及朱子手筆, 而期除几筵, 必非退溪先生之訓也."

[145] 이 책은 "이황이 상례와 제례에 대해 제자들과 편지로 묻고 답한 내용을 모아 정구가 간행한 『퇴계상제례답문분류(退溪喪祭禮答問分類)』를 가리키는 것으로 보인다." 강원모·오승준·이상수 옮김, 『잠야집』 1, 충남대학교 한자문화연구소, 2021, 275~276쪽.

박지계가 이황에서 정구로 이어지는 퇴계학파의 예설을 잘 파악하고 있었다는 방증이다.

정구는『주자가례』의 엄격한 준수라는 "예의 관행질서에 이의를 제기해서 천자·제후의 예와 사대부의 예를 구분하려고 시도한 인물이었다."[146] "천자제후례와 사대부례를 다룬 왕사예서인『오선생예설분류』"에서 이를 확인할 수 있는데, 이 책에서 그는 "천자제후례와 사대부례의 구별을 고례에 근본"을 두었다.[147] 이에 대해 김용흠은 "정구가 사가례(私家禮)에 치중되어 있는『주자가례』에 만족하지 않고『오선생예설분류』를 편찬하여 왕가례의 중요성을 강조"했다고 정리했다.[148] 왕가례의 특수성을 강조한 정구의 예설과 왕권강화의 의도가 내재되어 있는 박지계의 예설 사이에 일정한 친화성이 있다는 것을 알 수 있다. 이현진도 "한강 정구가 천자제후례와 사대부례를 다르게 인식한 점을 박지계가 받아들여『가례』와 종법제도에 어긋남에도 불구하고 이들 추숭론자들의 이론적 근거를 제시"했다고 파악했다.[149]

박지계의 철학이론이 그의 예설 및 정치적 입장과 직접적으로 연계되어 있다는 징표를 찾기는 쉽지 않다. 다만 그의 격물물격설과 이황의 격물구설(格物舊說) 사이에서 발견되는 유사성은 사상사적

---

146 김준석,『조선후기정치사상사 연구 – 국가재조론의 대두와 전개 –』, 지식산업사, 2003, 51~52쪽.

147 고영진,「17세기 초 예학의 새로운 흐름 – 한백겸과 정구의 예설을 중심으로–」,『한국학보』 68, 일지사, 1992, 135쪽.

148 김용흠, 앞의 논문, 224쪽.

149 이현진, 앞의 논문, 2000, 52쪽.

맥락에서 눈여겨볼 만한 점이다. 이황이 최종적으로는 리자도설로 수정하긴 했지만, 수정 이전의 격물구설에서는 박지계와 마찬가지로 '물격'과 '물리지극처무부도'에 '에'로 토를 달아야 한다고 여겼다는 것은 앞에서 살펴본 그대로이다.[150] 물론 박지계가 자신의 격물설을 제시하면서 이황의 학설을 언급하지는 않았지만, 그렇다고 그가 동료들과 논쟁을 벌이면서 이황의 학설 등 선행 학설들을 검토하지 않았다고 상상하기는 어렵다. 그가 정구와 학문적인 연계가 있었고, 특히 이황의 예설을 구체적으로 알고 있었다는 점에서 더더욱 그렇다. 이런 측면에서 박지계의 격물물격설은 이황의 격물구설에 영향을 받았으리라고 추정해 볼 수 있다.[151]

6. 나가는 말

박지계는 권득기 및 조익과 격물물격설과 관련해 치열한 논변을 펼쳤다. 이 논쟁에서 박지계는 『대학』의 '물격'과 그 주석에 '에'로 토를 달아 '물에 격하다'와 '물리의 극처에 이르지 않음이 없다'로

---

[150] 『退溪集』 권26, 「格物物格俗說辨疑 答鄭子中」, 34ab. "格物, 物(乙)格(乎䶃是)註, 欲其極處(厓)無不到也. 物格(物厓格爲隱)註, 物理之極處(厓是)無不到也. 格字有窮而至之義, 格物, 重在窮字, 故云物(乙)格 (乎䶃是), 物格, 重在至字, 故云物(厓)格(爲隱). 一說, 物理之極處(是)亦通."

[151] 다만 이황이 장고 끝에 구설을 버리고 흔히 리자도설(理自到說)로 불리는 수정설을 제시했기 때문에 박지계의 격물물격설을 이황 학설의 계승 내지 추종으로까지 의미 부여를 하는 것은 적절하지 않다.

풀이했다. 그가 '에' 토를 고집한 이유는 '물격'을 '격물'의 공효로 보는 일반적인 견해와 달리 '물격'과 마찬가지로 공부로 여겼기 때문이다. 그의 주장에 따르면 '물격'을 공효로 보아 '이'로 토를 달면 '물격이후지지'는 공부 없이 공효만 있게 된다는 문제가 발생하고, 그것은 곧 돈오의 방법에 빠질 우려가 있다. 따라서 '에' 토를 달아 '(나의 사색과 궁구가) 물에 격하다', '(나의 사색과 궁구가) 물리의 극처에 이르지 않음이 없다'로 풀이하는 것이 마땅하다는 것이 박지계 격물물격설의 요지이다.

박지계가 '물격'과 '물리지극처무부도'에 '에'로 토를 달아야 한다고 주장한 것은 이황의 격물구설과 일치하고, 그러한 만큼 이이 및 그의 충실한 계승자인 김장생의 견해와 충돌할 수밖에 없었다. 서인이라는 공동의 정치적 지반 위에 있었던 박지계, 권득기, 조익 사이에서 논쟁이 발생한 것도 그의 견해가 범 율곡학파의 대체적인 견해와 달랐던 것이 주된 원인의 하나일 것이다. 다음 세대에 이르러 송시열과 그 문하에서 이이의 격물물격설을 정설로 받아들인 만큼 율곡학파 내부에서 박지계의 학설이 긍정적인 평가를 받기는 어려웠다. 그렇다고 박지계의 학설이 퇴계학파의 지지를 받은 것도 아닌데, 이는 퇴계학파의 학자들이 이황의 수정설을 정설로 받아들인 것이 주된 원인이다.

이처럼 박지계의 격물물격설이 조선 유학의 전개 과정에서 큰 영향력을 행사한 것은 아니지만, 그럼에도 그의 격물물격설 및 그 기저에 자리한 학문적 태도에는 주목할 만한 몇 가지 특징이 있다. 첫째, 박지계는 유학의 하학이상달(下學而上達)식 공부 방법을 지향했다. 그가 '물격'을 공부의 과정으로 파악하고 '에' 토를 고집했던 데는 지(知)의 성취를 이루기 위해서는 반드시 실질적인 공부가 선행되어야만 한다는 주자학적 공부론에 대한 확신이 있었기 때문이다. 둘째, 박지계는 의례논변에서도 그러했지만 자신의 격물설을 논증하는 과정에서 주희 학설의 엄격한 준수를 강조했다. 엄격한 주자주의라고 할 수 있는데, 이는 주희의 학설을 탄력적으로 이해해야 한다고 여긴 권득기와 조익의 온건한 주자주의와 대조를 이룬다. 셋째, 박지계는 이이의 학문과 정책이 세상을 바로잡고 도를 실현하기 위해 따라야 할 대안이라고 여겼고, 그러한 만큼 이이를 존경해마지 않았다. 넷째, 박지계의 학설은 정구 및 이황의 학설과 연계 가능성이 있다. 그가 정구에게 예설과 관련해 질의를 한 것, 이황에서 정구로 이어지는 예설을 잘 이해한 것, 그리고 그가 '물격'과 그 주석에 이황의 구설과 마찬가지로 '에' 토를 단 것 등이 그 방증이다. 다섯째, 박지계가 의례논쟁에서 정원군의 원종추숭을 주창한 것은 왕가례의 특수성을 강조한 정구의 예설과 친화성이 있다.

이렇듯이 박지계는 의례논쟁에서 이이의 정통 계승자인 김장생과 충돌했을 뿐만 아니라 격물설에서도 이이와 김장생의 학설을 따르지 않았다. 오히려 그의 예설에서 발견되는 지향성은 영남의 큰 학자인 정구의 예설과 친화적인 면모가 있었고 그의 격물설은 이황의 격물구설과 유사했다. 이것은 박지계가 서인의 일원으로서 이이의 학문과 정책을 매우 존중했음에도, 이이에서 김장생으로 이어지는 서인 본류의 학설을 묵수하지 않았다는 것을 의미한다. 이 어긋남을 어떻게 설명할 수 있을까?

　　박지계가 학문 활동을 하던 시기는 퇴계학파와 율곡학파의 학문적 전선이 형성되기 시작하던 때이다. 정치적인 의미에서 동서분당은 선조 7년부터 비롯되었다는 것이 일반적인 견해이지만, 퇴계학파와 율곡학파의 충돌이 명확하게 현실화된 것은 인조 원년 이이의 문묘종사 문제를 둘러싼 충돌이었다고 보는 것이 적절할 듯하다.[152] 이 대립은 이이의 학문적 위상을 이황의 반열에 올리려는 쪽과 이를 용인하지 않으려는 쪽의 싸움이었기 때문에 서인과 남인의 정치적 갈등을 넘어 학파적 대립의 형태로 진행된 측면이 있다. 다만 그때까지만 해도 이황의 성리설과 이이의 성리설 사이에 있는 이론적 차이가 명시적인 쟁점으로 부각되지 않았고, 더더욱 그 차이가 상대를 비판하는 주요한 근거로 작용하지도 않았다. 그 후 효종 원년(1650)에 남인 유생 900여 명이 연명으로 올린 상소가 중요한 전환점이 되는데, 이구(李榘, 1613~1654)가 기초한 그 상소문에는 이황과 이이의 이론적 차이가 명확하게 제시되었기 때문이다.[153] 이로써 리기호발설(理氣互發說)과 기발일도설(氣發一途說)이 두 학파의 학문적 정체성을 가르는 기준으로 자리를 잡았고, 그 이후 퇴계학파와

152　광해군 초반에 있었던 회퇴변척(晦退辨斥)을 둘러싼 논란은 남명학파와 비남명학파의 대립 구도 속에서 진행되었고, 그 이후 지속된 폐모살제(廢母殺弟)의 정국에서도 대북과 비대북의 대립 구도가 형성되었기 때문에, 광해군 시기까지만 해도 이황과 이이의 학문적 분화가 뚜렷하게 부각되지 않았다.

153　『活齋集』 권1, 「嶺南儒生論牛溪栗谷不合從祀疏」, 35b. 『活齋集』 권1, 「嶺南儒生論牛溪栗谷不合從祀疏」, 35b. "且李珥之學, 專主氣字, 認氣爲理, 故以理氣爲一物, 而無復分別, 至以爲心是氣也. 四端七情皆氣之發, 是其病根, 元出於陸家不分道器之見, 而其爲害, 同歸於釋氏作用爲性之說也."

율곡학파의 대립은 성리설을 둘러싼 이론투쟁의 성격을 강하게 띠게 된다.[154]

인조 시대는 퇴계학파와 율곡학파의 분화가 명확해지기 시작함에 따라 이이-김장생-송시열로 이어지는 율곡학파의 학맥이 구체화되기 시작하던 때이지만, 그럼에도 두 학파 사이에 이론적 차이가 뚜렷하게 부각되거나 자파의 학설을 맹목적으로 묵수하는 고착화의 단계까지 이른 것은 아니었다. 이는 그들 학파 내부에 학문적 자율성이 상당 정도 유지되고 있는 상태였다는 것을 의미한다. 그 자율적 공간에서 박지계는 예설과 격물설 모두에서 율곡학파의 다수 의견에 매몰되지 않고 독자적인 견해를 제시할 수 있었던 것이다.

이 글은 『범한철학』 제119집(범한철학회, 2025)에
수록된 것을 수정·보완한 것이다.

---

154 『活齋集』 권1, 「嶺南儒生論牛溪栗谷不合從祀疏」, 36ab. "今其說, 俱在其集中, 縱橫謬戾, 不可殫記. 一則以李滉之言爲害理, 一則以李滉之言爲不知性. 至謂退溪之學不如羅整菴, 退溪之失較重. 至曰朱子若眞以爲理氣互發, 相對各出, 則朱子亦誤也, 何以爲朱子云云. 其偏見錯認, 敢詆前賢. 一至於此. 謹按朱子之說, 有曰有理而後有氣, 理與氣決是二物, 四端理之發, 七情氣之發. 此非所謂理氣互發者耶? 朱子定論, 若是其明白, 而尙且不信. 李滉之學, 乃朱子之學, 則其見斥於珥, 固也."

제 3 부

잠야집의 서지학적 이해

잠야 박지계 문집의 간행 경위와
서지적인 특징

안미경

1. 머리말

잠야 박지계는 17세기에 활동했던 학자이자 정치가다. 그는 서울에서 태어났지만, 만년에는 아산에 은거하여 학문에 전념한 인연으로 아산의 인산서원에 배향되었다. 인산서원은 1610년(광해군 2) 아산 지역 유림의 공론에 따라 김굉필, 정여창, 조광조, 이언적, 이황 등 이른바 동방 오현(五賢)의 학문과 덕행을 추모하기 위해 창건된 아산 지역 최초의 서원이다. 이후에 기준, 이지함, 홍가신, 이덕민, 박지계 등을 추배하였다.

인산서원은 1871년(고종 8) 흥선대원군의 서원 철폐령으로 훼철된 후 지금까지 복원되지 못하였고 터만 남아 있다. 인산서원의 복원에 즈음하여 잠야의 생애와 사상에 대한 재평가가 이루어지고 있다. 그

일환으로 잠야의 문집이 간행된 경위에 대해 살펴보고자 한다.

잠야의 문집인『잠야선생집(潛冶先生集)』은 그가 세상을 떠난 지 130년이 지난 1766년(영조 42)에 간행되었다. 문집과는 별도로『잠야선생연보(潛冶先生年譜)』가 일제강점기 후손에 의해 간행되었다. 『잠야선생집』은 목판본이 아니라 교서관 활자를 이용하여 금속활자본으로 간행되었다는 점이 특징적이다. 따라서『잠야선생집』은 서지학적으로 살펴볼 필요가 있다고 하겠다. 본 논문에서는『잠야선생집』의 간행 경위와 서지적인 특징에 대한 검토를 통해 조선 후기 문집 간행의 출판 문화에 대해 살펴보고자 한다.

『잠야선생집』은 그가 세상을 떠난 지 130년 만에 간행된 만큼 간행되기까지 사정이 있었다. 본 논문에서는 우선『잠야선생집』이 간행되기까지 어떤 사람들이 편집과 간행에 참여하게 되었는지를 밝히는 데 초점을 맞추었다.

『잠야선생집』은 앞에서 언급했듯이 목판본이 아니라 교서관 활자를 이용하여 간행되었다. 교서관 활자를 이용하여 문집을 찍어내는 일은 비단『잠야선생집』에만 국한된 것은 아니었다. 당시 문집은 목판본으로 간행하는 것이 보통이었지만 상당수의 문집이 교서관 활자를 이용하여 간행되었다. 따라서 본 논문에서는 조선 후기 문집 간행의 출판 문화 속에서 교서관 활자 이용이 어떠한 의미를 지니고 있는지도 주목하여 살펴보고자 한다.

2. 간행 경위

1) 박지계의 생애

잠야 박지계는 1573년(선조 6) 서울에서 태어났다. 본관은 함양이고 자는 인지(仁之), 호는 잠야(潛冶)이다. 조선시대 초학 교재인『동몽선습』의 저자 박세무(朴世茂)가 그의 조부이다. 열 살 때 아버지를 여의고 어머니 밑에서 성장하면서 일찍이『논어』를 탐독하는 등 학문에 힘썼다. 1592년(선조 25) 임진왜란이 일어나자, 어머니를 모시고 충청북도 제천으로 피난하였으며 정유재란 때는 괴산으로 옮겨서 어머니의 병환을 극진히 간호하였다.

잠야는 피난지에서도 공부를 중단하지 않아 학자로서의 평판이 높았다. 여러 차례 천거되었지만 사양하고 관직에 나가지 않았다. 특히 광해군이 즉위한 이후에는 가족을 이끌고 신창(新昌)으로 내려가 학문에만 전념하였다. 1623년 인조반정이 일어난 후 비로소 관직에 나아갔다. 그는 사헌부 지평으로 당시 과거제도의 폐단을 지적하면서 조광조의 현량과(賢良科)와 이이의 선사법(選士法) 등을 본받을 것을 주장하였다.

1624년 인조 사친(私親)의 예우와 관련하여 조정이 중신들과 의견이 맞지 않자 다시금 관직을 버리고 남양에 우거하던 중 이괄의 난이 일어나자, 공주로 피신한 국왕에게 달려가 호종하면서 양민치병(養民治兵)의 계책을 올렸다. 1626년 청풍군수로 임명되었으나 부임하지 않았고 사헌부 장령과 집의 그리고 동부승지 등의 관직에 연이어 임명되었으나 곧바로 사직하고 학문에만 전념하였다.

1627년 정묘호란이 일어나자 이에 대한 대책을 건의하는 등 나랏일을 걱정하다가 1635년 아산의 처소에서 63세의 나이로 세상을 떠났다. 1742년 문목(文穆)이라는 시호를 하사받았고 이조판서로 추증되었다. 충청남도 아산의 인산서원에 배향되었다.

잠야는 성리학을 깊이 탐구하여 자신의 학문을 세웠다. 하지만 이이와 성혼의 학설을 좋아하여 두 분의 문묘 종사를 주장하였다. 정치적으로는 서인의 일원으로서 남인과 대립하였다. 수많은 제자를 양성하였는데 그 가운데 뚜렷한 인물을 들자면 이의길(李義吉)·조극선(趙克善)·김극형(金克亨)·권시(權諰)·원두추(元斗樞) 등을 들 수 있다. 『사서근사록의의(四書近思錄疑義)』·『주역건곤괘설(周易乾坤卦說)』 등의 저술을 남겼다.

2) 문집의 간행 경위

잠야의 문집인 『잠야선생집』은 1766년에 간행되었다. 잠야가 세상을 떠난 지 약 130년 뒤에 간행된 것이다. 이것은 『잠야선생집』이 간행되기까지 여러 가지 사정이 있었음을 미루어 짐작할 수 있다.

『잠야선생집』 발문에는 "이 문집은 일찍이 남계(南溪) 박세채(朴世采) 공이 고치고 다듬었지만 마치지 못했다"라는 구절이 있다.[1] 이로써 문집 간행을 위한 준비가 박세채로부터 시작되었음을 알 수

---

1 朴知誡, 『潛冶先生集』跋文, 1776. "是集也, 曾經南溪朴文純公修潤, 而尙有未
   卒者."

있다. 박세채는 본관이 반남(潘南)이고, 자는 화숙(和叔), 호는 남계(南溪) 또는 현석(玄石)이다. 예송논쟁 당시 서인 측 이론가로 활약하였으며 1684년 노론과 소론이 분리된 이후에는 소론의 영수로 활약하였다.

박세채가 잠야의 글들을 고치고 다듬는 일을 하게 된 이유가 무엇이었을까? 박세채는 1631년생이므로 1635년에 사망한 잠야의 직계 제자는 아니었지만, 그의 장인 원두추가 잠야의 문인이었다. 원두추는 잠야가 세상을 떠났을 때 형 원두표(元斗杓)와 함께 1년 동안 심상(心喪)을 한 바 있다.[2] 즉 박세채는 장인을 통해서 잠야와 연결되었으며 그 인연으로 잠야의 글들을 고치고 다듬는 일을 담당한 것으로 보인다. 박세채는 1695년에 세상을 떠났으므로 1695년 이전에 이러한 일을 하였을 것으로 추정된다.

잠야가 세상을 떠난 지 107년 뒤인 1742년(영조 18) 잠야에게 시호가 하사되었다.[3] 『잠야선생집』 발문에는 이에 대해 "선생의 출처 전말을 문간공 박필주(朴弼周, 1665~1748)가 정리하여 태상시(太常寺)에 고했고 태상시에서 그 사실을 모아서 시호를 내릴 것을 아뢰었다"라고 기록하고 있다.[4] 그 결과 잠야에게 '도덕이 있고 학문이 넓으며 덕을 베풀고 정의를 지켰다'라는 의미로 문목이라는 시호가

---

2 朴大淳, 『潛冶先生年譜』, 大田, 以文社, 1937, 37쪽. "乙亥先生六十三歲, 七月十三日考終于正寢, 元斗杓兄弟, 趙克善, 金克亨, 李瀣, 權諰, 邊虎吉麟吉, 諸人心喪期年."

3 『조선왕조실록』 영조 18년(1742) 12월 기해조.

4 박지계, 앞의 책. 발문. "先生出處顚末, 黎湖朴文簡公, 狀而諗于太常氏, 太常氏撫其實而奏諡, 諡法曰, 道德博文曰文, 布德執義曰穆."

하사되었다.

잠야에게 시호가 하사되는 데는 당시 영의정으로 있었던 김재로(金在魯)가 큰 역할을 하였다.[5] 그는 경연에서 잠야에게 시호를 하사할 것을 건의하여 국왕의 윤허를 얻었다. 이와 더불어 잠야를 이조판서로 추증하는 일도 성사시켰다. 김재로가 이 일에 나서게 된 것은 자신의 증조부 김극형이 잠야의 제자였기 때문이었다.

국왕의 윤허가 떨어지자, 잠야의 현손인 박진규(朴晉揆, 1693~1771)와 6세손인 박명양(朴鳴陽, 1709~?)과 박정양(朴挺陽, 1710~1760)이[6] 박필주를 찾아가 시장(諡狀)을 지어 달라고 요청하였다.[7] 박필주의 본관은 반남, 자는 상보(尙甫), 호는 여호(黎湖) 혹은 요계(蓼溪)이며 독학으로 학문을 닦아 당대의 문장가로 명성을 떨친 인물이었다.

박필주는 시장을 작성할 때 문인 민광소(閔光熽)가 저술한 가장(家狀)과 잠야가 남긴 유집(遺集)을 참고하였다고 밝혔다.[8] 여기서 "선생의 유집"이란 잠야가 저술한 『사서근사록의의』와 『주역건곤

---

5 『조선왕조실록』 영조 16년(1740) 11월 정해조.

6 『국역국조인물고』〈https://terms.naver.com/entry.naver?docId=946172&cid=62132&categoryId=62132〉 2021.6.1. 접속. "선생의 현손 박진규(朴晉揆)·**박내손(朴來孫)**·박명양(朴鳴陽)들이 전후 누차 나 필주(弼周)를 찾아와 시장(諡狀)을 지어달라고 요청하였다."라는 내용에서 '박내손'을 이름으로 오역하고 있다. 내손은 5대손을 말하므로 5대손 명양(鳴陽)을 말한다. 그리고 5대손인 '박정양(朴挺陽)'의 이름을 누락하고 있다.

7 『潛冶先生年譜』 부록, 시장 "先生玄孫晉揆, 來孫鳴陽挺陽等, 前後踵門屬弼周以狀文."

8 같은 책, 부록 시장. "先生文人閔光熽所撰家狀, 參以遺集諸書."

괘설』 그리고 집에 보관해 오던 몇 권의 문집을 가리키는 것이다.[9] 박필주는 이 시장에서 문순공 박세채가 잠야에 대해서 "선생처럼 행실이 순수하고 독실한 바는 옛날에도 들어보지 못했다"라고[10] 높이 평가한 사실을 언급하였다.

잠야에 대한 시호의 하사는 『잠야선생집』의 간행으로 이어졌다. 하지만 정작 박필주의 문집인 『여호집(黎湖集)』에는 그가 작성한 잠야의 시장이 수록되지 않았다. 박필주의 문인 구상훈(具常勳)이 『여호집』을 편집할 때 이 시장을 빠뜨린 것이다. 훗날 잠야의 후손인 박대화(朴大和)가 이것을 문제 삼으며 국왕에게 상소를 올렸다. 이때 우의정 원인손(元仁孫)이 상소의 내용을 국왕에게 진달하였는데[11] 그는 잠야의 제자인 원두표의 5대손이었다.

『잠야선생집』의 간행을 위한 준비는 1760년대에 시작된 것으로 보인다. 『잠야선생집』 발문에는 "이 문집은 일찍이 남계 박세채 공이 고치고 다듬었지만 다 마치지 못하였는데 다시금 봉조하 김상로·유선 박성원·세마 김종후 등에게 교정을 부탁하여 잘못된 것을 고치고 간략하게 다듬어 비로소 편집을 마무리 지었다"라고 기록되어 있기 때문이다.[12]

우선 잠야의 문집의 편집을 담당한 김상로·박성원·김종후 세 사

---

9   같은 책, 부록 시장. "所著四書近思錄疑義, 周易乾坤卦說, 及文集若干卷藏於家."

10 같은 책, 부록 시장. "玄石朴文純公, 則又以爲行誼之純篤, 古所未聞."

11 『조선왕조실록』 영조 50년(1774) 4월 을유조

12 박지계, 앞의 책. 발문. "是集也, 曾經南溪朴文純公修潤, 而尙有未卒者, 復就校于奉朝賀金公尙魯, 朴諭善聖源, 金洗馬鍾厚, 證訛取簡, 始克成編."

람에 대해 살펴볼 필요가 있다. 김상로(金尙魯, 1702~1766)는 본관이 청풍이고 자는 경일(景一), 호는 하계(霞溪) 또는 만하(晚霞)이다. 노론 벽파의 지도자이다. 1742년 잠야에게 시호를 내릴 것을 주청한 김재로(1682~1759)와는 종형제 사이로 스무 살 연하이다. 따라서 그도 잠야의 제자인 김극형의 증손이다.

김종후(金鍾厚, 1721~1780)도 본관이 청풍이고, 호는 본암(本庵)·진재(眞齋)로서 김극형의 5대손에 해당한다. 즉 앞에서 언급한 김상로와는 일가로 김상로에게는 열아홉 살 연하이다. 김상로와 김종후는 조상이 잠야의 문인이었던 관계로 잠야의 문집 간행을 위한 준비 작업에 참여하였다고 할 수 있다.

박성원(朴聖源, 1697~1767)은 본관이 밀양이고 자는 사수(士洙), 호는 겸재(謙齋)이다. 그가 지은 『예의유집(禮疑類輯)』은 관혼상제에 관한 책으로 유명하다. 박성원이 잠야와 어떠한 인맥으로 연결되었는지 현재까지 확인되지 않고 있다. 하지만 그도 잠야와 어떠한 인연으로 연결되어 있었을 것으로 보인다.

세 사람 가운데 박성원이 1697년생으로 나이가 가장 많고 김상로는 1702년생이며 김종후는 1721년생으로 가장 젊었다. 『잠야선생집』 발문에는 김상로의 관직이 봉조하(奉朝賀)로 되어 있는데 김상로는 영의정으로 있다가 1762년 임오화변이 일어나자, 원주로 귀양 갔다가 복귀하여 봉조하로 임명되었다. 박성원도 관직이 유선(諭善)으로 되어 있는데 임오화변이 일어난 후 1762년 8월 세손이 동궁이 되어 세손강서원이 시강원으로 변경되면서 유선의 자리에서 물러난 바 있다.[13] 이 두 가지 사실로 미루어 볼 때 세 사람이 잠야의 문집

간행을 위해 편집을 시작한 시기는 1762년 무렵인 것으로 보인다.

잠야의 문집을 간행하기 위한 첫 번째 시도는 1762년 무렵에 이루어졌다. 『잠야선생집』 발문에는 이와 관련하여 "원경순(元景淳) 공이 선생 제자의 후예로서 지난번 전라도 관찰사로 있을 때 목판을 간행하는 일을 맡겠다고 나섰다"라고 기록되어 있다.[14] 원경순은 조선 후기의 문신으로 본관은 원주이고 자는 도이(道而)이다. 정언, 수찬, 헌납, 응교 등 홍문관과 사간원의 청직을 두루 거쳤으며 대사간, 대사헌, 이조판서 등을 지냈다. 영조의 계비인 정순왕후의 외삼촌으로 영조의 총애가 깊었던 인물이다. 원경순이 잠야의 문집을 간행하려고 하였던 이유는 원경순이 잠야의 문인인 원두표의 현손이었기 때문이다. 박세채가 장인인 원두추와의 인연 때문에 잠야의 글들을 다듬는 일을 한 것과 같은 맥락이다. 원두추와 원두표는 형제 사이였다. 잠야와 원씨 집안과의 인연은 130년이 넘게 이어온 것이다.

원경순은 1761년부터 1763년까지 전라도 관찰사로 있었다. 따라서 잠야의 문집 간행을 위한 시도도 이 무렵 이루어졌을 것으로 보인다. 아마도 김상로를 비롯한 세 사람이 편집한 것을 책으로 찍어내는 역할을 원경순이 맡았던 것으로 보인다. 원경순은 전라도 관찰사 시절 잠야의 문집 이외에도 다른 서책을 간행한 사실이 확인된다.[15] 그 대표적인 사례로 이여(李畬)의 연보인 『수곡선생연보(睡谷先

13　한국고전번역원, 한국고전종합DB. "朴聖源", 〈http://www.itkc.or.kr/itkc/Index.jsp〉. 2021.6.15. 접속.

14　박지계, 앞의 책. 발문. "何幸元侯景淳, 以先生侯芭之裔, 頃按湖藩, 嘅然自當以繡梓之役."

生年譜)』를 들 수 있다. 이 책은 1762년 전주 감영에서 간행되었다. 원경순은 이여의 외손이었기 때문에 전라도 관찰사 시절 이 책을 간행한 것이었다. 이렇게『수곡선생연보』는 간행되었지만, 잠야의 문집은 간행되지 못하였다.『잠야선생집』의 발문에서도 "마침 재정이 넉넉하지 못하여 시작한 일을 마무리 짓지 못한 채 임기를 마치고 말았다"라고[16] 표시하였다.

잠야의 문집은 원경순이 전라도 관찰사의 임기를 마친 지 3년 뒤인 1766년 서울에서 간행되었다. 잠야의 문집은 목판본이 아니라 활자본으로 간행되었다.『잠야선생집』의 간행에는 교서관의 금속활자가 사용되었다. 교서관은 나라에서 필요한 책을 찍어내는 기관이다. 문집의 간행에 교서관의 금속활자를 사용한 점은 주목할 만하다.

『잠야선생집』이 간행될 무렵 교서관의 금속활자를 이용해서 개인의 문집을 찍어내는 예는 많았다. 1766년에 간행된 이의현(李宜顯)의『도곡집(陶谷集)』(32권 16책), 신완(申琓)의『경암집(絅菴集)』(8권 4책), 그리고 1767년에 간행된 이기진(李箕鎭)의『목곡집(牧谷集)』(10권 5책), 송찬(宋瓚)의『치암집(恥庵集)』(10권 5책), 최성대(崔成大)의『두기시집(杜機詩集)』(5권 3책) 등이 그러한 사례라고 할 수 있다.

『잠야선생집』은 1766년 교서관 금속활자로 간행된 후 203년이 지난 1969년에 와서 다시 한번 간행되었다. 잠야의 13세손 인희(仁

---

15 한국고전번역원, 한국고전종합DB. "睡谷集", 〈http://www.itkc.or.kr/itkc/Index.jsp〉. 2021.5.20. 접속. "조카인 慶尙道 觀察使 李箕鎭이 文集을 간행하고, 外孫인 全羅道 觀察使 元景淳이 年譜를 간행하다."
16 박지계, 앞의 책. 발문. "適値時屈, 旣始中輟, 及其報瓜."

熙, 1922~1986)에 의해[17] 석판으로 다시 간행되었고[18] 1997년 『한국문집총간』 80집으로 영인본이 간행되었다.[19]

3) 연보의 간행 경위

잠야의 연보가 작성된 것은 1803년이다. 1766년 잠야의 문집이 간행된 지 37년 만에 작성되었는데 문집이 이미 간행된 이후에 작성된 것이다.

잠야의 7세손인 박대화(朴大和, 1719~1805)가 지은 연보의 발문에 의하면 "자신의 중부(仲父)인 진사공(進士公)과 계부(季父)인 현감공(縣監公)이 다른 책에 나오는 기사들을 참고하여 연보를 완성하려 했지만, 갑자기 세상을 떠나시는 바람에 부득이 자신이 그것을 완성했다"라고[20] 하였다.

여기서 중부인 진사공은 박경양(朴景陽)을 가리키고 계부인 현감공은 박정양(朴挺陽)을 가리킨다. 중부 박경양은 1708년에 태어나 1740년에 사망하였다.[21] 『함양박씨파보』에는 "31세쯤에 연보를 거

17　朴知誡, 『潛冶先生集』, 1969. "跋: 大韓民國初己酉(1969)…十二代孫仁熙謹書."

18　인제대학교 족보도서관, 『咸陽朴氏派譜』 下卷. 434쪽. 〈https://genealogy.inje.ac.kr/〉. 2021.5.20. 접속. "仁熙　先祖潛冶公文集, 單獨重刊."

19　영인 대상: 1766년 후기교서관인서체자본 『潛冶先生集』

20　『潛冶先生年譜』 朴大和 跋文. "我仲父進士公, 至誠爲先攷得有事之出於他書者, 幾乎成譜, 天不假年纔過二毛庵忽違世, 季父縣監公, 又欲繼逐其志, 以其仕路奔汩無暇解印, 明年卽又謝世."

21　인제대학교 족보도서관, 『咸陽朴氏派譜』 下卷. 412쪽. 〈https://genealogy.inje.ac.kr/〉. 2021.5.20. 접속.

의 완성하였으나 33세에 갑자기 돌아가셨다”라고 기록되어 있다.[22]

계부 박정양은 1710년에 태어나 1760년 사망하였으므로 자신의 형보다는 장수하였다. 하지만 박정양도 잠야의 문집이 간행된 1766년 이전에 사망하였으므로 연보 작성 작업은 문집이 간행되기 이전에 시작되었음을 알 수 있다. 두 사람은 문집 발행을 염두에 두고 연보 작성을 시작한 것으로 보인다. 연보는 문집의 부록으로 수록하는 것이 보통이다. 하지만 두 사람이 연보 작성을 완료하지 못하고 사망하였다. 따라서 1766년 문집인『잠야선생집』을 간행할 때 연보를 수록하지 못하였고 조카인 박대화가 그 뜻을 이어받아 1803년에 연보 작성을 완료한 것이다. 박대화의 부친은 박봉양(朴鳳陽)으로 1693년에 태어나 1729년에 사망하였다.[23] 사망 당시 나이는 37세였다. 살아생전 문집이 간행되지 못함을 안타깝게 생각하였다고 한다. 문집 간행을 주도하여 그 발문을 작성한 박명양은 박대화에게는 당숙이었다.

연보의 작성은 1803년에 이루어졌지만, 인쇄하여 배포하는 일은 1937년에 이루어졌다. 박대화가 작성한 연보는 필사본으로 전해졌기 때문에 언제든지 소실될 가능성이 있었다. 연보의 간행은 잠야의 11세손인 박대순과 박기순의 주도로 1937년에 이루어졌다.

잠야의 12세손인 박동필(朴東弼, 1886~1946)이 작성한 발문에는 “연보가 작성될 당시 자손들이 힘이 딸려서 바로 간행하지 못하였는

---

22 인제대학교 족보도서관, 〈https://genealogy.inje.ac.kr/〉. 2021.5.20. 접속.
23 인제대학교 족보도서관, 〈https://genealogy.inje.ac.kr/〉. 2021.5.20. 접속.

데, 족종숙(族從叔) 대순(大淳)씨와 기순(起淳)씨가 이 연보가 사라질 것을 우려하여 조목조목 교정을 본 후 한 마음으로 힘을 모아 찍어 내서 오래도록 전해지게 하였다"라고 기록되어 있다.[24]

박대순과 박기순은 50년 동안 사귀어 온 막역한 사이였다. 박대순은 1870년에 태어나 1950년에 사망하였고 박기순은 1876년에 태어나서 1942년에 사망하였다. 박기순이 박대순보다 7년 늦게 태어났지만 먼저 사망하였다. 이때 박대순이 박기순의 묘지명을 손수 지어 주었다.[25] 그리고 박대순이 사망하였을 때는 박기순의 장남 박동은(朴東殷, 1893~1981)이 묘표(墓表)를 지어 주어 보답하였다. 그리고 박대순의 아들인 박동면(朴東冕, 1895~1975)의 묘갈문까지 지었다고 한다.[26]

박대순은 잠야의 11세손으로 종사랑(從仕郞)를 지냈다. 족질 박동은이 지은 「위당공대순묘표(偉堂公大淳墓表)」에 의하면 그는 『잠야연보)』 이외에 『삼파족보(三派族譜)』와 『함양세고내외보(咸陽世稿內外譜)』 등도 간행하였다고[27] 한다. 「만호공기순묘지명(晩湖公起淳墓

---

24 『潛冶先生年譜』, 朴東弼 跋文. "族祖校官公諱大和之所編輯者, 而子孫力綿不得刊行矣. 迺者族從叔大淳 起淳氏, 懼其泯沒, 遂條校正, 動心協贊, 付諸剞劂而壽其傳."

25 인제대학교 족보도서관, 『咸陽朴氏 文獻 錄』. "晩湖公起淳墓誌銘(族從 大淳 撰)". 416~418쪽. 〈https://genealogy.inje.ac.kr/〉. 2021.5.23. 접속.

26 『咸陽朴氏文獻錄』. "春山公東冕墓碣文(族從 朴東殷撰). 450~451쪽. 〈https://genealogy.inje.ac.kr/〉. 2021.5.23. 접속.

27 『咸陽朴氏文獻錄』. "偉堂公大淳墓表(族姪 東殷)". 413~416쪽. 〈https://genealogy.inje.ac.kr/〉. 2021.5.23. 접속. "潛冶年報[譜] 三派族譜 手編咸陽世稿內外譜 等을 刊行하여 집에 간직해 두었다."

誌銘)」에 따르면 박기순은 선대의 묘갈이나 연보 및 파보 등 부족한 것이 있으면 문중 사람들과 노력하여 추진하였고, 문목공(잠야) 묘소에 석의(石儀)가 없는 것을 걱정하였다고[28] 전해진다. 연보는 박대순의 주도로 대전의 이문사(以文社)를 통해 1937년 석판본으로 간행되었다.[29]

3. 서지적인 특징

1) 문집의 서지적인 특징

『잠야선생집(潛冶先生集)』은 현재 규장각한국학연구원(奎4086v. 1-5), 장서각(K4-6440), 한국학중앙연구원(D3B 1499), 연세대(811.98 박지계 잠-1~3), 국립중앙도서관(일산古3648-25-38), 일본 경도대학 가와이문고[30] 등에 소장되어 있다. 국립중앙도서관본은 1책(권3~4)이 결본이고 연세대본은 2책(권3~4, 권9~10)이 결본이다.

잠야의 문집은 모리스 꾸랑이 1894년 프랑스에서 간행한 『조선서지』에도 소개되어 있다. 모리스 꾸랑은 고종 때 한국 주재 프랑스 공사관에 근무한 바 있는 인물로 조선의 전적을 폭넓게 조사하여

---

28 『咸陽朴氏文獻錄』. "晚湖公起淳墓誌銘(族從 大淳撰)". 418쪽. 〈https://geneal ogy.inje.ac.kr/〉. 2021.5.23. 접속.

29 朴大淳, 『潛冶先生年譜』, 大田, 以文社, 1937.

30 고려대학교 해외한국학자료센터. 〈http://kostma.korea.ac.kr/〉. 2021.5.25. 접속.

『조선서지』라는 이름으로 목록 해제집을 간행하였다. 이 책은 조선의 고서 전반을 다룬 불후의 업적이라 평가되는 책이다.[31] 이 책에서는 "한국에서 작성된 한문집"이란 제목 아래 조선 유학자들의 문집 290여 종을 소개하고 있는데 여기에 잠야의 문집도 "潛冶集 저자: 박지계"로 소개되어 있다.[32] 『조선서지』는 1994년 우리말로 번역되어 일조각에서 간행되었다.

다음으로 『잠야선생집』의 형태적인 특징을 살펴보면 다음과 같다. 판식(版式)은 소장처마다 약간의 차이가 있지만, 장서각에 소장된 『잠야선생집』을 중심으로 살펴보면 광곽(匡郭)은 책장의 네 둘레에 두 개의 검은 선이 돌려진 사주쌍변(四周雙邊)으로 되어 있다. 반곽은 세로 21.3cm이고 가로 14.0cm이다. 그리고 본문의 각 행 사이에 그어진 계선(界線)이 있으며, 반엽(半葉)을 기준으로 10행에 매행(每行) 20자씩 배열되어 있다. 주(註)는 쌍행(雙行)으로 되어 있다. 판심(版心)에 있는 어미는 상백어미(上白魚尾)이다. 책의 전체 크기는 세로 30.9cm 가로 19.2cm이다. 표지의 제목과 판심의 제목은 잠야집(潛冶集)으로 되어 있다.

『잠야선생집』은 10권 5책으로 구성되어 있다. 일반적으로 문집의 편집 체재는 크게 서문, 목록, 본문, 부록, 발문의 순으로 이루어진다. 서문은 권수에 오는데『잠야선생집』의 경우 서문이 실려 있지 않고 권수에 총목록이 있어 책의 전체 내용을 미리 알려주고 있

---

31 천혜봉, 『한국서지학』, 민음사, 2006, 64쪽.
32 모리스 꾸랑 원저, 이희재 역, 『韓國書誌』, 일조각, 1994, 259쪽.

다. 그리고 각 권의 머리마다 권별(卷別) 목록이 있다. 본문은 권 1~10까지이다. 권1~3은 소(疏)로 구성되어 있다. 1633년에 올린 장편 상소인 「만언소(萬言疏)」와 1627년에 올린 「척화소(斥和疏)」을 비롯하여 인조의 생부와 생모에 대해 삼년복을 주장하는 복제론(服制論) 및 사직소(辭職疏) 등이다. 권4~5는 서(書)로 구성되어 있다. 주로 중씨(仲氏), 조익(趙翼), 조극선(趙克善), 김극형(金克亨), 원두추(元斗樞), 이경직(李景稷), 권시(權諰) 등에게 보낸 편지들인데, 대부분이 예에 대한 문답이다. 권6은 제문(祭文), 잡저(雜著), 묘갈(墓碣) 등으로 구성되어 있다. 권7~9는 예변(禮辨)에 관한 글들로 이루어져 있다. 인조의 생부인 정원대군(定遠大君)을 추숭해야 한다는 내용의 「장릉추숭의례변(章陵追崇疑禮辨)」을 비롯하여 김장생·정경세·장유·윤방·신흠 등의 예론에 대해 논변하는 글들이 실려 있다. 권10은 차록(箚錄)으로 이루어져 있다. 『주역건곤괘(周易乾坤卦)』, 『논어(論語)』, 『중용(中庸)』, 『근사록(近思錄)』 등 4종의 책 가운데 특히 문제가 되는 부분을 뽑아내어 나름의 해석을 한 내용이다. 책의 마지막에는 부록으로 박필주(1665~1748)가 지은 시장(諡狀)이 실려 있다. 시장의 판심(版心)에 '卷十'이라 되어 있어 마치 권10에 차록과 시장을 함께 수록한 것처럼 보인다. 권말에는 1766년 박명양이 지은 발문이 있다.

『잠야선생집』은 앞에서 살펴보았듯이 1766년(영조 42) 교서관의 금속활자를 이용하여 간행되었다. 『잠야선생집』의 서지적인 특징과 의미는 목판본이 아니라 금속활자본이라는 점과 교서관의 금속활자를 이용하여 간행하였다는 점에 있다. 따라서 이를 중심으로 좀 더 자세히 살펴보면 다음과 같다.

우선 『잠야선생집』은 금속활자로 간행되었다. 조선시대에 책을 인쇄하는 방법으로는 목판을 새겨서 인쇄하는 방법과 활자로 인쇄하는 방법이 있었다. 목판에 새겨 찍어낸 책을 목판본, 금속활자로 찍은 책을 금속활자본, 목활자로 찍은 책을 목활자본이라 부른다.

목판은 한번 판각해 놓으면 두고두고 언제든지 필요하면 찍어낼 수 있다는 장점이 있다. 이에 비해서 금속활자와 목활자는 한 벌의 활자를 만들기만 하면 이것을 가지고 여러 종류의 책을 찍어낼 수 있다. 하지만 필요한 부수를 찍어내고 나면 그 조판을 해체해 버리기 때문에 다시는 찍을 수 없다. 모두가 한정판이 되는 셈이다. 따라서 활자를 이용한 인쇄는 다양한 종류의 책을 소량으로 찍어내는 데 적합한 인쇄 방식이라 할 수 있다.

조선시대 문집은 주로 목판으로 인쇄하였다. 일단 목판에 새겨놓으면 설령 찍어낸 책이 소실된다고 하더라도 목판을 이용하여 다시 찍어낼 수 있기 때문에 스승이나 조상의 글을 영원히 보존하기에 가장 좋은 방법이었다. 활자를 이용하여 문집을 찍어냈을 때도 우선 활자를 이용하여 소량을 찍어낸 후 추후에 이것을 번각하여 목판본으로 다시 찍어내는 경우가 많았다. 이렇게 하여야만 조상의 글을 영원히 보존할 수 있다고 생각하였기 때문이다. 실제로 이렇게 먼저 활자를 이용하여 찍어낸 후 이것을 다시 목판본으로 찍어내는 사례가 많았다.

신최(申最)의 『춘소자집(春沼子集)』의 경우 1682년 금속활자인 한구자(韓構字)를 이용하여 먼저 간행하였고[33] 그 뒤 1733년에 한구자본을 바탕으로, 목판본으로 번각하여 중간(重刊)하였다.[34] 이에 대해 신최의 증손자 신치근(申致謹, 1694~1738)은 발문에서[35] "임술(1682) 연간에 이르러 식암 김석주가 비로소 활자로 약간의 책을 인출하여 세상에 배포하였는데 목판으로는 미처 간행할 겨를이 없었다. 선친 께서는 문집의 인행(印行)이 넓지 않아 오래되면 전해지지 않을까 두려워하여 이를 한(恨)으로 여겼다. 신해년(1731) 가을 내가 동협(東 峽)의 정선군수로 부임해서 비로소 목판에 새길 수 있었다"라고 밝 힌 바 있다.

1709년에 간행된 김창협(金昌協)의 『농암집(農巖集)』과 1762년 간 행된 이천보(李天輔)의 『진암집(晉庵集)』의 경우도 같았다. 이 문집 들도 모두 『잠야선생집』처럼 먼저 교서관의 금속활자를 이용하여 간행되었다. 『농암집』의 경우 1709년 교서관의 금속활자로 간행 된[36] 다음 1754년에 목판으로 다시 간행하였다.[37] 『진암집』의 경우 1762년 교서관의 금속활자로 간행된 후[38] 1781년 아들 이문원(李文 源, 1740~1794)에 의해 대구 용연사(龍淵寺)에서 목판으로 다시 번각 되었다.[39]

---

33 申最, 『春沼子集』(韓構字本), 장서각(K4-6573), 규장각(奎6863, 奎7102) 소장.

34 申最, 『春沼子集』(木板本), 규장각(奎6774) 소장.

35 申最, 『春沼子集』(木板本), 申致謹 跋文. "至壬戌(1682)年間, 息庵公始以活字印 出若干本, 以行於世, 而板本則迄未暇焉. 我先子以印行不廣, 懼其久而無傳, 以 為遺恨矣. 辛亥秋, 小子出宰東峽之旌善郡, 乃克謀剞劂……崇禎紀元後再癸丑 (1733)孟秋上澣 不肖曾孫 前弘文校理致謹敬跋"

36 金昌協, 『農巖集』(校書館印書體字本), 장서각(K4-5866) 소장.

37 金昌協, 『農巖集』(木板本), 장서각(K4-5867) 소장.

38 李天輔, 『晉菴集』(校書館印書體字本), 규장각(奎4081, 奎6764) 소장.

『잠야선생집』의 경우도 간행할 당시 일단 먼저 교서관의 금속활자를 이용하여 찍어내지만 최종적으로는 목판본으로 다시 찍어내야 할 것이라는 생각을 하고 있었던 것으로 보인다. 『잠야선생집』의 발문에서 "교서관 활자를 사용하여 찍어냈지만 사세와 물력이 미치지 못하여 널리 배포하지는 못하였다. 하지만 지금 이후로 영원히 전해질 것인데 이것이 잘 드러날지 감추어질지는 후세의 사람에게 달린 것"이라고[40] 언급한 것도 이러한 생각을 반영하고 있다고 하겠다. 하지만 잠야의 문집을 목판본으로 다시 찍어내는 일은 여러 가지 사정으로 말미암아 빨리 성사되지는 못했다. 1969년에 비로소 13세손 인희(仁熙)에 의해 석판본 10권 3책으로 다시 간행되었다.[41] 비록 목판본은 아니지만, 석판본으로 찍어내 잠야의 글을 영원히 보존하고자 하였다.

잠야의 문집의 두 번째 특징은 교서관의 금속활자를 이용하여 간행하였다는 점이다. 교서관은 원래 국가에서 필요한 서적을 찍어내는 일을 맡은 관서이다. 하지만 교서관에서 만든 활자는 개인의 문집을 인쇄하는 데에도 널리 사용되었다. 교서관에서 만든 활자를 일컬어 '교서관인서체자(校書館印書體字)'라고 부른다. 이 활자는 문집의 인쇄에 많이 사용되었기 때문 '교서관(운각) 문집자', 또는 그냥

---

39 李天輔, 『晋菴集』(木板本), 규장각(經古819.54-Y52j) 소장.

40 『潛冶先生集』, 朴鳴陽 跋文. "用芸館活字印出, 事力窘劣, 雖未廣布, 今而後將不朽於世矣. 其所顯晦, 亦有待而然耶."

41 『潛冶先生集』(石版本), 국회도서관(古 811.081 ㅂ325ㅈ), 고려대(대학원 D1 A2672 1~3), 이화여대(811.085 박819ㅈ 1~3) 소장.

'문집자(文集字)'라고도 부른다.

교서관의 활자를 이용하여 개인의 문집을 찍어내는 일은 17세기부터 시작되어 19세기까지 이어졌다. 따라서 문집을 찍어내는 데 사용되는 활자에도 변화가 있었다. 시간이 지남에 따라 마멸된 활자를 일부 보충하기도 하였고 아예 활자 전체를 새로 주조하기도 하였다. 그래서 교서관인서체자를 크게 전기교서관인서체자(前期校書館印書體字)와 후기교서관인서체자(後期校書館印書體字)로 구분하기도 한다. 전기교서관인서체자는 숙종 초(1684년 이전) 명나라 인서체 간행본에서 글자본을 택하여 철활자로 만든 것이다. 재료가 무쇠이기 때문에 글자 획이 굵고 글자 모양이 바르지 않으며 주조 솜씨가 거친 활자이지만 튼튼한 활자이다.

후기교서관인서체자는 경종 초(1723년 이전)에 만든 활자로 바로 『잠야선생집』을 인쇄한 활자이다. 전기교서관인서체자와 비교하면 전체적으로 가로획과 세로획의 글자가 가늘어져 제법 인서체다운 모양을 갖추고 있다. 글자의 모양도 바르고 옆줄도 바른 편이다. 이러한 특징은 『잠야선생문집』에서도 그대로 나타난다. 그러나 전기교서관인서체자보다 잘 만든 활자이지만 역시 무쇠로 만든 활자이기 때문에 섬세하지 못하고 글자 전반에 걸쳐 딱딱한 느낌이 든다.

전기교서관인서체자본으로 알려진 신응구(申應榘)의 『만퇴헌선생유고(晚退軒先生遺稿)』와[42] 『잠야선생집』의 본문을 서로 비교하면

---

42 申應榘, 『晚退軒先生遺稿』(前期校書館印書體字本, 1684년), 장서각(4-5970), 고려대 화산문고 소장.

'近, 民, 然, 心, 於, 出' 등에서 글자의 모양이 조금 다르다는 것을 확인할 수 있다. 『잠야선생집』과 같은 시기에 간행된 문집 중 이의현의 『도곡집』과 신완의 『경암집』에서도 이러한 글자 모양이 발견된다.

관련 연구에 의하면 교서관의 무쇠활자를 이용하여 간행된 문집은 17세기 후반부터 시작하여 19세기에 이르기까지 124종이 조사되었다.[43] 이 연구는 대부분의 서명을 권수제가 아닌 표제명을 채택하여 혼란을 초래하였다는 점과 간행시기에 대한 정확한 고증 그리고 여러 소장처를 모두 조사하지 않았다는 점이 아쉽기는 하지만 교서관인서체자본의 전체적인 윤곽을 살펴보는데 도움이 되고 있다.

필자는 장서각 소장자료에서 6종을 추가로 조사하였다. 기존에 확인된 종수와 합하면 총 130종이 확인된 셈이다.[44] 앞으로 여러 소

---

43 김영진, 「朝鮮朝 文集 刊行의 諸樣相 – 朝鮮後期 事例를 中心으로」, 『민족문화』 43, 한국고전번역원, 2014.6, 23~27쪽에서 전기교서관인서체자본 19종, 후기 교서관인서체자본 105종을 소개하고 있다. 이 논문은 정진웅, 「조선후기 교서관 인서체자본 문집의 간행에 관한 연구」, 『서지학연구』 36, 한국서지학회, 2007.6, 48~150쪽에서 조사한 93종을 추가하여 보완하였다.

44 江漢集(黃景源)/ 儉巖山人詩集(范慶文)/ 絅菴集(申琓)/ 桂南詩稿(李龜齡)/ 昆侖集(崔昌大)/ 觀復菴詩稿(金崇謙)/ 龜巖集(李元培)/ 久庵集(金就文)/ 葵窓集(李健)/ 騏峯集(李時省)/ 洛西集(張晚)/ 洛涯金先生遺稿(金安節)/ 樂全先生歸田錄(申翊聖)/ 蘭溪先生遺稿(朴墕)/ 南谷先生文集(趙正緒)/ 南岳集(趙宗著)/ 南坡先生文集(洪宇遠)/ 耐齋集(洪泰猷)/ 老隱集(任適)/ 農巖集(金昌協)/ 凌壺集(李麟祥)/ 丹溪遺稿(河緯地)/ 陶谷集(李宜顯)/ 桐江遺稿(李㳕)/ 東溪遺稿(李英輔)/ 東谿集(趙龜命)/ 東埜集(金養根)/ 童土先生文(尹舜擧)/ 東圃集(金時敏)/ 杜機詩集(崔成大)/ 梨湖遺稿(金時鐸)/ 晚靜堂集(徐宗泰)/ 晚洲遺集(洪錫箕)/ 晚退軒先生遺稿(申應榘)/ 明齋先生遺稿(尹拯)/ 茅洲集(金時保)/ 牧谷集(李箕鎭)/ 夢囈集(南克寬)/ 夢悟齋集(沈尚鼎)/ 夢窩集(金昌集)/ 文谷集(金壽恒)/ 渼湖集(金元

장기관에서 교서관인서체자로 인쇄된 문집을 조사한다면 더 추가될 가능성도 있다. 여태까지 확인된 130종 가운데 1723년 이후에 후기 교서관인서체자로 인쇄한 문집이 약 90%을 차지하고 있다. 특히 1760년 이후 교서관 활자를 이용한 문집 간행이 더욱 활성화되어 절반 이상의 문집이 간행되었다. 1766년에 간행된『잠야선생집』도 그중 하나이다.

한편『잠야선생집』을 편집하는 데 참여한 김종후와 박성원의 문집도 교서관인서체자로 인쇄되었다. 김종후의 문집인『본암집(本庵

行)/ 朴澹翁集(朴昌元)/ 白軒先生集(李景奭)/ 泛虛亭集(宋光淵)/ 屛山集(李觀命)/ 本庵續集(金鍾厚)/ 本庵集(金鍾厚)/ 北軒居士集(金春澤)/ 不憂軒集(丁克仁)/ 三淵集(金昌翕)/ 商谷集(姜瑜)/ 瑞石集(金萬基)/ 恕菴集(申靖夏)/ 西坡集(吳道一)/ 雪海遺稿(李晩榮)/ 疎齋集(李頤命)/ 蘇湖集(徐龍甲)/ 松溪集(李瀣; 麟坪大君)/ 壽谷集(金柱臣)/ 水北亭集(金興國)/ 修山集(李鍾徽)/ 睡翁日記(宋甲祚)/ 壽齋遺稿(李崑秀)/ 水村集(任埅)/ 順菴集(李秉成)/ 崧岳集(林昌澤)/ 市隱集(韓舜繼)/ 息庵先生遺稿(金錫冑)/ 十淸先生集(金世弼)/ 雅亭遺稿(李德懋)/ 愛懶齋集(洪濟猷)/ 藥泉集(南九萬)/ 約軒集(宋徵殷)/ 亮谷遺稿(李義吉)/ 陽谷集(吳斗寅)/ 淵庵遺迹(金若淵)/ 燕超齋遺稿(吳尙濂)/ 五龍齋遺稿(南溟學)/ 迂齋集(趙持謙)/ 玉吾齋集(宋相琦)/ 尤菴先生文集(宋時烈)/ 芸窩集(洪重聖)/ 雲浦遺稿(呂聖齊)/ 園翁集(李宜繩)/ 月谷集(吳瑗)/ 月塘先生集(姜碩期)/ 月汀先生別集(尹根壽)/ 有心齋集(李和甫)/ 柳下集(洪世泰)/ 凝齋遺稿(朴泰觀)/ 凝齋集(李喜之)/ 二憂堂集(趙泰采)/ 一菴集(李器之)/ 潛冶集(朴知誡)/ 丈巖先生集(鄭澔)/ 樗村集(李廷爕)/ 靜默堂集(李聖肇)/ 貞菴集(閔遇洙)/ 霽軒集(沈定鎭)/ 竹所集(金光煜)/ 竹齋詩稿(李得元)/ 竹軒集(金民澤)/ 重峰先生文集(趙憲)/ 重峯集(趙憲)/ 晉庵集(李天輔)/ 蒼麓遺稿(金時模)/ 蒼霞集(元景夏)/ 淸泠子遺稿(崔守哲)/ 靑城集(成大中)/ 秋山先生文集(朴弘中)/ 春洲遺稿(金道洙)/ 恥庵集(宋瓆)/ 蟄窩集(洪有人)/ 打遇先生遺稿(李翔)/ 澤齋遺唾(金昌立)/ 退憂堂集(金壽興)/ 圃隱集(鄭夢周)/ 圃陰集(金昌緝)/ 鶴谷集(洪瑞鳳)/ 寒松齋集(沈師周)/ 寒圃齋集(李健命)/ 巷東遺稿(金富賢)/ 海嶽集(李明煥)/ 華谷集(黃宅厚)/ 和菴集(申聖夏)/ 晦隱集(南鶴鳴)/ 悔軒集(趙觀彬) 이상 130종(가나다순 배열)

集)』과『본암속집(本庵續集)』이 1797년에 간행되었고[45] 박성원이 지은『예의유집(禮疑類輯)』이 정조의 어제 서문을 붙여 1783년(정조 7)에 간행되었다.[46]

교서관 활자를 이용하여 간행한 문집에도 여러 유형이 있었다. 왕명에 의해서 간행된 예도 있었고 지방 수령에 의해 간행된 예도 있었다. 그리고 제자들이나 후손들에 의해 간행되는 때도 있었다. 이 가운데 제자들이나 후손들에 의한 것이 가장 많았다.『잠야선생집』의 경우 앞에서 살펴본 바와 같이 제자의 후손들이 참여하였지만, 기본적으로는 후손에 의해 간행이 이루어진 것으로 보인다.

문집을 간행하는 데 드는 비용을 조달하는 방법도 여러 가지가 있다. 교서관의 활자를 무상으로 이용한다고 하더라도 책을 찍어내려면 비싼 종잇값을 고려하지 않을 수 없다. 그리고 장인들의 수고비도 별도로 부담했을 것이다. 왕명에 의해서 간행된 문집의 경우는 국가에서 그 비용을 부담하였겠지만, 제자나 후손이 간행하는 경우에는 비용을 제자나 후손들이 부담하였을 것이다.『잠야선생집』의 경우도 후손들이 그 비용을 부담하였을 것으로 보인다.

1766년 간행된 이의현의『도곡집』에는 교서관 활자로 인쇄하는 데 드는 비용을 찬조금으로 받은 기록이 전해진다. 이에 따르면 "신회가 관서의 관찰사로 있을 적에 자금을 찬조해 보내주어 운관(芸館)

---

45 金鍾厚,『本庵集』12권 6책(1797년), 국립중앙도서관, 연세대 소장. ; 金鍾厚, 『本庵續集』 6권 3책(1797년), 장서각(K4-6088) 소장.
46 朴聖源,『禮疑類輯』 28권 15책(1783년), 장서각(K1-79) 소장.

의 철활자로 인쇄하였다. 모두 32권이다.”라고 하였다.[47] 평양감사
신회가 낸 자금으로 교서관 활자로 인쇄하였으며 책의 분량은 32권
이라는 것이다.

한편 교서관 활자로 인쇄하는데 걸리는 일수(日數)에 관한 기록도
전해진다. 1725년 간행된 최창대(崔昌大)의 『곤륜집(昆侖集)』의 경우
금속활자로 찍어내는데 90여 일 걸렸고 인쇄는 400여 본을 하였다
는 간행기록이 있다.[48] 『곤륜집』은 20권 10책이다. 이를 90일 만에
인쇄하였다면 『잠야선생집』의 경우 책의 분량이 10권 5책이므로
『곤륜집』과 비교하면 인쇄하는데 대략 45일 정도 걸렸을 것으로 여
겨진다.

2) 연보의 서지적인 특징

『잠야선생연보』는 현재 국립중앙도서관(한57-가680/ 古2511-傳
25-17)과 연세대 도서관 그리고 충남대 도서관에 소장되어 있다. 국
립중앙도서관 소장본에는 조선총독부도서관장서인과 조선총독부
학무국기증본의 인장이 찍혀 있다. 국립중앙도서관 소장본을 중심
으로 책의 형태적 특징부터 살펴보면 다음과 같다.

『잠야선생연보』는 1책으로, 권(卷)으로 나누어지지 않았다. 본문

---

47 李宜顯, 『陶谷集』 32권 16책(1766년), 장서각(K4-5905) 소장. “紀年末 刊記:
丙戌(1766)文集成, 申公晦按關西, 助送財力, 以芸館鐵字入印, 總爲三十二卷.”
48 崔昌大, 『昆侖集』 20권 10책(1725년), 장서각(K4-5761) 소장. “總目末 刊記:
乙巳(1725)秋夏 以鑄字入印凡九十餘日, 而訖工印得四百餘本.”

38장, 부록 22장 모두 60장으로 구성되어 있다. 광곽(匡郭)은 책장의 네 둘레에 두 개의 검은 선이 돌려진 사주쌍변(四周雙邊)이고, 반곽은 세로 20.7cm이고 가로 20.1cm이다. 본문의 각 행 사이에 그어진 계선이 있으며, 반엽(半葉)을 기준으로 10행에 매행(每行) 20자씩 배열되어 있다. 주(註)는 쌍행(雙行)으로 되어 있다. 어미는 상2엽화문어미이고 책의 전체 크기는 세로 30.7cm 가로 20.5cm이다. 표지의 제목과 판심의 제목은 "잠야선생연보(潛冶先生年譜)"라 되어 있다.

『잠야선생연보』의 구성을 살펴보면 첫 부분부터 연보가 수록되어 있고, 뒤에는 부록으로 제문(祭文), 초선록(抄選錄), 시장(諡狀), 문인록(門人錄), 발문(跋文) 등이 순서대로 실려 있다. 제문은 문인 김극형, 조극선, 권시 등 3인이 지은 것이다. 초선록은 계해(1623) 3월 27일 반정 이후『정원일기(政院日記)』에서 잠야와 관련된 내용을 등출(謄出)한 것이다. 시장은 박필주가 지은 것을 그대로 수록하였으나 박필주의 관직명을 '전영평현령(前永平縣令)'에서 '자헌대부 이조판서(資憲大夫吏曹判書)'로 고쳐 적었다.[49] 이어 문인록에는 이의길, 조극선, 권시 등 39명의 잠야 문인의 자와 호, 벼슬명, 본관 등이 차례대로 열거되어 있다. 책의 마지막 부분에는 1803년에 7세손 박대화가 지은 발문과 1937년에 12세손 박동필(1886~1946)이 연보를 간행하면서 지은 발문이 실려 있다.

앞서 살펴보았듯이『잠야선생연보』는 1803년에 작성되었지만, 인쇄된 것은 1937년이었다. 이때 석판이라고 하는 새로운 인쇄방법

---

[49] 박지계, 앞의 책. "諡狀末: 前永平縣令 朴弼周謹狀".

으로 인쇄하였다. 시간과 비용의 부담이 컸던 목판인쇄에 비해 새로 등장한 석판인쇄는 비용이 상대적으로 저렴하였기 때문에 주로 문집이나 족보 간행에 많이 활용되었다. 『잠야선생집』이 1969년 석판본으로 다시 간행되었듯이 연보도 석판본으로 간행되었다.

석판본이란 석회석 위에 물과 기름이 혼합되지 않는 원리를 이용하여 판판한 돌의 표면 위에 비누와 지방을 섞은 재료로 글자와 그림 등을 제판하여 찍어낸 책이다. 평판 인쇄의 가장 초기 형태로 공정이 비교적 간단하고 비용이 적게 들어 우리나라에서는 19세기 말부터 사용되기 시작하였다.

목판이나 활자의 인쇄에 사용되는 잉크는 수성인데 비하여 석판은 유성 잉크를 사용한다. 유성 잉크를 사용한 석판본은 글자의 가는 획이나 가장자리가 선명하지 못하고 퍼져있기 때문에 쉽게 감정할 수 있다. 또 목판본이나 활자본과는 다르게 평판 인쇄기이기 때문에 우선 눈으로 보기에 평평하고 안정적인 느낌을 준다. 그러니 활자본의 경우처럼 인판(印版)을 오래 보관하지 못하기 때문에 일정한 부수밖에는 찍어낼 수 없다. 즉 한정판이라는 것이다. 그리고 석판은 원고의 형태 그대로 인쇄되기 때문에 혹 잘못된 글자가 있어도 해당 부분만 고칠 수 없다는 한계가 있다.[50]

『잠야선생연보』를 찍어낸 이문사(以文社)는 당시 대전시(大田府) 본정(本町) 이정목(二町目) 165번지에 위치하고 있었으며 주로 문집, 유고, 족보 등을 석판으로 인쇄하였다. 국립중앙도서관에는 이문사

---

50 유탁일, 『한국문헌학연구』, 아세아문화사, 1989, 42~44쪽.

에서 인쇄한 석판본들을 많이 소장하고 있는데 주로 1935년에서 1969년 사이에 인쇄된 것들이다.

문집, 유고, 족보 등의 출판물은 일제강점기인 1920년대와 1930년대에 가장 많이 출판되었다. 일제강점기에 적용된 출판법(1909. 2. 23.)에 따라 문집, 유고, 족보의 출판물을 허가한 건수가 1920년대는 2,613건으로 24%를 차지하고, 1930년대는 2,825건으로 13.5%를 차지하였다고[51] 한다. 『잠야선생연보』의 간행도 일제강점기의 출판법에 따라 조선총독부의 허가를 받아 간행된 것으로 보인다.

4. 맺음말

이상에서 앞서 살펴본 내용을 정리하면 다음과 같다.

『잠야선생집』의 편집은 박세채로부터 시작되었으나 마무리는 김상로·박성원·김종후에 의해 이루어졌다. 이들은 잠야의 제자인 김극형·원두표·원두추 등의 후손들이다. 제자의 후손들의 도움을 받아 『잠야선생집』이 편찬되었다. 문집의 간행은 제자의 후손인 원경순에 의해 시도되었으나 최초의 간행은 1766년에 이루어졌다. 이때 교서관에서 만든 금속활자인 교서관인서체자로 간행되었다. 그 뒤 1969년 석판으로 다시 간행되었다. 잠야의 연보는 1803년 후손 박

---

51 정진석, 「일제강점기의 출판환경과 법적 규제」, 『근대서지』 6, 근대서지학회, 2012.12, 40~41쪽.

대화에 의해 작성되었지만, 간행은 후손 박대순과 박기순의 주도하에 1937년 대전의 이문사에서 석판으로 간행되었다.

『잠야선생집』은 목판본이 아니라 교서관의 활자를 이용한 금속활자본으로 간행되었다. 조선시대에는 문집을 목판본으로 간행하는 것이 일반적이었지만 17세기 이후 교서관의 금속활자를 이용하여 간행하는 일은 드문 일이 아니었다. 그러한 경우에도 추후 제한된 부수를 찍어낸 활자본을 번각하여 목판에 새겨서 목판본을 다시 간행해야만 조상의 문집 간행을 완성하였다고 여겼다. 따라서 대다수의 문집은 금속활자본으로 찍어낸 후 시간이 흐르면 목판본으로 다시 간행하였다. 『잠야선생집』의 경우에는 곧바로 목판본으로 번각하는 일이 이루어지지 못하였지만, 해방 이후 석판본으로 다시 찍어냈다. 이후 현대에 와서 한국문집총간의 일부로 간행되었다.

『잠야선생연보』의 경우 원래 『잠야선생집』의 일부로서 작성하기 시작했지만 『잠야선생집』이 간행될 때까지 작성이 완료되지 못했기 때문에 부득이 추후 별도로 간행해야만 하였다. 『잠야선생연보』는 1803년 작성되었지만, 곧바로 간행하지 못하고 일제강점기인 1937년에 들어서야 비로소 석판본으로 간행될 수 있었다.

이 글은 『지방사와 지방문화』(24(2), 역사문화학회, 2021)에
수록된 「잠야 박지계 문집의 간행 경위와 서지적인
특징」을 바탕으로 일부 내용을 보완한 것이다.

【잠야 박지계의 도학정신과 학문관 _ 김일환】

전병욱, 「潛冶 朴知誡의 格物說」, 『민족문화연구』 61, 민족문화연구원, 2013.

김용흠, 「잠야(潛冶) 박지계(朴知誡)의 효치론(孝治論)과 변통론」, 『역사와 현실』 61, 한국역사연구회, 2006.

신항수, 「잠야 박지계 사상의 역사적 성격」, 『조선시대 아산지역의 유학자들』, 지영사, 2007.

李賢珍, 「17세기 전반 啓運宮 服制論 – 金長生·朴知誡의 禮論을 중심으로 –」 『韓國史論』 49, 서울大學校 人文大學 國史學科, 2003.

柳初夏, 「潛冶 朴知誡의 사상과 현실대책」, 『道山學報』 9, 道山學術研究院, 2003.

禹仁秀, 『朝鮮後期 山林勢力研究』, 一潮閣, 1999.

禹仁秀, 「17世紀 山林의 勢力 基盤과 政治的 機能」, 경북대학교 대학원 박사논문, 1992.

박종천, 「仁祖代 典禮論爭(1623~1635)에 대한 宗敎學的 再評價」, 『宗敎學研究』 17, 서울大學校 宗敎學研究會, 1998.

金永炫, 「朴知誡의 家系와 定遠君 追崇禮」, 『韓國史의 理解 : 重山 鄭德基博士 華甲紀念』, 景仁文化社, 1996.

李迎春, 「潛冶 朴知誡의 禮學과 元宗追崇論」, 『청계사학』 7, 한국정신문화연구원 청계사학회, 1990.

이근호, 「박세무(朴世茂)의 생애와 경세론(經世論)」, 『尤庵論叢』 9, 충북대학교 우암연구소, 2016.

이근호, 「17세기 전반 京華士族의 인적관계망-《世舊錄》의 분석을 중심으로」, 『서울학연구』 38, 서울시립대학교 서울학연구소, 2010.

원창애, 「조선 왕실 종친 가문에서 사대부가로의 변모-德泉君派 李惟侃 家系를 중심으로-」『남명학연구』 48, 경상대학교 남명학연구원, 2015.

이은순, 「이경석의 정치적 생애와 三田渡碑文 시비」, 『한국사연구』 60, 한국사연구회, 1988.

이은순, 「이경석의 국정운영과 대외 시국인식」, 『조선시대사학보』 29, 조선시대사학회, 2004.

이성무, 「백헌 이경석의 생애와 행적」, 『영의정의 경륜』, 지식산업사, 2012.

이선열, 「潛冶 朴知誠의 人心道心說」, 『한국철학논집』 33, 한국철학사연구회. 2012.

김일환, 잠야 박지계의 삶과 행적연구, 『지방사와 지방문화』 24-2, 역사문화학회, 2021.

안미경, 「잠야 박지계 문집의 간행 경위와 서지학적 특징」, 『지방사와 지방문화』 24-2, 역사문화학회, 2021.

조성산, 「朴知誠 耳目口鼻有心 논의의 역사적 전개 과정과 그 정치사회적 의미」, 『韓國史學報』 97, 고려사학회, 2024.

홍제연, 「17~18세기 忠淸道 洪州지역 재지사족과 少論系 書院」, 『역사와 담론』 93, 호서사학회, 2020.

이은주, 「인재일록(忍齋日錄)에 나타난 조극선(趙克善)의 공부와 수학 양상」, 『전북사학』 56, 전북사학회, 2019.

안정은, 「인재일록을 통해 본 야곡 소극선의 수학기 모습, 『한문학보』 31, 우리한문학회, 2014.

김학수, 「조극선의 일기를 통해 본 17세기 지식인의 사제관, '숨김과 드러냄'」, 『장서각』 38, 한국학중앙연구원, 2017.

김학수, 「조선중기 寒岡學派의 등장과 전개 -門人錄을 중심으로-」, 『한국학논집』 40, 계명대학교 한국학연구원, 2010.

원창애, 「조극선 일기를 통해 본 17세기 전반기의 과거 실태」, 『조선시대사학보』 83, 조선시대사학회, 2017.

성봉현 외, 『17세기 충청도 선비의 생활 기록:조극선의 인재일록과 야곡일록』, 한국학중앙연구원 출판부, 2018.

【잠야문파의 형성과 계승 _ 김학수】

『慶州李氏世蹟』, 『光海君日記』, 『陶山及門諸賢錄』, 『宋子大全手箚』, 『承政院日記』, 『新昌縣邑誌』, 『英祖實錄』, 『仁祖實錄』, 『淸風世稿』, 『顯宗改修實錄』

金富弼, 『雪月堂集』.
金誠一, 『鶴峯逸稿』.
金　楺, 『儉齋集』.
盧守愼, 『穌齋集』.
李得胤, 『西溪集』.
李義吉, 『亮谷遺稿』.
朴光前, 『竹川集』.
朴世采, 『南溪集』.
朴世采, 『東儒師友錄』.
朴知誡, 『潛冶年譜』.
朴知誡, 『潛冶集』.
朴枝華, 『守庵遺稿』.
徐敬德, 『花潭集』.
宋近洙, 『立齋集』.
宋時烈, 『宋子大全』.
安邦俊, 『隱峯全書』.
元斗杓, 『灘叟元斗杓實記』(上·下).
尹　拯, 『明齋遺稿』.
尹　鑴, 『白湖全書』.
李景奭, 『白軒集』.
趙克善, 『冶谷年譜』.
趙克善, 『冶谷日錄』.
趙克善, 『冶谷集』.
趙克善, 『忍齋日錄』.
趙　翼, 『浦渚年譜』.
趙　翼, 『浦渚集』.

양홍렬·오규근·임정기·김홍영·이상하 역, 『국역백호전서』(한국고전번역원)

김성애, 「실학사상을 담은 최초의 사찬 전국지리지-東國輿地志」, 한국고전번
　　　　역원, 2019.
김학수, 「이원익(李元翼)의 학자,관료적 삶과 조선후기 남인학통(南人學統)에
　　　　서의 위상」, 『퇴계학보』 133, 퇴계학연구원, 2013.
김학수, 「진주유씨 청문당가(淸聞堂家)의 가계와 정치·사회·문화적 전개: 조선
　　　　후기 근기남인가(近畿南人家)의 굴절과 명암」, 『성호학보』 21, 성호학
　　　　회, 2019.
李迎春, 『朝鮮後期 王位繼承 研究』, 集文堂, 1998.
박용만, 「16세기 이잠 부자의 서당운영과 강학활동」, 『고문서연구』 58, 한국고
　　　　문서학회, 2011.
신병주, 『남명학파와 화담학파 연구』, 일지사, 2000.
이근호, 「17세기 전반 京華士族의 人的關係網-『世舊錄』의 분석을 중심으로-」,
　　　　『서울학연구』 38, 서울시립대학교 부설 서울학연구소, 2010.
이동인, 「화담학파의 학문 계보와 사상 전승」, 한국학중앙연구원 한국학대학원
　　　　박사학위논문, 2025.
이종묵, 「탄옹 권시의 삶과 시」, 『道山書院誌』, 도산학술연구원, 2018.

【잠야 박지계의 생애와 학문정신 _ 최영성】

박지계, 『잠야집』, 한국문집총간 80, 민족문화추진회, 1991.
朴大和(편), 『잠야선생연보(全)』, 石印本, 1937.
최영성, 『한국유학통사』(개정판) 중권, 심산출판사, 2016.
외암사상연구소(편), 『조선시대 아산지역의 유학자들』, 지영사, 2007.
김용흠, 「잠야 박지계의 孝治論과 변통론」, 『역사와 현실』 61, 한국역사연구회
　　　　2006.
류초하, 「잠야 박지계의 사상과 현실대책」, 『道山學報』 9, 道山學術研究院,
　　　　2003.

李迎春, 「잠야 박지계의 예학과 元宗追崇論」, 『淸溪史學』 7, 청계사학회, 1990.
李賢珍, 「17세기 전반 啓運宮 服制論 – 金長生·朴知誡의 禮論을 중심으로」, 『韓國史論』 49, 서울대학교 인문대학 국사학과, 2003.
박종천, 「인조대 전례논쟁(1623~1635)에 대한 종교학적 재평가」, 『종교학연구』 17, 서울대학교 종교학연구회, 1998.
신항수, 「박지계 사상의 역사적 성격」, 『조선시대 아산지역의 유학자들』, 지영사, 2007.
유정동, 「만회 권득기의 생애와 철학사상– 潛冶와의 격치논쟁을 중심으로」, 『백제연구』 10, 충남대학교 백제연구소, 1979.
이선열, 「潛冶 朴知誡의 人心道心說」, 『한국철학논집』 33, 한국철학사연구회, 2012.
전병욱, 「潛冶 朴知誡의 格物說」, 『민족문화연구』 61, 고려대 민족문화연구원, 2013.

【잠야 박지계의 도학정신과 학문관 _ 김문준】

朴知誡, 『潛冶先生集』, 한국문집총간.
『潛冶先生年譜』
김용흠, 「잠야 박지계의 효치론(孝治論)과 변통론」, 『역사와 현실』 61, 한국역사연구회, 2006.
김일환, 「잠야 박지계의 삶과 행적 연구」, 『지방사와 지방문화』 24-2, 역사문화학회, 2021.
신항수, 「잠야 박지계 사상의 역사적 성격」, 『조선시대 아산지역의 유학자들』, 지영사, 2007.
유초하, 「잠야 박지계의 사상과 현실대책」, 『도산학보』 9, 도산학술연구원, 2003.
이선열, 「잠야 박지계의 인심도심설」, 『한국철학논집』 33, 한국철학사연구회, 2012.
전병욱, 「잠야 박지계의 격물설」, 『민족문화연구』 61, 민족문화연구원, 2013.
전병욱, 「만회 권득기의 격물설」, 『동양철학연구』 77, 동양철학연구회, 2014.

【잠야 박지계의 인심도심설 _ 이선열】

朱　熹, 『朱熹集』, 成都: 四川敎育出版社, 1996.
朱　熹, 『朱子語類』, 北京: 中華書局, 1989.
朱　熹, 『四書或問』, 서울: 保景文化社, 1990.
李　珥, 『栗谷全書』(한국문집총간 44-45, 민족문화추진회).
朴知誠, 『潛冶集』(한국문집총간 80, 민족문화추진회).
李義吉, 『亮谷遺稿』(한국문집총간 속27, 민족문화추진회).
權　諰, 『炭翁先生集』(한국문집총간 104, 민족문화추진회).
宋時烈, 『宋子大全』(한국문집총간 108-116, 민족문화추진회).

전현희, 「주희 인심도심설의 성립과정」, 『동서철학연구』 45, 한국동서철학회,
　　　　2007.
장원태, 「군자와 소인, 대체와 소체, 인심과 도심」, 『철학연구』 81, 철학연구회,
　　　　2008.
김용흠, 「잠야(潛冶) 박지계(朴知誠)의 효치론(孝治論)과 변통론」, 『역사와 현
　　　　실』 61, 한국역사연구회, 2006.
이현진, 「17세기 전반 계운궁 복제론-김장생, 박지계의 예론을 중심으로」, 『한
　　　　국사론』 49, 서울대학교 국사학과, 2003.

【잠야 박지계 격물설의 사상사적 의미 _ 김용헌】

『南溪集』, 『晩悔集』, 『文峯集』, 『沙溪遺稿』, 『沙溪全書』, 『栗谷全書』, 『仁祖實
錄』, 『潛冶集』, 『靜觀齋續集』, 『靜觀齋集』, 『靜坐窩集』, 『退溪集』, 『浦渚集』,
『鶴林集』

김준석, 『조선후기정치사상사 연구 - 국가재조론의 대두와 전개-』, 지식산업
　　　　사, 2003.
강원모·오승준·이상수 옮김, 『잠야집』 1, 충남대학교 한자문화연구소, 2021.
고영진. 「17세기 초 예학의 새로운 흐름 - 한백겸과 정구의 예설을 중심으로-」,

『한국학보』 68, 일지사, 1992.

김용흠, 「잠야 박지계의 효치론과 변통론」, 『역사와 현실』 61, 한국역사연구회, 2006.

김일환, 「잠야 박지계의 삶과 행적 연구」, 『지방사와 지방문화』 24-2, 역사문화학회, 2021.

오수창, 「인조대 정치세력의 동향」, 『조선시대 정치사의 재조명』, 범조사, 1985.

이선열, 「잠야 박지계의 인심도심설」, 『한국철학논집』 33, 한국철학사연구회, 2012.

이성무, 「17세기의 예론과 당쟁」, 『조선후기 당쟁의 종합적 검토』, 한국정신문화연구원, 1994.

이영춘, 「사계예학과 국가전례 -「전례문답」을 중심으로 -」, 『사계사상연구』, 사계·신독재양선생기념사업회, 1991.

이영춘, 「잠야 박지계의 예학과 원종추숭론」, 『청계사학』 7, 한국정신문화연구원 청계사학회, 1990.

이현진, 「17세기 전반 계운궁 복제론 - 김장생·박지계의 예론을 중심으로 -」, 『한국사론』 49, 서울대 국사학과, 2003.

이현진, 「인조대 원종추숭론의 추이와 성격」, 『북악사론』 7, 북악사학회, 2000.

전병욱, 「만회 권득기의 격물설」, 『동양철학연구』 77, 동양철학연구회, 2014.

전병욱, 「잠야 박지계의 격물설」, 『민족문화연구』 61, 고려대학교 민족문화연구원, 2013.

조성산, 「박지계 이목구비유심 논의의 역사적 전개 과정과 그 정치사회적 의미」, 『한국사학보』 97, 고려사학회, 2024.

【잠야 박지계 문집의 간행 경위와 서지적인 특징 _ 안미경】

金昌協, 『農巖集』.

李天輔, 『晉菴集』.

朴知誡, 『潛冶先生集』.

朴知誠, 『潛冶先生年譜』.
申　最, 『春沼子集』.
申應榘, 『晚退軒先生遺稿』.
李　宜, 『陶谷集』.
崔昌大, 『昆侖集』.

김영진, 「朝鮮朝 文集 刊行의 諸樣相」, 『민족문화』 43, 한국고전번역원, 2014.
모리스 꾸랑 원저, 이희재 역, 『韓國書誌』, 일조각, 1994.
박대순, 『潛冶先生年譜』, 大田, 以文社, 1937.
외암사상연구소, 『조선시대 아산지역의 유학자들』, 지영사, 2007.
유탁일, 『한국문헌학연구』, 서울, 아세아문화사, 1989.
정진석, 「일제강점기의 출판환경과 법적 규제」, 『근대서지』 6, 근대서지학회,
　　　2012.
정진웅, 「朝鮮後期 校書館印書體字本 文集의 刊行에 관한 연구」, 『서지학연구』
　　　36, 한국서지학회, 2007.
천혜봉, 『한국서지학』, 민음사, 2006.

고려대학교 도서관 https://library.korea.ac.kr/
고려대학교 해외한국학자료센터 http://kostma.korea.ac.kr
국립중앙도서관 한국고전적종합목록시스템 https://www.nl.go.kr/korcis
국사편찬위원회 한국역사정보통합시스템 http://www.koreanhistory.or.kr
국역국조인물고 https://terms.naver.com/list.naver?cid=49618&categoryI
　　　d=49618
국회도서관 국회전자도서관 https://dl.nanet.go.kr/
디지털아산문화대전 http://asan.grandculture.net/asan/toc/GC07100697
서울대학교 규장각한국학연구원 http://kyujanggak.snu.ac.kr/home/main.
　　　do?siteCd=KYU
연세대학교 학술정보원 https://library.yonsei.ac.kr/
인제대학교 족보도서관 https://genealogy.inje.ac.kr/
한국고전번역원 한국고전종합DB http://www.itkc.or.kr/itkc/Index.jsp
한국학중앙연구원 한국역대인물종합정보시스템 http://people.aks.ac.kr/ind

ex.aks

한국학중앙연구원 한국민족문화대백과사전 http://encykorea.aks.ac.kr
한국학중앙연구원 한국학 디지털 아카이버 http://yoksa.aks.ac.kr/main.jsp
한국학중앙연구원 한국향토문화전자대전 http://www.grandculture.net/

집필진(원고 수록순)

김일환

홍익대학교 역사교육과, 고려대대학원에서 문학석사, 홍익대대학원에서 문학박사를 받고 호서대학교 창의교양학부 교수로 재임하다가 정년퇴직을 했다. 한국학중앙연구원 책임연구원, 홍익대학교 겸임교수, 순천향대학교 아산학연구소 초빙교수 등을 역임했다. 주요 논저로 『아산의 역사문화연구』(보고사, 2021), 『동아시아 문명과 생명-생태 성장사회』(공저, 보고사, 2022), 『만전당 홍가신의 삶과 철학』(공저, 보고사, 2023), 『토정 이지함의 생애와 경세론』(공저, 보고사, 2024), 『복재 기준의 도학사상과 개혁정치』(공저, 보고사, 2024), 「임진왜란 후 청난공신(淸難功臣) 선정에 관한 연구」(『한국사학사학보』 46, 한국사학사학회, 2022) 외 다수가 있다.

김학수

한국학중앙연구원 한국학대학원에서 석사 및 박사학위를 받았다. 현재 동 대학원 인문학부 한국사학전공 교수로 재직하고 있다. 조선후기 지성사에 관심이 많고 주요 논저로 『家의 실현』(태학사, 2024), 『寒岡學의 형성과 지식문화적 공간의 확장』(태학사, 2023), 『백곡 정곤수』(태학사, 2023), 『허주 李宗岳의 삶과 풍류』(한중연 출판부, 2017), 「황신가의 공간적 기반과 그 운용」(『장서각』 53, 한중연 장서각, 2025) 외 다수가 있다.

최영성

성균관대학교 유학대학 한국철학과를 졸업, 동 대학원에서 철학박사학위를 받았다. 1999년 영산대학교 국제학부 전임강사에 임용된 뒤, 2000년부터 한국전통문화대학교 교수로 재직 중이다. 동 대학 학술정보관장, 전통문화연구소장, 교학처장 등 보직을 맡았으며, 문화재청 문화재전문위원, 충청남도 문화재위원, 한국유교학회 부회장, 한국철학사연구회 회장 등을 지냈다. 현재 국제유교연합회 이사, 간재학회(艮齋學會) 회장으로 있다. 주요 저서 및 번역서로는 『역주 최치원전집』(1997~98), 『한국의 학술연구: 동양철학편』(공저, 2001), 『역주 매죽헌문집』(2002), 『한국철학사상사』(공저, 2003), 『고운 최치원의 철학사상』(2012), 『한국의 금석학 연구』(2014), 『사상으로 읽는 전통문화』(2016), 『사상과 문헌을 통한 한국사의 재발견』(2018) 등 다수가 있다.

김문준

성균관대학교 철학과, 한국학중앙연구원 대학원에서 문학석사, 성균관대대학원에서 철학박사를 받고 건양대학교 인문융합학부 교수로 재임하고 있다. 율곡학회 회장, 건양대학교 예학교육연구원장, 중봉조헌선생기념사협회 회장 등을 역임하고 있다. 주요 논저로「우암 송시열의 철학사상」(성균관대대학원 박사학위논문, 1996),「17세기 이후 한중일 3국의 유학 전개와 특징」(『율곡학연구』, 2024),「신독재 김집의 효행과 예행의 실천 양상」(『유학연구』, 2023),「녹문 임성주의 이기심성론에 대한 도학적 이해」(『율곡학연구, 2023),「초려 이유태의 도학적 경세사상」(『율곡학연구』, 2022),「율곡학파 경세론의 도학적 경세정신」(『율곡학연구』, 2020),「율곡 이이의 진유 리더십」(『율곡학연구』, 2019) 외 다수가 있다.

이선열

성균관대 한국철학과를 졸업하고 서울대 철학과에서 북송시대 정이의 성즉리설 연구로 석사학위를, 조선시대 송시열과 우암학단에 관한 연구로 박사학위를 받았다. 공군사관학교 역사철학과 전임강사로 근무했고 숭실대, 명지대, 한신대, 가톨릭대 등에서 강의했다. 성균관대학교 유학대학 초빙교수를 역임했다. 저서로『17세기 조선, 마음의 철학』(글항아리, 2015),『동방사상과 인문정신』(공저, 심산, 2007),『해서열전』(공저, 글항아리, 2016)이 있다.

김용헌

고려대학교 철학과를 졸업하고 동대학원에서 석·박사학위를 취득했다. 안동대학교 국학부(동양철학전공)를 거쳐 현재 한양대학교 철학과에 재직 중이다. 저서로는『조선 성리학: 지식권력의 탄생』(2010),『야은 길재: 불사이군의 충절』(2015),『주자학에서 실학으로』(2019),『최한기의 기학과 실학의 철학』(2020) 등이 있으며, 논문으로는「수암 권상하 문하의 심성 논쟁과 호학의 형성」(2020),「이간의 이기동실·심성일치론과 임성주의 비판」(2022),「홍대용의『담헌서』에서 진위가 의심되는 몇 편의 편지글」(2025) 등이 있다.

안미경

성균관대학교 대학원 문헌정보학과에서 문학박사 학위를 받고 한국학중앙연구원 장서각 연구원을 거쳐 현재 성균관대학교 문헌정보학과 초빙교수로 재직하고 있다. 주요 저서로『천자문 간인본 연구』(이회문화사, 2004),『장서각 도서 한국본 해제 -지리류 2』(공저, 한국학중앙연구원, 2005),『장서각 도서 한국본 해제 -조령주의류·직관류』, (공저, 한국학중앙연구원, 2007),『장서각 소장 왕실보첩자료와 왕실구성원』(공저, 민속원, 2010) 외 다수가 있다.

아산인물총서 4

잠야 박지계의 삶과 도학사상

2026년 2월 20일 초판 1쇄 펴냄

엮은이 순천향대학교 아산학연구소
펴낸이 김흥국
펴낸곳 보고사

책임편집 이소희
표지디자인 김규범

등록 1990년 12월 13일 제6-0429호
주소 경기도 파주시 회동길 337-15 보고사
전화 031-955-9797(대표)
팩스 02-922-6990
메일 bogosabooks@naver.com
http://www.bogosabooks.co.kr

ISBN 979-11-6587-970-9   93910
ⓒ 순천향대학교 아산학연구소, 2026

정가 25,000원
사전 동의 없는 무단 전재 및 복제를 금합니다.
잘못 만들어진 책은 바꾸어 드립니다.

·이 책자는 아산시 후원으로 제작되었습니다.